LE MARIAGE
DU ROI-SOLEIL

CLAUDE DULONG

LE MARIAGE DU ROI-SOLEIL

Albin Michel

22, rue Huyghens, 75014 Paris
ISBN 2-226-02810-2
ISSN 0297-7001

I

L'enjeu

Le mercredi 9 juin 1660, à deux heures de l'après-midi, les cloches sonnant à toute volée, Louis XIV, roi de France et de Navarre, sortait marié de l'église de Saint-Jean-de-Luz. La petite ville n'en avait jamais tant vu et n'en reverrait jamais autant. Enseignes fleurdelisées, épées enrubannées, panaches, galons d'or et d'argent, habits bleus ou écarlates des archers, mousquetaires, chevau-légers, gardes suisses et françaises, tout resplendissait sous le soleil éclatant qui s'était mis de la partie. Des trompettes, des tambours et des fifres scandaient la marche du cortège, où le jeune roi, dans son habit de brocart d'or, orné de dentelles noires, attirait tous les regards ; il était entouré de sa garde de cérémonie, les gentilshommes au bec-de-corbin, ainsi appelés à cause du profil recourbé de leurs petites haches d'apparat dont les manches avaient été, pour l'occasion, gainés de velours bleu clouté d'or. Suivaient soixante-sept pages et valets de pied, tant de la maison du roi que des grande et petite écuries.

Derrière, venaient d'autres pages et valets de pied, ceux de la nouvelle reine, Marie-Thérèse, infante d'Espagne. Elle portait, sur sa robe de brocart blanc brodée d'argent, le manteau royal de velours violet, semé de fleurs de lys d'or et prolongé par une traîne de sept aunes de long que soutenaient des princesses du sang, elles-mêmes portant des traînes tenues par des seigneurs de la cour.

Dans la procession, tout aussi brillante, qui suivait, deux

personnages n'étaient pas moins émus que les mariés : la reine mère Anne d'Autriche et le cardinal Mazarin. La première ne cachait pas sa joie, et, si le second gardait la mine grave, c'est parce qu'il était premier ministre du royaume et que son tempérament, comme sa longue expérience, en toute occasion le portaient à la dissimulation. Mais soyons sûrs qu'il savourait son succès.

Car un mariage royal, à l'époque, n'était pas qu'un prétexte à déploiement de faste : il avait toujours une signification politique. Or ce mariage-là mettait fin à vingt-cinq ans de guerre déclarée et à cent ans d'hostilités ; il arrondissait le royaume à peu près aux dimensions de l'Hexagone, il marquait le début de la prépondérance française en Europe, et il avait bien failli ne jamais avoir lieu !

On s'exposerait à ne rien comprendre à l'événement en oubliant que l'Espagne, pendant un siècle et demi, ç'avait été beaucoup plus que l'Espagne. Le soleil ne se couchait pas sur les territoires de la première puissance coloniale du monde, la mieux fournie, grâce à l'Amérique, en métaux précieux, cet or et cet argent qui nous manquaient si cruellement et que rien alors ne pouvait remplacer, le papier-monnaie n'existant pas. Quant aux possessions européennes de l'Espagne, elles avaient jusqu'à ce jour constitué pour la France un danger immédiat et permanent. Ceux qui, en 1615, avaient cru que le premier « mariage espagnol » du siècle, celui du tout jeune Louis XIII avec la toute jeune Anne d'Autriche (les parents de notre héros), pourrait éviter la guerre, s'étaient fait illusion : la géopolitique rendait l'affrontement inévitable. Les Habsbourg de Madrid nous encerclaient. Du nord au sud, de la Méditerranée à l'Atlantique, nos frontières étaient presque continûment bordées par leurs territoires : Pays-Bas dits espagnols (Flandre, Hainaut, Artois...), Franche-Comté, majeure partie de l'Italie, Roussillon et Cerdagne. Et, comme l'Espagne devait assurer la communication entre ses possessions éparses, chaque fois qu'il se trouvait une case vide sur l'échiquier européen, elle s'efforçait d'y placer un de ses pions.

Ce n'était pas tout. A Vienne, comme à Madrid, régnait un Habsbourg. Certes nous avions, par les traités de Westphalie, en 1648, dissocié les deux branches de la Maison d'Autriche ; nous avions infligé à l'Empereur une véritable déroute diplomatique. Non seulement par les territoires que nous lui avions arrachés, mais par le statut que nous lui avions imposé : celui d'une espèce de monarque constitutionnel contrôlé par ses vassaux et par les puissances garantes des traités, qui n'étaient autres que la France et son alliée, la Suède. Jusqu'au XIXe siècle, l'Allemagne ne serait plus qu'une mosaïque de trois cent cinquante États de confessions différentes, aux intérêts contradictoires. Ajoutons à cela les ravages économiques et démographiques d'une guerre de trente années et la menace turque, toujours présente sur les marches orientales du jadis glorieux Saint Empire romain germanique.

Mais enfin, l'Empereur n'en restait pas moins cousin du roi d'Espagne et il n'avait pas renoncé à l'aider par les moyens encore en son pouvoir.

L'Espagne avait un autre allié objectif : le Saint-Siège. D'abord parce qu'elle s'arrangeait pour faire élire les papes parmi ses clients italiens ; ensuite parce qu'aux yeux de Rome le Roi Catholique, beaucoup plus que le Roi Très-Chrétien, trop complaisant aux protestants et aux Turcs (on comprend bien pourquoi), apparaissait comme le vrai défenseur de la vraie foi.

Malgré ces handicaps, la France, victorieuse des Habsbourg de Vienne, aurait pu l'être aussi, bien avant 1659, des Habsbourg de Madrid, s'il n'y avait eu la Fronde. C'est en 1648, l'année même des glorieux traités de Westphalie qu'éclata chez nous cette crise grave. Aujourd'hui encore les Français ne s'intéressent guère à la politique étrangère. Comment s'y fussent-ils intéressés à une époque où les trois quarts d'entre eux ne savaient pas lire et où, de toute façon, les *mass media* n'existaient pas ? Et puis que changeaient à leur sort les traités de Westphalie ? Rien, puisque la guerre continuait, avec l'Espagne, exigeant d'eux les mêmes sacrifices financiers. Provoquée par la surcharge fiscale, la Fronde se compliqua et se prolongea par les ambitions des parlementaires et des grands seigneurs, qui n'avaient pas admis, sous Louis XIII et Richelieu, que la monarchie française prétendît se transformer en monarchie absolue (ou du moins centralisatrice) et qui l'admirent d'autant moins sous Louis XIV et Mazarin qu'ils avaient cru ce péril écarté. Un roi de cinq ans, une régente, sa mère Anne d'Autriche, qui n'avait jamais eu part aux affaires, sinon pour comploter contre Richelieu, et un ministre italien que son accent et son obséquiosité teintaient de ridicule : comment aurait-on cru que ce trio eût le pouvoir et la volonté (ou seulement l'espérance !) d'affirmer en tout et partout l'autorité de l'État et de continuer la guerre jusqu'à la victoire ? (Guerre d'autant plus impopulaire, ne l'oublions pas, qu'elle mettait aux prises les deux puissances catholiques d'Europe.)

Le réveil fut rude. Il explique la violence de la crise, qui mit en péril le trône de Louis XIV et surajouta les horreurs de la guerre civile aux horreurs de la guerre étrangère. Il y eut dans notre pays, en plein « Grand Siècle » des cas d'anthropophagie. Si encore on n'avait mangé que des morts !... Mais on assassina jusqu'à des enfants pour se nourrir de leur chair.

Si la monarchie française parvint à surmonter cette épreuve, sans capituler militairement ou diplomatiquement devant l'ennemi, c'est, d'une part, parce que l'Espagne, malgré les apparences, n'était plus l'Espagne de Charles Quint et souffrait de maux semblables aux nôtres (rébellions et caisses vides) qui l'empêchèrent d'exploiter à fond la situation ; mais c'est aussi parce que la régente de France, Anne d'Autriche, pourtant sœur du roi d'Espagne, fit preuve d'un loyalisme sans faille et de capacités insoupçonnées ; même après que Mazarin eut été contraint à l'exil, elle sut résister à toutes les pressions et maintenir le navire à flot. Quand on se rappelle que, sous son mari et Richelieu, elle était allée jusqu'à la trahison pour aider sa patrie d'origine, cette fermeté tient du miracle. Le miracle ne s'expliquait pas seulement par Mazarin, mais par la maternité. Dès lors que la monarchie française avait été incarnée, non plus par son mari qu'elle n'aimait pas, mais par son fils, qu'elle adorait, cette Espagnole s'était montrée plus française que bien des Français de souche.

La Fronde fut donc réduite et Louis XIV put atteindre sa majorité (quatorze ans) sans perdre sa couronne ; Mazarin put revenir d'exil et reprendre vigoureusement la lutte contre l'Espagne, mais au prix de ruineux expédients et de cruelles déchirures. Si Turenne, après un passage à la rébellion, était rentré dans le devoir, Condé, premier prince du sang, mettait depuis 1651 son génie de stratège au service de l'ennemi ; l'unité nationale n'était pas réalisée ni le pouvoir durablement raffermi. Quand Louis XIV, dans l'été 1658, tomba gravement malade, il y eut des «remuements» dans Paris, et Mazarin en fut si inquiet qu'il fit mettre à l'abri une partie de ses papiers et de ses meubles (mieux vaudrait dire : de ses trésors artistiques) dans la forteresse de Vincennes dont il était gouverneur. Cette précaution ne fut attribuée qu'à l'avarice et à la pusillanimité, sans cesse dénoncées, du ministre. Elle apparaît pourtant moins critiquable quand on sait qu'une simple rumeur de maladie, et même pas du roi, mais de la reine sa mère, suffisait à relancer l'agitation et à faire craindre une déstabilisation du régime, comme on dirait aujourd'hui. Au reste, ces rumeurs, et bien d'autres, étaient parfois lancées à cette seule fin. Ainsi, au début du mois de juin de cette même année 1658, un faux bruit d'apoplexie d'Anne d'Autriche ayant couru, Colbert, en l'absence de Mazarin, jugea nécessaire d'en faire emprisonner les auteurs. Il est très frappant de constater, dans la correspondance administrative, qu'à chacune de ces alertes, pour minime fût-elle, les fidèles serviteurs de la couronne venaient immédiatement s'offrir au cardinal. Ces loyautés qui se manifestaient témoignent assez des déloyautés qu'on craignait.

Bref, en cette année 1658 où commence notre récit, il n'était plus question de manquer la paix, et Mazarin le savait d'autant mieux qu'un des plus constants reproches, parmi tous ceux qu'on lui faisait, était précisément d'empêcher la paix. A cause, disaient ses détracteurs, des profits qu'il tirait de la guerre : profits matériels (fournitures aux armées, etc.) et politiques, la poursuite des hostilités rendant indispensable son maintien au gouvernement. Il s'était persuadé, écrit Retz dans un virulent pamphlet, « que, pour être grand ministre, il ne fallait que tout brouiller, ne faire jamais la paix et renverser le monde ». A quoi Mazarin s'évertuait à répondre qu'il ne voulait pour la France que d'une paix glorieuse et durable. C'était vrai, mais il était vrai aussi que, prudentissime, il ne voulait pas pour lui d'un échec et attendait, pour s'engager personnellement dans une négociation, quelque preuve de la bonne volonté espagnole.

Des contacts avaient eu lieu ; l'habile Hugues de Lionne avait même, en 1656, été dépêché secrètement en Espagne, pour traiter avec don Luis de Haro, le premier ministre du Roi Catholique. Les prétentions espagnoles étaient encore trop hautes et avaient fait échouer la négociation, à la grande déception d'Anne d'Autriche. Car, si la reine était loyale et ferme, son plus cher désir restait la réconciliation entre ses deux patries et, après vingt ans de guerre, elle eût malaisément accepté la perspective d'une prolongation indéfinie des hostilités. Lorsque, dix-huit mois plus tard, son fils faillit perdre la vie, elle fit vœu de consacrer désormais toutes ses forces à la paix. S'il faut en croire un observateur, Nani, ambassadeur de Venise, elle se serait même en cette occasion livrée à une sorte de petit chantage sur son ministre : je vous ai soutenu envers et contre tout pendant la Fronde, vous me devez maintenant de faire la paix. Et la seule paix valable aux yeux de la reine était celle que scellerait le mariage de son fils avec sa nièce l'infante d'Espagne.

II

L'intermède savoyard

Dans les sentiments où elle était, Anne d'Autriche ne pouvait accueillir qu'avec répugnance, à l'automne 1658 le projet d'une alliance matrimoniale avec la maison de Savoie. Le mot n'est pas trop fort, puisqu'elle commença par refuser d'accompagner son fils à Lyon, où il devait rencontrer la princesse Marguerite de Savoie, venant de Chambéry.

Et pourtant ce projet était-il sérieux ? Ne s'agissait-il pas d'une ruse de Mazarin, d'une action de « guerre psychologique » pour contraindre Madrid à proposer l'infante et la paix ? En cette année 1658, les Espagnols ne pouvaient plus, comme en 1656, espérer encore une victoire par les armes. L'habile manœuvrier qui gouvernait la France leur avait porté une série de coups, si durs sur tous les plans, que la dernière « pichenette » du mariage savoyard devait les faire basculer dans la seule issue qui leur restât.

Sans entrer dans le détail de faits connus et amplement étudiés, rappelons l'essentiel.

Les liens que nous entretenions depuis Richelieu avec le Portugal, en révolte contre Madrid, avaient été resserrés et précisés. Contre promesse d'obtenir notre appui pour faire reconnaître leur indépendance lors des éventuelles négociations de paix, les Portugais s'étaient engagés à agir « continuellement » contre le roi de Castille (ils refusaient de donner d'autre titre au roi d'Espagne), et leur pression obligeait celui-ci à maintenir dans sa péninsule des troupes qui lui auraient été indispensables sur les théâtres d'opérations extérieurs.

De quelle part le Habsbourg de Madrid pouvait-il attendre des secours en hommes ? Évidemment du Habsbourg de Vienne. Aussi Mazarin profita-t-il de la mort de l'empereur Ferdinand III pour lier les mains à son successeur. Celui-ci, Léopold Ier, ne put être élu (puisque les empereurs étaient élus par un collège de sept Électeurs) qu'après avoir prêté serment, non seulement de respecter les traités de Westphalie, mais de ne jamais envoyer d'auxiliaires contre la France ni contre les alliés de celle-ci. Pour l'obliger à respecter matériellement sa promesse, on mit sur pied une confédération de princes allemands, dite Ligue du Rhin (14 août 1658) : alliance de défense mutuelle à laquelle la France prêtait son concours militaire (comme les traités l'y autorisaient) et dont l'objet réel était, dans l'immédiat, d'empêcher le passage de troupes à destination des territoires espagnols, à plus long terme de dissocier les princes allemands de la Maison d'Autriche et d'en faire des instruments de notre politique (ce qui était d'ailleurs une constante de notre action outre-Rhin depuis plus d'un siècle).

L'Empereur qualifia la Ligue du Rhin d'« invention du diable ». L'Espagne n'en pensa pas moins : le coup était cruel ; il la privait de secours au moment même où elle en avait le plus urgent besoin, car ses Pays-Bas étaient directement menacés par une autre alliance conclue par nous, avec l'Angleterre, et en vertu de laquelle un contingent anglais avait traversé la Manche pour se joindre à nos troupes sur le continent. Dunkerque et plusieurs places des Pays-Bas avaient été emportées au printemps 1658 ; tout laissait croire que Bruxelles, la capitale, allait l'être aussi, et les autres villes ne songeaient plus qu'à se déclarer neutres. Et comme l'alliance militaire franco-anglaise se doublait d'un traité de commerce, ces défaites espagnoles sur le champ de bataille européen se doublaient de défaites maritimes à l'échelle de l'Atlantique dont les effets étaient autrement pernicieux. La flotte anglaise s'était lancée à l'assaut des colonies d'Amérique, elle bloquait les ports espagnols, elle capturait ou coulait les galions chargés d'or et d'argent qui tentaient d'apporter au Roi Catholique l'indispensable nerf de la guerre.

Mazarin avait donc réussi un coup de maître. Cependant, si l'on se rappelle que l'Angleterre, c'était alors celle de Cromwell, le plus remarquable est peut-être qu'il ait réussi à faire accepter par Anne d'Autriche cette alliance contre-nature avec un régicide qui avait sur les mains le sang du propre beau-frère de la reine. Le malheureux Charles Ier, époux d'une sœur de Louis XIII, avait été décapité à Londres en 1649, et sa famille, depuis lors, vivait en exil et dans une semi-pauvreté à la cour de France. La jolie petite Henriette d'Angleterre, dont la mort prématurée inspirera plus tard à Bossuet sa plus célèbre oraison funèbre, devait parfois garder le lit toute la journée, faute de bois pour chauffer sa chambre.

Un dernier facteur, où nous n'étions pour rien et qui pouvait même paraître bénéfique pour l'Espagne, devait pourtant amener celle-ci à envisager la cessation des hostilités : le roi Philippe IV venait — enfin ! — d'avoir un fils de sa seconde épouse, et celle-ci se trouvant à nouveau enceinte, il pouvait en espérer un autre. Ce qui veut dire que sa fille Marie-Thérèse n'était plus l'héritière de ses États. Dès lors, pourquoi ne pas la donner pour épouse au roi de France ?

Bref, seul l'orgueil espagnol retenait encore Philippe IV de nous offrir la paix. Mais c'était beaucoup, car cet orgueil était extrême.

En 1658, Philippe IV, monté sur le trône à seize ans, comptait trente-sept années de règne. Le pinceau de Velázquez a immortalisé sa haute silhouette, son regard indéchiffrable, son visage pâle et prognathe sous les cheveux blondasses. Ce cérémonieux souverain de la cour la plus cérémonieuse d'Europe, qui signait *Io, el rey,* n'avait rien de la vivacité de sa sœur Anne d'Autriche. De sa santé non plus : la syphilis le rongeait. On ne lui connaissait d'ardeur que pour les femmes et la chasse. Intelligent, sensible à toutes les formes de l'art, il n'était pas sans qualités, mais n'avait aucune de celles qui font un chef d'État. La faiblesse de son caractère avait été à la fois cultivée et masquée pendant un temps par son ministre Olivarès, farouche adversaire de feu Richelieu. Olivarès était un grand homme, mais il avait épuisé son pays. On prêtait à son successeur, don Luis de Haro, le mot suivant : « Quand on m'a remis le gouvernail, le navire allait sombrer. » Les voies d'eau n'avaient été que colmatées et le naufrage menaçait encore. Pour les mêmes raisons. A vouloir trop étreindre, à se battre sur tant de fronts à la fois, l'Espagne se vidait de sa substance, accélérait une décadence qu'elle croyait ainsi endiguer.

Cette réalité, Philippe IV la percevait, mais sans trouver en lui la volonté d'y mettre fin. Pouvait-il d'ailleurs abandonner le rôle depuis si longtemps imparti aux Rois Catholiques : celui de champions de la vraie foi ? Évoquant la possible perte des Pays-Bas, il écrivait à sa seule confidente, une carmélite, supérieure du couvent d'Agreda : « Je vous avoue que c'est là mon plus grave souci, car, si je perdais ces États, que deviendrait là-bas la religion catholique ? Tout mon royaume irait à sa perte. Nous faisons tout notre possible pour empêcher un tel malheur ; mais la couverture n'est pas assez large ; l'on a beau tirer, elle ne peut couvrir tout le corps. » Rien ne pouvait non plus couvrir les scandales de la vie privée du roi et il avouait que Dieu le punissait, à travers l'Espagne, de ses péchés... auxquels pourtant il ne renonçait pas. La religieuse d'Agreda, découragée, confiait à l'un de ses correspondants : « Je ne puis rien faire, si ce n'est pleurer et m'affliger et écrire clairement, mais c'est parler à un morceau de bois dur ou à un diamant. » Dévot et débauché à la fois (mélange bien espagnol), Philippe IV, en vieillissant, tournait à la névrose mystique. Il passait, à l'Escurial, des heures agenouillé devant le tombeau de Charles Quint ou devant celui qu'il occuperait un jour. En public, rien n'affleurait de cette âme tourmentée. Jamais un mot d'inquiétude ou d'impatience. Après l'échec de la négociation de 1656 et malgré tous les revers qu'il avait ensuite subis, *Io el rey* était retombé dans son impassibilité. Une statue, diront de lui en 1659 les Français qui le rencontreront. D'autres observateurs prétendaient qu'il n'avait pas ri trois fois en sa vie et pouvait passer des semaines sans prononcer une parole.

Seule la perspective de voir le roi de France se marier ailleurs pouvait inciter le roi d'Espagne à sortir de l'expectative parce qu'ainsi disparaîtrait la chance de conclure la paix à moindres frais : mieux valait donner l'infante avec des espérances que donner tout de suite les places clés que réclamait la France, au nord et au sud, pour fortifier une bonne fois — contre l'Espagne — ses frontières. Le mariage savoyard offrait l'inconvénient supplémentaire de permettre à la France de s'assurer de ces vallées alpines pour lesquelles on s'était tant battu.

Apprenant donc ce projet, auquel on avait, côté français, donné toute la publicité nécessaire, Philippe IV laissa échapper plus qu'une parole : une exclamation. « Cela ne se peut pas et ne sera pas ! » s'écria-t-il *(« Esto ne puede ser y no sera ! »)* Et il prit au plus vite les mesures nécessaires pour rétablir le contact.

Le retard, dû aux réticences initiales d'Anne d'Autriche, avec lequel la cour de France s'engagea sur la route de Lyon, la lenteur, peut-être préméditée, du convoi, qui comportait cent carrosses, cent dix fourgons, deux cents mulets et cent vingt charrettes, sans compter les marmitons, permettaient d'espérer que le messager dépêché d'Espagne arriverait à Lyon avant la cour de Savoie. Et pourtant Philippe IV, toujours soucieux de sauvegarder sa dignité, se gardait bien d'adresser à la France des propositions précises : il se contentait de faire porter à sa sœur Anne d'Autriche une lettre de compliments sur le rétablissement de Louis XIV après sa grave maladie de l'été précédent et lui demandait de réserver bon accueil au messager qui la lui remettrait. C'est celui-ci qui tâterait le terrain auprès de Mazarin.

Il faut savoir que, malgré la guerre, les relations n'avaient jamais été tout à fait rompues entre les cours d'Espagne et de France. Sœur du Roi Catholique, Anne d'Autriche était aussi la nièce ou la cousine ou la tante des divers infants ou archiducs qui s'étaient succédé au gouvernement des Pays-Bas espagnols, et les événements familiaux (naissances, décès, mariages) avaient de temps à autre donné lieu à quelques échanges. Philippe IV, qui persistait à croire qu'Anne eût été plus traitable sans Mazarin, profitait de ces occasions pour glisser quelques phrases du genre : « Nous pouvons bien, en nous donnant des batailles comme rois, nous aimer comme frères », ou : « Je ne crois pas que Votre Majesté puisse oublier les murailles dans lesquelles elle est née », etc. On n'échangeait pas que des compliments, mais aussi des portraits, et c'est ainsi que le roi d'Espagne pouvait contempler dans ses appartements l'image de son ennemi, le roi de France, à lui envoyé par Anne, qui, elle-même, avait au Louvre, dans son luxueux « Cabinet des bains », les portraits des Habsbourg d'Espagne et d'ailleurs. Il n'est pas sans intérêt de noter qu'elle avait commencé par demander, dès 1653, celui de la jeune Marie-Thérèse. Les ambassadeurs de Venise à Paris et à Madrid avaient servi d'intermédiaires et c'est le dernier qui nous apprend que ce portrait fut fait « de la main de Velázquez, pour le prix habituel de cinquante réaulx ».

Rien n'est plus abusif que l'expression « guerre en dentelle » ; la guerre, même avant l'invention des explosifs, fut toujours une sanglante et boueuse horreur. Mais les manières, je veux dire celles des chefs, petite élite aristocratique où chacun savait qui était qui au-delà des frontières, restaient, elles aussi, des manières de cour. Tel capitaine espagnol, retranché dans une place assiégée, demandait à parlementer pour s'excuser de la maladresse de ses canonniers qui avaient tiré quelques boulets en direction du roi de France venu inspecter les opérations. Tel général, qui donnait les ordres les plus stricts pour une attaque ou un massacre pouvait, l'instant d'après, adresser à son adversaire une missive du style le plus fleuri. La « dentelle » n'était que là, mais elle y était.

Un exemple : Anne d'Autriche adorait le théâtre (c'est à sa demande que Corneille avait été anobli après *Le Cid*). D'où, le 6 novembre 1656, ce surprenant billet de Mazarin au marquis de Caracena qui remplissait les fonctions de commandant militaire des Pays-Bas espagnols sous don Juan d'Autriche : « La reine, ayant ouï parler d'une certaine Bernadilla, qui est à Madrid, comme de la plus célèbre comédienne qui ait été depuis longtemps en Espagne, elle aurait grande envie de la voir, de façon que Votre Excellence pourrait faire en sorte. [...] Sa Majesté se sentirait obligée de ce soin. » Et Caracena faisait en sorte que la Bernadilla passât par Paris, avant d'aller se produire à Bruxelles devant don Juan d'Autriche.

Plus surprenant encore de voir Mazarin se plaindre pour son propre compte au même Caracena des termes insultants employés à son égard dans une gazette de Bruxelles, c'est-à-dire ennemie ! Caracena exprimait ses regrets, sans toutefois omettre de faire observer que les gazettes françaises n'étaient pas plus tendres, ayant même osé mettre en doute la valeur militaire de don Juan d'Autriche. Impossible, répondait Mazarin, nous n'avons en France qu'une gazette imprimée, nous la contrôlons (c'était celle de Renaudot) et elle ne se serait pas permis une telle inconvenance ; il ne pouvait s'agir que d'une gazette « à la main », autrement dit d'un de ces libelles « que des gens sans aveu et malintentionnés envoient en divers endroits » et qui, bien qu'interdits, « ne laissent pas de courir toutes les semaines dans Paris ». Comment les empêcher de maltraiter les personnalités étrangères (on se gardait de prononcer le mot « ennemies »), alors qu'ils n'épargnaient même pas les dirigeants français ?... « Il serait à désirer que pas un prince ne permît de les débiter dans ses États. » S'ils l'osaient, les princes d'aujourd'hui reprendraient volontiers ce souhait à leur compte.

Avec le messager espagnol qu'on lui envoyait en ce mois d'octobre 1658, Mazarin entretenait aussi quelques relations intermittentes, pour des raisons qui remontaient à un bien mauvais souvenir. Après son bannissement de 1651, alors qu'il errait aux frontières nord du royaume à la recherche d'un gîte, le cardinal avait dû — quelle humiliation ! — demander un passeport aux Espagnols et accepter d'eux une escorte. Le chef de cette escorte, fidèle à la tradition, s'était montré d'une exquise courtoisie, et en cette occasion et pendant tout l'exil de Mazarin, auquel il faisait même parvenir son courrier (non sans, probablement, l'avoir lu !). Il s'appelait don Antonio Alonzo Pimentel de Prado et appartenait à une famille « domestique » des Pimentel de Herrera y Quinones, comtes de Benavente (on ne se lasse pas de ces noms espagnols !). C'est ce Pimentel qui venait aujourd'hui apporter à Mazarin le rameau d'olivier, et on ne l'avait pas choisi sans raison. Il est sûr, en tout cas, qu'il était un des rares diplomates espagnols qui crussent aux intentions pacifiques du cardinal — tout en n'ignorant rien de son indéfectible attachement à la France, puisqu'il avait sans succès, lors de l'épisode ci-dessus, essayé de l'en détacher.

Pimentel s'était précédemment acquis quelque célébrité au cours d'une ambassade en Suède, en se distinguant, et de toutes les façons, auprès de la reine Christine. Ce qui donne à penser qu'il n'était pas seulement un bon diplomate, mais aussi un héros d'alcôve, rien n'étant moins séduisant que

Christine de Suède. On a, voici quelque vingt ans, retrouvé son corps embaumé dans une crypte romaine ; le visage est celui d'une poissarde, il n'a rien, véritablement rien à voir avec la sublime beauté de celui de Greta Garbo dans un film cher aux cinéphiles. Continuons à en rêver !...

Pour être sûr de parvenir à Lyon et d'y rencontrer Mazarin avant le premier contact de la cour de France avec celle de Savoie, qui devait arriver le 28 novembre, l'intrépide Pimentel ne craignit pas de traverser les (alors) si sauvages montagnes de l'Auvergne enneigée. Il est vrai que son séjour en Suède, ses longues promenades en traîneau avec la reine Christine avaient dû l'aguerrir contre les frimas.

Les premières conversations eurent lieu les 25 et 27 novembre. Il apparut qu'elles devraient être suivies de beaucoup d'autres, aucun des deux négociateurs ne voulant abattre son jeu. Pimentel se borna à informer Mazarin qu'il était porteur d'une lettre du roi d'Espagne pour Anne d'Autriche et lui demanda, de la part de don Luis de Haro, si la France était toujours intéressée par le projet de mariage espagnol que Lionne avait évoqué lors des négociations de 1656. Mazarin se borna à répondre qu'il ménagerait à Pimentel une audience de la reine, mais qu'il était bien regrettable que cette reprise de contact n'eût pas été décidée et notifiée plus tôt : il allait être délicat, maintenant, de ne pas donner suite au projet savoyard. Pour ne pas inquiéter la cour de Savoie, on eut d'ailleurs recours à des ruses de roman. Pimentel fut mis au secret dans un appartement attenant à celui du cardinal et l'on expliqua aux quelques personnes détachées à son service qu'il s'agissait d'un cavalier liégeois venu à Lyon pour affaires personnelles, ce qui pouvait tromper un moment les observateurs, Lyon étant en effet une importante place financière.

Le 2 décembre, Pimentel fut introduit, toujours dans le plus grand mystère, auprès d'Anne d'Autriche et lui remit la lettre de son frère. Anne fit les compliments d'usage, appâta Pimentel en le mettant brièvement en présence du jeune et beau Louis XIV, puis, stylée par Mazarin, en vint très vite aux choses sérieuses : elle voulait bien faire en sorte d'élever des obstacles au mariage de son fils avec la princesse de Savoie, mais à condition qu'on travaillât sérieusement et au plus tôt à son mariage avec l'infante d'Espagne, c'est-à-dire à la paix, car il ne pouvait pas y avoir de mariage sans paix.

La réponse de Pimentel fut décevante : il n'avait pouvoir de signer qu'une suspension d'armes d'un an, qui permettrait des conversations plus poussées. Sur une question de Mazarin, il révéla que les intérêts du prince de Condé ne pourraient être dissociés par le roi d'Espagne de la négociation. Or, c'était là une difficulté qui avait déjà contribué à faire échouer les pourparlers de 1656 et sur laquelle Anne d'Autriche se montrait d'une totale intransigeance ; ce qu'elle signifia assez vivement à Pimentel. On peut en sourire. La reine n'avait-elle pas, elle-même, jadis trahi en faveur de l'Espagne ? Péché d'intention, sans doute, plutôt que d'action : on la tenait alors trop éloignée des affaires pour qu'elle pût fournir à l'ennemi d'autres informations que secondaires. Et puis elle était espagnole... Tandis que Condé, Français de naissance, premier prince du sang, n'avait pas craint d'apposer son nom au bas d'un traité avec l'ennemi, de mettre à la disposition de celui-ci des hommes, des places et son génie de stratège pour l'aider à vaincre son pays natal et son roi dont il aurait dû être le plus ferme soutien. Voilà comment en 1658 raisonnait Anne d'Autriche, revenue de ses erreurs, et elle n'avait pas tort.

Les lettres de Mazarin consécutives aux premiers entretiens avec Pimentel reflètent un certain désappointement. La trêve proposée, écrivait le cardinal, n'était qu'une ruse dont l'Espagne aurait profité pour réparer ses forces et en finir avec le Portugal. Au reste, le mariage espagnol offrait beaucoup moins d'intérêt pour la France, maintenant que l'infante Marie-Thérèse n'était plus l'héritière des États de son père. On poursuivrait néanmoins la négociation, mais à seule fin de ne pas faire porter à la France la responsabilité de la continuation des hostilités.

Mazarin, on le sait assez, poussait au point de perfection l'art du mensonge diplomatique. Ces explications, données au président de Bordeaux, notre ambassadeur en Angleterre, et à Gravel, notre résident en Allemagne, n'avaient fort probablement pour objet que de soutenir le moral de nos alliés anglais et allemands, qui avaient eu vent du voyage de Pimentel (lequel était toujours en France, attendant de nouvelles instructions de son gouvernement). De plus, il est vrai que le mariage de Louis XIV avec l'infante d'Espagne était une sorte de serpent de mer qui refaisait périodiquement surface : chaque fois, précisément, que les Espagnols le jugeaient nécessaire pour inquiéter, voire débaucher nos alliés en leur faisant croire que la France allait ainsi, sans considération de leurs intérêts, mettre fin à la guerre.

Ce qui est troublant, c'est que Mazarin, dans sa lettre au président de Bordeaux, ajoutait que « plusieurs autres raisons » obligeaient à ne pas attendre davantage le bon vouloir des Espagnols et que donc Louis XIV épouserait la princesse de Savoie, si elle lui plaisait, car il était urgent qu'il se mariât.

Et pourquoi donc ?

« Sa Majesté ayant vingt ans passés, expliquait Mazarin, la reine et moi sommes plus particulièrement intéressés pour fermer la bouche à divers méchants, qui, voyant Sa Majesté, l'été dernier, malade à l'extrémité, prirent cette occasion, quoique sur des prétextes hors de propos, de déclamer dans le monde que le mariage du roi n'avait été si longtemps retardé que pour nos intérêts particuliers. »

Pourquoi ce « nos » ? Quels pouvaient être les intérêts communs à Mazarin *et* à la reine en cette affaire ? Les « méchants » voulaient-ils faire croire qu'Anne n'eût point été trop affligée que son fils mourût sans postérité, afin de pouvoir continuer à gouverner, et avec Mazarin ? Ceci sous-entendant que le jeune roi, accédant enfin à la réalité du pouvoir, n'eût peut-être pas gardé Mazarin, que la reine, elle, avait tant de raisons de garder...

S'il faut le comprendre ainsi, c'était une calomnie absurde. Anne n'avait-elle pas dit, dans l'été 1658, que, si son fils mourait, elle s'enfermerait pour toujours au Val-de-Grâce ? Au reste, elle n'avait pas la passion du pouvoir : elle y renoncera sans trop de regrets quand, après la mort de Mazarin, Louis l'écartera du conseil. C'est pour ce fils et pour lui seulement qu'elle avait trouvé le courage et la force, elle si indolente, d'assumer une régence de droit, puis de fait, de quinze années. Comment aurait-elle pu souhaiter qu'il ne régnât pas ? Par ailleurs, la succession était assurée ; Louis XIV mourant sans postérité, son frère cadet, Philippe d'Anjou, autrement appelé Monsieur, serait monté sur le trône. On dira que ce prince capricieux et efféminé n'eût pas valu son aîné et qu'il se fût sans doute laissé facilement mener par sa mère. Mais qui pouvait alors le prédire avec certitude ? On remarquait seulement chez ce garçon de dix-huit ans une certaine propension à parler chiffons et à se déguiser en femme. Mais, en monarchie, les cadets, exclus des affaires, ne sont-ils pas réduits à des occupations mineures ? C'est si vrai qu'on accusait parfois leurs parents de leur avoir volontairement donné le goût de la futilité, ou même d'avoir flatté leurs plus mauvais instincts pour qu'ils ne fissent pas d'ombre à leurs royaux aînés. Calcul d'ailleurs hasardeux : Philippe d'Anjou, devenant roi, aurait fort bien pu être saisi par la fonction, comme tant d'autres, comme sa mère elle-même, qu'on en croyait incapable, l'avait été en devenant régente. Au reste, l'amour maternel aveugla longtemps Anne d'Autriche sur la vraie nature de son fils cadet (encore qu'elle s'irritât parfois de ses mièvreries). Donc n'imitons pas les « méchants » en lui prêtant des arrière-pensées qu'elle n'eut jamais. La vraie raison qui pouvait l'inciter, elle comme Mazarin, à presser le mariage du roi était autre et tenait au tempérament de celui-ci.

Louis XIV aimait déjà trop les femmes pour n'en pas vouloir une dans son lit. En quoi il ressemblait non pas à son père, le chaste Louis XIII, mais à son grand-père Henri IV, le Vert-Galant si bien nommé. Était-ce, comme on le chuchotait, Mme de Beauvais, autrement dite Cathau la Borgnesse, première femme de chambre de sa mère, qui l'avait déniaisé ? Ce sont de ces points d'histoire qu'il est vain de chercher à éclaircir ! Depuis qu'enfant, il s'amusait à faire des niches aux filles d'honneur, Louis avait toujours été sensible à l'*odore di femina,* et nous savons qu'adolescent il fut atteint d'une maladie que son médecin, Vallot, se donne beaucoup de mal pour ne pas qualifier de vénérienne. Revenons aux choses du cœur.

Les princes rencontrent peu de cruelles : celui-ci devait en rencontrer moins qu'un autre, car il attirait autant qu'il était attiré. Viril et vigoureux, doué, comme sa mère, d'une superbe chevelure et d'un visage régulier, où le nez bourbonien ne s'accusera que vers la trentaine, Louis XIV parut séduisant à tous les observateurs dès qu'il sortit de l'âge ingrat. Sur la foi d'une armure incomplète et d'ailleurs fabriquée à l'étranger, certains historiens lui prêtent une taille au-dessous de la moyenne : il dépassait pourtant Mazarin d'une tête et aucun témoin ne nous dit que Mazarin était petit[1].

Le premier attachement sérieux du roi, en 1655 (il avait dix-sept ans), eut pour objet Olympe Mancini, une des nièces de son ministre ; ce qui ne l'empêcha pas de courtiser une fille d'honneur de la reine, Mlle d'Argencourt, et avec assez d'insistance pour qu'on jugeât bon d'éloigner la jeune fille. Louis était encore docile : il accepta, sur les conseils de sa mère, de s'abîmer en prières pour chasser la tentation. Après quoi... il reprit ses habitudes auprès d'Olympe Mancini et les garda, même quand on eut marié celle-ci au comte de Soissons. Un mari courtisan peut-il être, dans une cour, un rempart pour la vertu de sa femme ?

Néanmoins le vrai danger vint d'une autre « mazarinette ».

III

Marie Mancini

L'histoire se faisant gloire aujourd'hui de dédaigner l'événementiel — et combien plus l'anecdotique ! — on est presque gêné d'avoir à parler de ces amours royales qui firent si longtemps — trop longtemps, assurément — les délices des historiens. Et pourtant, comment l'éviter, s'agissant d'une monarchie d'Ancien Régime ? « Monarchie » signifie règne d'un seul. Qu'on le veuille ou non, tout ce qui touchait à la personnalité et au cœur du monarque ne pouvait être sans influence sur son destin et donc sur le destin de son peuple. Si Louis XIV avait refusé l'infante d'Espagne pour épouser Marie Mancini — car c'est d'elle qu'il s'agit — le cours de notre histoire aurait pu être changé, comme Mazarin le lui dira plus tard.

On a distingué avec raison entre les deux générations des nièces de Mazarin. Les aînées, qui devinrent respectivement duchesse de Mercœur, princesse de Conty, duchesse de Modène, avaient connu la Fronde, l'exil et l'exécration publique ; elles acquirent par là une certaine sagesse et tinrent honorablement leur place aux rangs élevés (deux princesses du sang, une altesse étrangère) où leur oncle les avait fait monter. Il en alla autrement avec les plus jeunes : Olympe, Marie, Hortense et Marianne Mancini. La première était trop enfant pendant la Fronde pour en être durablement marquée, et les trois autres n'arrivèrent en France qu'après les années difficiles, quand leur oncle avait retrouvé la toute-puissance ; elles se conduisirent en enfants gâtées et toutes les quatre défrayèrent plus tard la chronique.

En 1654, lorsqu'elle fut introduite à la cour, Marie Mancini avait quatorze ans. Fort bien accueillie par Anne d'Autriche, qui témoignait la plus grande sollicitude à toute la famille de son ministre et traitait ses nièces en nièces, elle fit dès lors la connaissance du jeune roi, d'un an plus âgé qu'elle. Après un séjour au couvent de la Visitation du faubourg Saint-Jacques, elle le retrouva à la cour en 1656. Rien ni personne ne s'opposa à leur fréquentation — et qui s'en serait inquiété ? Anne d'Autriche n'ignorait pas les quelques galanteries de son fils, mais elle n'ignorait pas non plus l'orgueil qui déjà l'habitait et le jugeait incapable d'envisager une mésalliance. Quand Olympe Mancini épousa le comte de Soissons, sans que Louis en manifestât le moindre dépit, « Vous voyez bien, dit la reine à son entourage, qu'il n'y avait là rien de sérieux. » Au reste, si le roi se divertissait en compagnie d'Olympe, il n'accordait d'autre attention qu'intermittente à sa jeune sœur Marie, communément jugée laide : trop maigre et trop « noire » pour les canons de l'époque. Les portraits de Marie nous montrent pourtant un bien joli visage plein de feu, celui que peu à peu elle acquérait.

Quand, dans l'été 1658, le roi fut donné mourant, Marie qui, elle, s'intéressait déjà beaucoup à lui, versa des larmes abondantes ; Louis, l'apprenant, en fut d'autant plus touché qu'il savait bien que tout le monde à la cour n'avait pas pleuré ; que d'aucuns et d'aucunes, escomptant sa mort, s'étaient empressés auprès de son frère. Et puis il aimait qu'on l'aimât. Et puis Olympe de Soissons, étant alors enceinte, n'offrait plus les mêmes attraits à ses yeux. Toujours est-il, qu'à partir de l'automne 1658, toute la cour, qui séjournait alors à Fontainebleau, remarqua les assiduités du jeune souverain auprès de Marie.

L'idylle, il faut bien l'appeler ainsi, se poursuivit au cours du voyage vers Lyon. Le temps de cette fin d'octobre était exceptionnellement beau et sec, et le roi choisit de faire partie du trajet à cheval, accompagné de quelques jeunes personnes, dont Marie, à qui il prêtait même ses plus belles montures. C'est la Grande Mademoiselle, toujours attentive aux faits et gestes de son royal cousin (elle avait rêvé de l'épouser, quoiqu'il eût onze ans de moins qu'elle) qui nous renseigne dans ses Mémoires sur ces joyeuses cavalcades, dont elle faisait partie, et sur les entretiens, de plus en plus longs et fréquents, entre le roi et Mlle Manchine (ainsi prononçait-on).

Marie, tous les mémorialistes en conviennent, avait beaucoup d'esprit et une culture assez rare. Elle savait par cœur des vers italiens et français, pouvait réciter des scènes entières de Corneille, lisait les romans à la mode et tournait fort bien ses lettres, comme en témoigne sa correspondance avec le cardinal. Somaize, le secrétaire qu'elle choisira plus tard parmi les gens de lettres qu'elle aimait à fréquenter, lui fera place dans son *Dictionnaire des précieuses,* le mot n'ayant ici aucune connotation péjorative, mais désignant au contraire les femmes distinguées par leur goût et leur esprit. C'est Somaize qui nous apprend que Marie connaissait « tous les bons livres » ; ce qui veut dire qu'elle ne s'en tenait pas à la poésie et à la fiction (prédilections féminines), mais savait apprécier des auteurs plus sérieux. De fait, elle lisait les philosophes et historiens de l'Antiquité et, du théâtre de Corneille, elle ne retenait pas seulement les beaux sentiments qu'il respirait, mais aussi les « maximes d'État » dont il était émaillé (Que ne sût-elle les mettre en pratique !...)

A une époque où l'instruction n'était pour les filles, jusque dans la meilleure société, ni un devoir ni même un droit, il est intéressant de se demander comment cette petite Italienne a pu si tôt former son goût, acquérir ses connaissances et la maîtrise de notre langue. Qu'une réelle et précoce intelligence (trait de famille) l'y prédisposât, c'est évident. Mais il faut dire que Mazarin avait bien fait les choses (trop bien, se dira-t-il plus tard, en constatant que sa nièce était devenue une raisonneuse, capable de lui tenir tête !). D'abord, les jeunes Mancini, après leur arrivée en France en 1653, avaient, sur ordre du cardinal, et, comme disait celui-ci, pour s'« apprivoiser », séjourné huit mois à Aix-en-Provence auprès de leur aînée, Laure, duchesse de Mercœur, dont le mari était gouverneur de la province. Grands personnages, alors, que les gouverneurs, même quand ils n'étaient pas, comme Mercœur, princes du sang. C'est donc chez une sœur déjà francisée et dans une véritable cour, où elle pouvait côtoyer des gens d'esprit, que Marie a vécu ses huit premiers mois de France. Le couvent de la Visitation du faubourg Saint-Jacques, où on l'envoya ensuite pendant dix-huit mois, avait grande réputation. C'était pourtant une création assez récente, comme l'ordre lui-même, fondé en 1618 par François de Sales et Mme de Chantal, la grand-mère de Mme de Sévigné ; il joua un rôle important dans l'effort accompli par l'Église de France au XVIIe siècle pour l'instruction des filles. Effort nécessaire, souvent méconnu, parce qu'il ne porta ses fruits que lentement et que le tardif Saint-Cyr de l'illustre Maintenon a éclipsé le renom des établissements antérieurs. Marie Mancini, en tout cas, est un bon exemple du profit que pouvait tirer une élève douée de l'enseignement de la Visitation. Elle-même, dans ses Mémoires, a vanté l'excellente formation qu'elle reçut dans la maison du faubourg Saint-Jacques, tant pour les usages et les manières que pour la connaissance et la pratique du français, grâce aux soins éclairés de la Mère de Lamoignon ; de celle-ci elle parle avec une sorte de tendresse, bien rare sous sa plume (sauf, évidemment, quand il s'agit de Louis XIV !). La Mère de Lamoignon était la sœur du premier président au parlement de Paris, un des principaux personnages du royaume, et, quand bien même elle ne se serait pas attachée spontanément à une élève si prometteuse, quand bien même on ne la lui aurait pas recommandée, elle aurait compris que la nièce du premier ministre devait être l'objet d'une attention particulière.

Quant à Mme de Venel, la gouvernante à qui l'on confia Marie à la mort de sa mère (qui suivit de près sa sortie du couvent), elle appartenait à une famille distinguée de robins aixois. Un frère évêque et érudit, qui composa avec Moreri le *Grand Dictionnaire historique,* si utile aujourd'hui encore ; un mari allié au banquier et contrôleur général des finances Barthélemy Hervart, qui l'introduisit dans un milieu parisien riche et cultivé où l'on protégeait les arts et les lettres. Femme de tête, Mme de Venel s'était fait remarquer, toute jeune encore, pendant la Fronde, en manifestant en Provence son attachement au pouvoir légitime. Placée par Mazarin auprès de Laure de Mercœur comme dame d'honneur, elle avait déjà guidé les premiers pas des aînées de ses nièces. Il était donc tout naturel qu'on lui confiât les cadettes quand elles se trouvèrent orphelines. Les circonstances allaient rendre difficile la tâche de Mme de Venel, et elle ne conserva pas longtemps la sympathie d'une jeune fille qu'elle était obligée de surveiller plus étroitement que ses sœurs. Du moins eut-elle le loisir de poursuivre, au plan intellectuel, la tâche commencée par la Mère de Lamoignon. Elle en eut aussi la capacité, et l'on remarquera au passage le haut niveau, en ce domaine, du monde parlementaire et de la finance : il fait contraste avec celui de la noblesse d'épée, où l'on rencontre beaucoup moins de femmes cultivées. Nous voyons Mme de Venel, à travers ses lettres et celles des trois sœurs Mancini, tantôt composer des chansons et des vers avec ses élèves, tantôt leur lire et commenter Plutarque et l'indigeste Philostrate. Enfin n'oublions pas qu'après le couvent, c'est à la cour que vécut Marie avec sa gouvernante ; elle y eut, bien plus encore qu'à Aix-en-Provence, l'occasion de fréquenter des beaux esprits, des gens éminents en tous domaines, et elle n'y manqua pas.

que Mme Colbert, pourtant femme de bon sens et de capacité, que Mazarin avait en quelque sorte donnée comme conseillère à ses nièces et à leur gouvernante.

L'attitude de Louis XIV, pendant cet intermède lyonnais, apparaît assez déconcertante : il courtisait Marie et il était pourtant prêt à épouser Marguerite de Savoie ; selon certaines sources, ce serait même lui qui aurait persuadé Mazarin de donner suite à ce projet. Mieux encore, sa première rencontre avec la princesse, dont les témoins les plus bienveillants n'osent écrire qu'elle était jolie, ne changea rien à sa résolution dont il fit part à sa mère consternée. Sans doute, le jeune roi était-il encore à cet âge où le cœur hésite à se poser, où, à travers les femmes qu'on rencontre, c'est de l'amour qu'on est amoureux.

Ce qui peut paraître surprenant, et qui pourtant l'est moins, c'est que Louis XIV, dès qu'il sut que l'Espagne lui proposait l'infante, n'hésita pas un instant à préférer cette alliance avec une princesse inconnue, mais beaucoup plus puissante, à celle qu'il aurait pu contracter avec une princesse connue et qui lui plaisait. Lui-même, Mazarin et la reine, on peut bien dire « laissèrent tomber » la famille de Savoie avec une promptitude indécente. Le revirement fut accompli en vingt-quatre heures ! Madame Royale, duchesse de Savoie, mère de la délaissée, poussa les hauts cris, versa des larmes, exigea un entretien immédiat et particulier avec Mazarin. Ce qu'apprenant, Anne d'Autriche eut cette réaction étonnante : « Que je *le* plains ! Elle le va bien tourmenter. » Or Madame Royale, princesse du sang de France, était la belle-sœur d'Anne d'Autriche, puisque née de Henri IV, tout comme le défunt Louis XIII, et on lui infligeait un sanglant affront. Si quelqu'un devait être plaint, c'était elle et non pas Mazarin ! Elle ne fut que consolée, mais grandement, il faut bien le dire, par les coûteux présents qu'on lui fit et l'assurance qu'on songerait de nouveau à sa fille si le mariage espagnol n'aboutissait pas.

Cinq cent mille livres : c'est ce qu'avait coûté, cadeaux compris, le voyage de Lyon, comme l'écrivait Mazarin à Fouquet, surintendant des finances. « J'entre toujours dans une matière fâcheuse en vous parlant d'argent », observe-t-il dans une autre lettre. Des plus fâcheuses, en effet, puisque cet argent qu'on prodiguait, on ne l'avait pas en caisse. Ce sera toujours un sujet d'étonnement pour l'historien que le Grand Siècle ait fait ce qu'il a fait, c'est-à-dire la France, à crédit.

La cour de Savoie partie, Louis XIV, bien qu'il n'ignorât pas que son mariage avec l'infante continuait secrètement à se discuter, reprit avec Marie la familiarité un instant interrompue.

Ceci pose problème et peut expliquer qu'à peu près tous les mémorialistes aient cru que Mazarin avait voulu faire épouser sa nièce au roi de France ou que du moins il y avait songé. Pour Guy Patin, ce « coup », comme il dit, ne fut empêché que par la reine ; c'est elle qui donna la paix à la France en s'employant « violemment et généreusement » à faire réussir le mariage du roi avec l'infante ; sans son obstination, ajoute Patin, la guerre eût duré plus longtemps et Louis XIV aurait pris une autre épouse — *de gente gabella* — fine allusion à l'origine italienne et aux malversations de Mazarin.

Les pamphlétaires, retrouvant leur verve de la Fronde, s'en donnèrent à cœur joie ; leurs nouvelles mazarinades n'avaient plus pour objet les voleries du ministre ou ses coucheries avec la reine : elles s'en prenaient aux ambitions matrimoniales qu'il nourrissait pour sa famille, avec des titres du genre *De l'outrecuidante présomption du cardinal Mazarin dans le mariage de sa nièce.* On voit que Mazarin n'avait pas tort de se plaindre des « gazettes à la main ». Ou bien, en cette occasion-ci, avait-il tort ?

On peut négliger les gazettes, mais on ne peut ignorer les témoignages concordants de Guy Patin, Brienne, Choisy, Mme de Motteville et Mme de la Fayette — cette dernière particulièrement bien renseignée par Henriette d'Angleterre, qui l'honorait de ses confidences et avait suivi avec attention l'affaire Mancini, nourrissant alors, comme tant d'autres, l'espoir d'épouser Louis XIV.

Reste à savoir de quoi procèdent ces témoignages. Mazarin n'était pas aimé, pour des raisons complexes qui tenaient autant aux circonstances qu'à sa personnalité. Qu'on lui en voulût de n'avoir pas mis fin plus tôt à la guerre, nous l'avons dit. Mais il y avait autre chose. Les Français supportaient mal qu'un « principal ministre » s'interposât entre le roi et son peuple. Cette innovation, concrétisée par ce titre inédit, paraissait dangereuse et contre nature parce qu'elle déléguait à un sujet une autorité qui ne pouvait appartenir qu'au maître et qui était proprement *sacrée,* puisque le roi de France était l'oint du Seigneur. Richelieu, le premier à porter le titre, n'avait pas été moins haï que Mazarin. Du moins était-il français. Et, comme on ne rend justice qu'aux morts, on reconnaissait maintenant que « l'âpre et redoutable Richelieu », s'il avait « foudroyé plutôt que gouverné les humains » (Retz), l'avait fait du moins avec une grandeur et en vertu d'un patriotisme qui honoraient sa fonction.

Qui aurait cru au patriotisme d'un Italien ? Quant au style de Mazarin — ruse, dissimulation et feinte humilité — il semblait au contraire déshonorer la fonction. Mme de Motteville écrit que les injures faisaient au cardinal le même effet qu'à Mithridate le poison : « Elles lui servaient de nourriture ! » Un tel caractère autorisait tous les soupçons. Ayant déjà réussi à marier deux de ses nièces à des princes du sang de France, pourquoi Mazarin n'eût-il pas nourri l'espoir de monter plus haut encore et d'en hisser une troisième sur le trône ? Les moins malveillants admettaient que l'attachement du roi pour Marie Mancini n'était pas de son fait, mais il offrait une chance inespérée que ce parvenu n'était pas homme à laisser passer.

Le temps apaisant les passions, l'historien, après trois cents ans, peut raisonner plus sereinement. Marie était la moins maniable des nièces de Mazarin et il le savait déjà. Elle voulait le roi pour elle et pour elle seule, comme la suite le confirma. À supposer donc que le cardinal ait réellement voulu faire monter une de ses mazarinettes sur le trône de France, ce n'est pas celle-ci qu'il aurait poussée en avant. Olympe, qui rapportait si fidèlement à son oncle ce que le roi lui disait, aurait beaucoup mieux fait l'affaire. Mais surtout, est-il vraisemblable qu'un homme d'État aussi avisé que Mazarin ait pu préférer le triomphe de sa famille à la paix en Europe, qui était l'œuvre de sa vie et devait lui procurer un triomphe autrement glorieux ? Dès Lyon, n'avait-il pas d'ailleurs assuré à la reine que le mariage espagnol, auquel elle tenait tant, devenait plus que probable ? Ne s'en était-il pas fait gloire auprès d'elle ?

Il n'avait pas fait que cela : il avait, d'une certaine façon, lui si prudent, témoigné aux Espagnols de sa bonne volonté en cette affaire. Non pas certes en écrivant directement à Madrid — ce qui eût été inconcevable — mais à deux hommes fort écoutés par la cour de Madrid, le comte de Fuensaldaña, un partisan de la paix [2], et le comte de Peñaranda, d'humeur toute différente. Celui-ci, rude adversaire et rude jouteur, s'était vivement opposé à nos représentants, tant au congrès de Münster que lors de l'élection impériale ; et, si le succès n'avait pas récompensé ses efforts, sa carrière n'en avait pas souffert : il était maintenant vice-roi de Naples. Mazarin savait donc ce qu'il faisait en lui écrivant de Lyon, le 9 janvier 1659 : « Je suis certain que Votre Excellence a été ponctuellement informée du voyage qu'a fait à cette cour don Antonio Pimentel [...]. Je tiens à attester à Votre Excellence que je désire avec passion qu'il plaise à Dieu de favoriser le bon succès d'une telle négociation, afin que la chrétienté puisse trouver dans la conclusion de la paix le repos après lequel elle soupire depuis tant d'années [...]. »

Marquons une pause pour admirer, à une époque où vingt pour cent à peine des Français savaient signer leur nom (et moins encore d'Espagnols), l'extraordinaire culture de ces seigneurs de la diplomatie. C'est en italien que Mazarin avait écrit à Peñaranda, par déférence pour les fonctions que celui-ci occupait alors à Naples, mais il aurait aussi bien pu lui écrire en castillan, langue qu'il parlait couramment, ou en français, langue que son correspondant ne possédait pas moins bien, jusqu'à en apprécier toutes les finesses. A preuve ce qu'écrira plus tard (en 1667) Hugues de Lionne à notre ambassadeur en Espagne :

« Si je le puis, je vous adresserai par ce même ordinaire une comédie nouvelle que nous avons depuis trois mois, qu'un jeune homme de vingt-trois ans a composée, et par laquelle quelques-uns jugent qu'il commence par où le vieux Corneille a fini. Je vous prie, quand vous l'aurez reçue, de la faire présenter de ma part audit sieur comte de Peñaranda, que je sais s'être diverti à Münster, dans le plus fort des affaires, à la lecture des romans de *Cassandre,* et je vous supplie encore que je puisse savoir par votre moyen quel jugement un si grand homme aurait fait de cet ouvrage du jeune nouveau poète. »

Ainsi, un Français attendait de l'Espagnol Peñaranda un jugement sur l'*Alexandre* de Racine, car c'est de cela qu'il s'agit : cette « comédie nouvelle » était la deuxième tragédie du « jeune nouveau poète » qui commençait par où Corneille avait fini[3]. Quant à *Cassandre,* c'était encore une œuvre française, d'un auteur, La Calprenède, certes illisible aujourd'hui, mais qui enchanta le XVIIe siècle.

S'il n'est pas vraisemblable que Mazarin, ayant ainsi donné des gages de sa bonne volonté et à la reine et à l'adversaire, n'ait cherché en secret qu'à rompre le mariage espagnol pour faire monter sa nièce sur le trône, il reste tout de même à expliquer une chose : la familiarité dans laquelle Marie, comme ses sœurs et cousines, avait vécu avec le roi depuis l'enfance. Si la reine avait autorisé cette familiarité, il est sûr que le cardinal l'avait voulue, et par calcul, mais ce calcul n'était pas nécessairement matrimonial. Il y avait, dans les cours d'Ancien Régime, une symbiose, pour nous difficile à comprendre, entre le politique et le domestique. On n'est favori que si l'on a la faveur, et, pour l'avoir, il faut soustraire le monarque à toute influence extérieure. La famille de Mazarin, qui ne comportait pas que des nièces, mais aussi des neveux, devait donc entourer le roi, comme Mazarin lui-même et ses fidèles entouraient Anne d'Autriche. Et déjà, le cardinal s'était fait donner la disposition des charges de la maison de la reine future...

Mme de Motteville, qui pourtant ne crut, n'imagina jamais qu'Anne d'Autriche pût entretenir d'autres relations que politiques avec son ministre, note que celui-ci se montra extrêmement jaloux lorsqu'un jeune écervelé de la cour se mit à jouer les amoureux auprès de la reine; mais elle précise : « jaloux comme un avare à qui l'on veut ôter son trésor ». Comprenons que le trésor des favoris, c'est le souverain, ou la souveraine, qui les protège et donc leur permet d'exercer le pouvoir, et que tout individu qui s'approche d'eux et prétend toucher leur cœur ou leur esprit constitue un danger contre lequel il faut se prémunir par tous les moyens.

Voilà pour la psychologie. Mais la psychologie, en histoire, ne peut être que rétrospective; on est toujours libre de penser ce qu'on veut. Seuls comptent les textes, quand on en a. Or, la difficulté est la suivante : s'il est vrai que nous avons des textes que les contemporains ignoraient, à savoir la cinquantaine de lettres qu'échangea Mazarin avec le roi et la reine à propos de cette affaire, s'il est vrai que dans toutes ces lettres l'attachement de Louis XIV pour Marie Mancini est sévèrement condamné par le cardinal, il faut tout de même, pour ne rien laisser dans l'ombre, introduire ici une distinction chronologique qui a son importance. Mazarin n'exprima sa désapprobation qu'à partir de juin 1659, quand le mariage du roi avec l'infante eut été résolu et les préliminaires de la paix signés. Avant cette date, nous ne savons rien de ses pensées intimes sur cette liaison, aucun texte tombé de sa plume n'y faisant allusion. Sans doute, se trouvant alors auprès de la cour (sauf en de brèves absences), n'avait-il pas de raisons d'écrire aux intéressés (sa nièce, le roi) sur un sujet dont il pouvait leur parler de vive voix. Mais leur en parla-t-il ?

S'il faut en croire une lettre postérieure, écrite à Louis XIV au plus fort de la crise (le 1er septembre 1659), le cardinal s'était toujours douté « depuis Lyon » que, s'il n'était pas sacrifié par le roi à Marie, il le serait un jour aux beaux yeux de quelque autre jeune personne [4]. Donc il avait perçu le danger, ce qui éclaire *a posteriori* la lettre au président de Bordeaux citée plus haut, où il fait état de « plusieurs raisons » qui l'obligeaient à ne pas différer le mariage du roi, fût-ce avec une autre princesse que l'infante d'Espagne.

A quoi l'on pourra rétorquer que ceci ne fait qu'épaissir le mystère. Si Mazarin, dès Lyon, c'est-à-dire en novembre 1658, avait perçu le danger qu'incarnait Marie, pourquoi n'a-t-il pas éloigné celle-ci plus tôt, comme il avait naguère éloigné Mlle d'Argencourt ? Jusqu'à la séparation de juin 1659, la jeune fille s'est conduite impunément en favorite et presque en fiancée, monopolisant l'attention du roi, se l'attachant chaque jour un peu plus et, chaque jour, prenant plus d'ascendant sur lui. A Lyon, elle avait osé lui faire honte publiquement de songer à prendre une épouse aussi laide que la princesse Marguerite de Savoie. Si Anne d'Autriche, pourtant fort attentive à sa propre dignité et à celle de son fils, ne s'était pas formalisée de ces propos, c'est parce qu'elle-même ne songeait qu'à détourner Louis de ce mariage.

Cependant l'aveuglement de la reine semble avoir persisté un certain temps encore. Faut-il l'attribuer — et ces raisons valent aussi pour Mazarin — aux circonstances particulières du séjour à Lyon et du voyage de retour ? Les deux amoureux ont pu alors déjouer la surveillance de la reine et du cardinal, parce que tout ce beau monde ne logeait pas ensemble (quelle résidence provinciale eût été assez vaste pour abriter le roi, la reine, le ministre et leurs suites respectives ?...) A Lyon, Louis XIV et Mazarin habitaient tous deux sur la place Bellecour, mais le premier chez un trésorier de la ville, le second dans une maison située à l'autre extrémité de la place. La reine était logée non loin de là, dans l'abbaye d'Ainay. Elle consacrait, comme d'habitude, ses matinées aux églises, ses après-midi au cardinal (il avait la goutte) et ses soirées au jeu. Ce qui permettait à Louis, après avoir donné quelques heures à l'exercice de ses mousquetaires, à son ministre et à la paume, de converser avec Marie « tout le reste du jour ». Et le soir aussi, puisque, n'habitant pas avec sa mère, il pouvait se dispenser d'aller souper en sa compagnie et en profitait pour offrir en son logis de somptueuses collations à des dames de la cour, parmi lesquelles, bien sûr, Marie. Venait tout de même l'heure de se séparer, mais alors Louis reconduisait lui-même Marie à sa demeure, et la Grande Mademoiselle nous explique comment : « Au commencement il suivait le carrosse, puis servait de cocher, et à la fin il se mettait dedans. » Les nuits de clair de lune, on prolongeait le plaisir en faisant quelques tours « dans Bellecour ». Quand, enfin, le roi regagnait sa chambre, c'était pour y lire les romans ou recueils de vers que Marie lui avait prêtés. Et, le lendemain, tout recommençait comme la veille. Le comte de Soissons, époux d'Olympe Mancini, « était dans un chagrin non pareil de ce que le roi n'en usait plus comme à l'ordinaire avec sa femme » ! Chagrin qui se prolongea pendant tout le voyage de retour, puisque, à chaque étape, Louis XIV montra le même empressement auprès de Marie. Il faisait froid, maintenant, et les dames, pour cavalcader auprès du roi, se protégeaient par des justaucorps fourrés et des bonnets de velours noir ornés de plumes.

Tout cela, on veut bien admettre que Mazarin n'ait pu le voir de ses propres yeux, au moins pendant le voyage de retour, puisqu'il ne se mit en route que deux jours après la cour, lorsque sa crise de goutte fut apaisée. Admettons encore que les douleurs de cette goutte, que le surcroît de travail et de préoccupations provoqué par les négociations secrètes avec Pimentel aient pu distraire son attention des faits et gestes de sa nièce et du roi. Néanmoins, néanmoins, comment croire qu'un homme aussi bien renseigné ait ignoré ce que toute la cour voyait, ce dont celle de Savoie s'était aperçue ? Mme de Venel, ce dragon qui se relevait la nuit pour vérifier que Marie était sagement couchée, avait-elle subitement cessé de faire rapport au cardinal ? Là est le mystère ; et, à moins que quelque dépôt d'archives ne livre un jour d'autres lettres de ou à Mazarin que toutes celles que nous possédons pour cette période, ce mystère reste entier.

Le cardinal a-t-il seulement été victime de son propre jeu ? Habitué à la familiarité de ses nièces avec le roi, et la souhaitant pour les raisons que nous avons dites, a-t-il seulement pris le risque de fermer les yeux sur une passade qui l'arrangeait, sans en mesurer toutes les possibles conséquences ? Je crois que cette explication est la seule valable.

Quoi qu'il en soit, Anne d'Autriche, pour sa part, prit clairement conscience du danger après la réinstallation à Paris (fin janvier 1659). Si, pendant le voyage, elle avait pu ignorer les promenades au clair de lune et autres galanteries, au Louvre elle voyait de ses yeux Marie « obséder » son fils, lui parler sans gêne à l'oreille, même en sa présence. Sut-elle être parfois l'objet de ces chuchotis ? Marie aurait osé révéler au roi les galanteries de jeunesse de la reine, c'est-à-dire Buckingham, mais aussi « tout ce que la médisance avait inventé » depuis le début de la régence, c'est-à-dire les relations sentimentales de son oncle à elle avec sa mère à lui ! C'est Mme de la Fayette qui le dit et nous ne sommes pas obligés de la croire, mais Marie était bien capable de cette indélicatesse. Une chose est sûre : le jeune roi, maintenant, perdait de sa docilité. Il prétendit danser un ballet pendant le carême (avec Marie, bien sûr) ; sa mère lui ayant dit que, s'il commettait cette impiété, elle irait, pour n'en pas être témoin, passer le carême au Val-de-Grâce, « Vous êtes libre d'y aller », lui répondit Louis. Il renonça néanmoins au ballet, mais il ne renonça pas à fréquenter Marie, comme le lui avait, paraît-il, demandé la reine qui, dès lors, aurait manifesté la plus grande froideur à la jeune fille.

L'incident le plus sérieux eut lieu en mars. Les négociations entre la France et l'Espagne progressant favorablement, don Juan d'Autriche, le gouverneur des Pays-Bas espagnols (nous l'avons déjà rencontré) avait demandé à passer par Paris en quittant son poste, avant de regagner Madrid. Il faut savoir que don Juan d'Autriche était le fils adultérin de Philippe IV d'Espagne et d'une comédienne ; donc le neveu, quoique par la main gauche, d'Anne d'Autriche. Celle-ci se faisant une joie, après tant d'années, de rencontrer un membre de sa famille, ne voulut pas se contenter d'une première et discrète entrevue au Val-de-Grâce : elle fit venir don Juan au Louvre pour lui présenter Louis XIV. Le geste avait valeur politique et c'est bien ainsi que chacun l'entendit. Nul doute, d'ailleurs, que don Juan d'Autriche ne fût chargé de rapporter à son père les impressions qu'il aurait reçues du roi et de la famille royale de France.

Les princes traînaient encore à leur suite, et pas seulement en Espagne, des fous et des nains. Don Juan avait donc une folle, ou que du moins il désignait ainsi, car il semble bien que cette créature quelque peu aventurière ne le divertissait pas seulement par des facéties. La Pittora, c'était son sobriquet, fit une vive impression à la cour de France (où elle s'attarda quelque temps après le passage de son maître). Non pas qu'elle fût belle, car on la jugea laide, mais sa vivacité, sa drôlerie amusaient, tout autant que son accoutrement : elle portait les cheveux courts, un habit d'homme, des bottes, des éperons, et l'épée au côté. Tout le monde se l'arrachait, la couvrait de cadeaux, non sans quelques arrière-pensées : la Pittora, ayant ses entrées à la cour d'Espagne, pourrait glisser un mot en faveur des généreux donateurs dans l'oreille de la future reine de France, car plus personne ne doutait que l'infante ne dût bientôt porter ce titre. Anne d'Autriche elle-même offrit une chaîne d'or et d'argent à la Pittora. Marie, seule, la prit en grippe. Non sans raisons. S'autorisant de cette liberté de paroles qui est l'apanage des folles, la Pittora se moquait d'elle, la disait laide, vantant au contraire la beauté de l'infante. On peut penser que c'était sur ordre et pour faire connaître à la cour de France l'étonnement de la cour d'Espagne à savoir le promis de l'infante tout occupé d'une autre. Quand, sur les instances de Marie, Louis XIV eut renvoyé cette « folle », qui l'avait d'abord tant amusé, Pimentel se hâta de mander à Madrid ce geste de discourtoisie.

Et Mazarin dans tout cela ? Que faisait-il ? C'est lui, apparemment, qui avait apaisé le différend relatif au ballet et raccommodé à cette occasion la mère et le fils. Mais pour le reste ? Selon Mme de Motteville, il n'aurait rien fait de plus que de railler devant la reine la « folie » de sa nièce, et encore en des termes ambigus qui laissaient place au doute : était-ce bien une folie que de nourrir l'espoir d'épouser le roi de France ? Anne (toujours selon Motteville) aurait alors déclaré à son ministre, avec la hauteur qu'elle savait parfois montrer : « Je ne crois pas, Monsieur le Cardinal, que le roi soit capable d'une telle lâcheté ; mais, s'il était possible qu'il en eût la pensée, je vous avertis que toute la France se révolterait contre vous et contre lui ; que moi-même je me mettrais à la tête des révoltés et que j'y engagerais mon fils. » (Anne désignait ainsi son second enfant, Philippe ; l'aîné, Louis XIV, étant toujours appelé par elle le « Roi », ou, en code, le « Confident ».)

Pour Choisy et le jeune Brienne, la reine craignait tellement que Louis ne commît cette « folie » qu'elle consulta des juristes pour trouver le moyen de l'empêcher. Ceux-ci lui conseillèrent de faire dresser une protestation en bonne et due forme qui permettrait de casser le mariage, « quand le roi serait revenu de son aveuglement ». C'est Brienne père, secrétaire d'État aux étrangers et ardent partisan du mariage espagnol, qui se serait entremis auprès des juristes et aurait ensuite mis en sûreté l'acte dressé par eux.

Anne d'Autriche avait toujours gardé sa confiance à quelques vieux fidèles qui n'étaient pas précisément des amis du cardinal. Brienne en faisait partie et il avait donc toutes les raisons pour appréhender le mariage du roi avec une mazarinette et favoriser au contraire le mariage espagnol. C'est lui qui, dès 1653, avait agi auprès de l'ambassadeur de Venise à Madrid pour obtenir un portrait de Marie-Thérèse, ainsi que le souhaitait la reine. Qu'il ait donc conseillé à celle-ci de faire dresser une protestation légale contre l'éventuelle union de Louis XIV avec Marie Mancini, c'est fort possible. Mais qu'Anne ait pu et voulu accomplir une telle démarche à l'insu de son ministre et conseiller, on a peine à le croire[5]. De même, la virulente sortie que lui prête Mme de Motteville s'accorde mal au ton habituel des rapports qu'elle entretenait avec Mazarin. Le plus vraisemblable est d'imaginer qu'il y eut effectivement une explication (mais pas nécessairement orageuse) entre la reine et son ministre, celle-là ayant attiré l'attention de celui-ci sur la gravité du danger. Hypothèse corroborée par le témoignage que nous ont laissé les proches de Mme de Venel. Celle-ci, à une date malheureusement non précisée, mais qui semble se situer peu après le retour à Paris, aurait été convoquée, en présence de la reine, par Mazarin. Après lui avoir révélé ce qui était en jeu (le mariage espagnol, c'est-à-dire la paix), on lui aurait recommandé de ne plus jamais laisser Marie seule avec le roi. Mais c'était déjà bien tard et la chose était plus facile à dire qu'à faire. Quand les deux amoureux eurent compris que Mme de Venel resterait intraitable, ils lui en firent voir de toutes les couleurs. Un jour, Louis lui offrit des fruits confits dans un coffret enrubanné ; quand elle ouvrit le coffret, il s'en échappa... une douzaine de souris ! Elle s'enfuit en criant, se rappela sa promesse de ne jamais perdre Marie de vue et, surmontant sa frayeur, revint hardiment s'asseoir entre les deux jeunes gens. « Quoi, madame, dit le roi, vous voilà si tôt rassurée ? — Non, sire, répondit-elle, c'est parce que je ne suis pas rassurée que, pour prendre du courage, j'ai cru ne devoir pas m'éloigner du fils de Mars. »

Mme de Venel était par ailleurs en butte aux assiduités de Pimentel. Le séduisant diplomate, ayant déjà réussi par ce moyen auprès de Christine de Suède, espérait sans doute par le même moyen soutirer à la gouvernante de Marie des informations utiles à la poursuite de ses négociations secrètes, notamment sur l'état d'esprit du roi. En tout cas, il alla assez loin pour que Mme de Venel se déclarât « excédée de ses vœux importuns » !... Le 18 mai 1659, le même Pimentel, enfin sorti de sa semi-clandestinité, assistait à une fête chez Hugues de Lionne. Il put alors constater de ses yeux l'empressement du roi auprès de Marie et en fut si frappé qu'il n'hésita plus à faire part de ses inquiétudes à Mazarin lui-même. De tous les avertissements reçus par le cardinal, celui-ci était le plus sérieux et, de toute façon, il devait bien savoir qu'une simple gouvernante ne pouvait s'opposer à l'impérieuse passion d'un roi. Si donc, une fois de plus, il ne prit pas les mesures qui s'imposaient, c'est probablement qu'en découvrant que la passade était devenue passion, il craignit lui-même et pour lui-même une réaction violente de la part de Louis XIV. Le temps avait toujours été le grand allié du cardinal, mais, cette fois, il l'avait trahi. Aux yeux du public, en tout cas, cette temporisation ne pouvait passer que pour de la complaisance et elle explique l'interprétation qu'en a donnée Mme de Motteville.

Quoi qu'il en soit, la signature, le 4 juin, par Mazarin et

Pimentel des préliminaires de la paix devait nécessairement mettre fin aux tergiversations et rendre impératif l'éloignement de Marie. L'article 23 du traité stipulait que Louis XIV épouserait l'infante d'Espagne et le cardinal devait partir dans les quinze jours vers la frontière pour régler avec le premier ministre espagnol les modalités du mariage et diverses questions laissées à leur appréciation. Il n'était pas possible que, pendant ce temps, Louis XIV continuât à s'afficher avec Marie. Mazarin prit donc la décision d'emmener ses nièces avec lui.

Le chagrin de Louis XIV fut tel que, perdant toute retenue, il alla jusqu'à proposer au cardinal d'épouser Marie ; il ne pouvait supporter, disait-il, de la voir souffrir ; et, comme il était encore enfant, mais déjà rusé, il ajouta qu'ainsi et ainsi seulement il trouverait le moyen de récompenser son ministre de l'avoir si bien servi pendant tant d'années. « Je poignarderais ma nièce plutôt que de l'élever par une si grande trahison ! » aurait répondu le cardinal. Louis insista, et, un peu plus tard, Mazarin prit la reine à témoin de la fermeté avec laquelle il avait alors résisté « à toutes les diligences que le Confident a faites avec tant d'adresse pour m'engager à favoriser son dessein » (22 août). Ce fut là « un des beaux endroits de la vie du cardinal ». Mme de Motteville elle-même le reconnaît. De fait, quelque imprévoyant, quelque hésitant qu'ait pu être auparavant Mazarin, il avait maintenant pris ses risques et il allait se racheter — et au-delà ! —par le combat opiniâtre, incessant, pathétique qu'il mènerait pendant quatre mois pour ramener Louis XIV à la raison, celle de l'État.

Marie devait partir le 22 juin. Le 21 au soir, Louis alla chez sa mère, « extrêmement abattu de tristesse. Elle le tira à part et lui parla longtemps ; mais, comme la sensibilité d'un cœur qui aime demande la solitude, la reine prit elle-même un flambeau qui était sur sa table et, passant de sa chambre dans son cabinet des bains, elle pria le roi de la suivre. Après qu'ils eurent été environ une heure ensemble, le roi sortit avec quelque enflure aux yeux » (Motteville). La reine ne paraissait pas moins touchée.

Le lendemain, Louis accompagna Marie jusqu'au carrosse qui allait l'emporter, sans parvenir à cacher ses larmes. On connaît le mot de la jeune fille : « Vous pleurez ! Et vous êtes le maître !... » (version Motteville), ou bien (version Choisy) : « Ah, sire, vous êtes roi, et je pars ! » Mot, en tout cas, qui fit fortune et que Racine a magnifié dans *Bérénice* :

Vous êtes empereur, seigneur, et vous pleurez !

Tandis que le roi s'enfuyait à Chantilly, sans sa mère et sans son frère, pour y cacher son chagrin, Marie pleurait de son côté dans le carrosse qui l'emmenait à la suite de son oncle[6]. Et, comme celui-ci avait la mauvaise habitude de se mettre en route à deux heures du matin et de faire des journées de quatorze heures, elle était aussi très fatiguée. Il fallait pourtant faire bonne figure aux étapes : outre que Pimentel était dans le cortège et s'intéressait vivement à la rivale de l'infante d'Espagne, les réceptions amenaient au-devant du cardinal tout ce qui comptait dans les provinces et les villes traversées. Qui aurait omis de lui rendre les honneurs dus à son rang, et même un peu plus, alors qu'il allait acquérir un redoublement de crédit en donnant la paix à l'Europe ? A Vaux-le-Vicomte, le surintendant Fouquet déploya le faste qui lui était coutumier (et lui serait bientôt fatal) ; à Chambord, Gaston d'Orléans, oncle du roi, attendit patiemment dans son parc avec toute sa suite le ministre dont il avait, pendant la Fronde, exigé le renvoi, pour lui offrir la plus princière hospitalité.

Le premier projet de Mazarin avait été d'accompagner et d'installer lui-même ses nièces à La Rochelle dont il était gouverneur. Mais il commençait à s'inquiéter (nous verrons que c'était à juste titre) de ne pas recevoir la ratification, signée par le roi d'Espagne, du traité conclu avec Pimentel à Paris. Aussi, quand le courrier qu'il avait dépêché à la frontière revint lui apporter le document à Poitiers, dans la nuit du 5 au 6 juillet, décida-t-il que rien n'était plus urgent que de se rendre lui-même à la frontière, vers laquelle d'ailleurs le premier ministre d'Espagne s'était mis en route. Marie, ses sœurs et sa gouvernante partirent sans lui pour La Rochelle. On ne leur interdisait pas de s'y divertir, bien au contraire, et elles avaient la comédie tous les soirs ; Marie, elle-même, organisa une représentation par marionnettes d'une toute nouvelle pièce : *Les Précieuses ridicules.* Elle avait aussi loisir de se promener (accompagnée) dans l'Aunis, et c'est ainsi qu'elle découvrit Brouage, forteresse mélancolique au bord de l'Océan. Pour accorder la tristesse de son cœur à celle du paysage, elle allait bientôt la choisir comme retraite (c'est l'explication qu'elle donne, dans ses Mémoires, mais nous verrons tout à l'heure qu'il y en avait peut-être une autre).

IV

Lettres d'amour

La vraie distraction, la vraie consolation de Marie dans son exil doré, c'étaient les lettres du roi. Louis avait arraché cette concession à sa mère et à son ministre. Mais la correspondance devait passer par des hommes sûrs : Colbert ou Le Tellier se chargeraient d'expédier les lettres du roi, et, à La Rochelle, c'est l'intendant de Mazarin, Colbert de Terron, cousin de l'autre, qui les remettrait à la jeune fille et acheminerait ses réponses. Louis XIV était prié de ne pas dépêcher de courriers extraordinaires. Mazarin, tant que ses nièces furent avec lui, vit quand même arriver, à toute heure du jour ou de la nuit, tantôt un mousquetaire, tantôt un valet de pied, chargé de paquets pour Marie. Il les transmit, de même que les réponses, mais fit observer au roi : « La Confidente et moi avons fait, en diverses occasions, d'étranges métiers pour vous témoigner notre complaisance... » (De même que le « Confident » était le nom de code du roi, la « Confidente » était celui de la reine.) A Turenne qui était dans le secret, Mazarin avouait être allé un peu au-delà de ce que la prudence permettait pour atténuer le chagrin du roi. Et pourtant cela n'allait pas suffire...

Il a raison d'être inquiet, le cardinal, tandis qu'il chemine vers Saint-Jean-de-Luz, vêtu d'un simple habit de campagne pour voyager plus à l'aise et momentanément délivré de sa vieille ennemie, la goutte. Il sait, par le médecin Vallot, que la santé du roi s'altère : Sa Majesté a perdu la gaieté et l'appétit (et Dieu sait qu'Elle en avait !...)[7]. Les retrouvailles de la mère et du fils à Fontainebleau suffiront-elles à consoler Louis ?... Quant à Marie, ses insomnies lui ont donné un peu de fièvre et elle reste plongée dans la plus grande affliction ; du moins se dit-elle « entièrement résignée » à suivre les volontés de son oncle. Tiendra-t-elle parole ? « Si elle en use ainsi, écrit Mazarin à la reine, le 29 juin, je ne plaindrai aucune des choses qui pourra contribuer à son bonheur. Le mien consistera toujours à me conserver l'honneur de votre bienveillance et vous me ferez la justice de croire que je mettrai le tout pour cela jusques au dernier moment de ma vie *** » (Nous verrons plus loin ce que signifient ces marques.)

Anne, s'il est vrai qu'elle avait pendant un temps manifesté de la froideur envers Marie, était maintenant sensible à son chagrin et s'en préoccupait. Les jeunes sœurs de Marie, bien injustement exilées à cause d'elle, continuaient aussi à bénéficier de la bienveillance de la reine, qui réclamait de leurs lettres pour juger de leurs progrès en français.

« Je suis dans la confusion de la bonté que vous avez pour Marianne et des marques d'affection que vous donnez aux autres, écrit Mazarin le 2 juillet. Elles vous en témoignent leur reconnaissance par le valet de pied qui partira demain au soir, n'ayant osé par respect jusqu'à présent se donner l'honneur de vous écrire. Je suis plus que jamais à vous[8]. »

Il faut dire que la petite Marianne (douze ans), non moins douée que Marie, était une sorte d'enfant prodige qui amusait beaucoup la reine. Devenue duchesse de Bouillon, elle tiendra salon, et c'est dans ce salon qu'elle suscitera la *Phèdre* de Pradon contre celle de Racine. On peut lui pardonner cette faute de goût, puisqu'elle sut apprécier et protéger un La Fontaine. Pour l'instant, elle en était aux vers de mirliton ; mais c'était tout de même un exploit pour une petite fille de son âge que de trouver vingt-deux fois à la suite une rime à « absence », comme elle le fit dans une des épîtres rimées qu'elle adressa à la reine :

Je vous assure que l'absence
N'aura sur moi nulle puissance,
Je ne mettrai jamais en oubliance
Une personne de votre naissance,
Car, dès que j'arrivai en France,
Que je vous fis la révérence,
Vous me dites, avec bienveillance,
Que vous m'aimeriez avec constance,
Étant nièce de Son Éminence,
[...]
Je voudrais bien prier comme M. de Valence
Et dire la messe comme M. de Coutance;
Et faire le caramel comme M. Dance
De Votre Majesté je voudrais être en présence,
Plus que pas une fille en France.

(M. Dance était l'apothicaire de la reine et les deux autres, on l'aura compris, des évêques.)

De Marianne, Mazarin disait qu'elle n'avait pas plus de rime que de raison, mais il ne manquait pas de la faire valoir aux yeux de la reine en envoyant à celle-ci les lettres qu'il recevait lui-même de la poétesse en herbe. Dans l'épître suivante, on admirera une fois de plus la drôlerie et la précocité de Marianne, mais aussi sa culture, comme celle de Marie, traitée ici de « renchérie », c'est-à-dire de précieuse :

Je crois que mes vers
Rouleront par tout l'univers,
Car on dit qu'ils sont aussi beaux
Que ceux de Quinault.
Ils sont pour le moins aussi tendres
Que ceux de Statira pour Alexandre;
Mais s'ils ne sont pas bien rimés,
Je les tire du bout de mon nez.
[...]
Ma sœur Hortense ne songe à rien

Qu'à se divertir fort bien.
Elle vous aime de tout son cœur,
Envoyez-lui un beau serviteur.
Ma sœur Marie
Est renchérie,
Elle lit l'astrologie,
Plutarque, Sénèque et la philosophie.
Moi, je ris, saute et danse,
Comme un baladin en cadence,
Et ce, sur l'air d'une courante.
Croyez-moi votre servante
Très humble et très obéissante :
Marianne
Qui est plus belle que Diane.

Avec le roi, la correspondance de Mazarin était d'un ton bien différent. Il avait commencé par lui écrire, le 28 juin :

« Souvenez-vous, je vous conjure, de ce que j'ai eu l'honneur de vous dire plusieurs fois lorsque vous m'avez demandé le chemin qu'il fallait tenir pour être un grand roi : c'est-à-dire qu'il fallait commencer par faire les derniers efforts afin de n'être pas dominé d'aucune passion ; car, quand ce malheur arrive, quelque bonne volonté qu'on ait, on est hors d'état de faire ce qu'il faut. »

Louis XIV répondit à son ministre et parrain, avec une casuistique quelque peu puérile, qu'il était parfaitement capable de dominer ses passions, à l'exception, toutefois, « d'une qui lui tenait dans la tête », celle-là même dont on voulait qu'il se défît ! « C'est à proprement parler pour ne rien dire, écrit Mazarin le 2 juillet ; car vous aurez toujours une passion qui vous dominera et vous direz de ne pouvoir pas vaincre celle-là et que vous serez maître des autres qui ne feront aucune peine. Je vous conjure donc de vous bien appliquer pour vous rendre maître de toutes. »

En réalité, le roi n'est pas plus capable de maîtriser son amour que son chagrin ; le 6 juillet, Mazarin écrit à la reine, qui vient de retrouver Louis à Fontainebleau :

« Je suis inconsolable de l'état dans lequel vous me mandez avoir trouvé le Confident et je voudrais y pouvoir remédier en sacrifiant ma vie et je le ferais avec grande joie. Je sais l'amitié et la tendresse que vous avez pour lui, c'est pourquoi je suis persuadé que rien ne vous est si sensible que de voir si malade la personne du monde que vous aimez le plus. [...] Je m'assure que de votre côté vous n'oublierez rien pour le consoler et lui faire connaître à quel point il importe à son bien et à sa réputation de prendre une bonne résolution et d'autant plus qu'il est à la veille de faire le voyage de Bayonne, et vous voyez bien que, quand l'infante serait un ange, il n'en serait pas content si son esprit demeure dans l'assiette où il est. »

Les choses allaient s'aggraver encore. Les rois ont toujours des flatteurs et des entremetteurs ; une fois Mazarin parti, quelques-uns des jeunes courtisans qui entouraient Louis s'étaient offerts à servir ses amours et ils lui répétaient ce que déjà Marie lui avait dit : qu'après tout, il était le maître et n'avait pas à s'embarrasser des contraintes que prétendaient lui imposer son ministre et sa mère. Pour être écoutée, d'ailleurs, il aurait fallu que cette mère fût elle-même sans reproches, osait dire, lui aussi, au roi après Marie, le jeune comte de Vivonne (dont la sœur serait plus tard, sous le nom de Mme de Montespan, la triomphante maîtresse du même Louis XIV). La chose se sut, et Mme de Motteville, scandalisée, en parla à la reine. Anne répondit dédaigneusement que personne ne se serait seulement permis de prononcer son nom devant son fils.

Cet incident permet d'illustrer les difficultés que rencontre dans sa tâche le pauvre historien et l'extrême prudence dont il doit faire preuve pour trouver son chemin entre les divergences et même les contradictions des sources dont il dispose. Nous savons par les lettres de Mazarin qu'Anne d'Autriche, au contraire de ce qu'elle laissait, ou plutôt ne laissait pas voir, fut bouleversée par ces ragots et l'impression qu'ils faisaient sur son fils ; nous savons qu'elle eut une explication avec le jeune Vivonne, au cours de laquelle celui-ci frisa l'insolence[9] ; nous savons enfin que cette affaire parut tellement inquiétante à Mazarin lui-même qu'il faillit « prendre la poste » pour revenir à la cour. Pourquoi le cardinal et la reine étaient-ils aussi sensibles à ces ragots ? Parce qu'ils étaient faux, ou parce qu'ils étaient vrais ?... Reste, bien sûr, que l'inquiétude de Mazarin provenait aussi de sa crainte permanente qu'un « outsider » ne s'emparât de l'esprit du roi. Il ne doit rien y avoir de caché entre lui, vous et moi, écrivait-il à la reine[10].

On éloigna le jeune Vivonne, d'ailleurs fort mauvais sujet. Mais Louis XIV n'en devint pas plus docile. Il persista à battre froid à sa mère, à écrire à Marie des « volumes » dans lesquels il lui faisait confidence de tout ce que Mazarin, de son côté, lui écrivait, aussi bien des affaires d'État que des jugements sans nuances que le cardinal portait maintenant sur sa nièce : « petit esprit, nulle conduite, mépris pour tout le monde, ambition démesurée... ». Le roi fit aussi sentir le poids de sa rancune à ceux qu'il soupçonnait de le desservir dans ses amours, notamment le comte et la comtesse de Soissons qu'il traitait publiquement d'une manière offensante et qui s'en plaignirent. « Vous devez tout souffrir de la part du roi », leur répondit Mazarin. Mais, dès le 12 juillet, il avait adjuré celui-ci de rompre tout commerce avec sa nièce avant de se mettre en route pour le Sud-Ouest, et le 16, dans une très belle lettre datée de Cadillac, il le mit en face de ses responsabilités :

« Dieu a établi les rois [...] pour veiller au bien, à la sûreté et au repos de leurs sujets, et non pas pour sacrifier ce bien-là à leurs passions particulières, et, quand il s'en est trouvé d'assez malheureux qui aient obligé par leur conduite la providence divine à les abandonner, les histoires sont pleines des révolutions et des accablements qu'ils ont attirés sur leurs personnes et sur leurs États. » Si donc le roi persévérait dans son attitude, « je tiens pour constant, ajoutait Mazarin, qu'on pourrait prendre à Madrid les résolutions que nous prendrions nous-mêmes en un cas pareil à celui-là. C'est pourquoi je vous supplie de considérer quelle bénédiction vous pourriez attendre de Dieu et des hommes si, pour cela, nous devions recommencer la plus sanglante guerre qu'on ait jamais vue [...].

« Je conclus tout ce discours en vous disant que, si je vois par la réponse que je vous conjure de me faire en toute diligence, qu'il n'y ait pas lieu d'espérer que vous vous mettiez de bonne façon et sans réserve dans le chemin qu'il faut [...] je n'ai d'autre parti à prendre, pour vous donner cette dernière marque de ma fidélité [...] qu'à me sacrifier, et, après vous avoir remis tous les bienfaits dont il a plu au feu roi, à vous et à la reine de me combler, me mettre dans un vaisseau avec ma famille pour m'en aller en un coin d'Italie passer le reste de mes jours et prier Dieu que le remède que j'aurai appliqué à votre mal produise la guérison que je souhaite plus que toutes les choses du monde. »

A la reine Mazarin écrivait le même jour qu'il craignait de perdre l'esprit, ne pouvant plus ni manger ni dormir, tant il était « accablé de peine et d'inquiétude ». Il ajoutait : « Vos lettres m'assistent fort en cela et me donnent une grande consolation. »

Par la faute de Louis XIV, cette belle entente allait subir une éclipse. N'osant encore s'opposer ouvertement à son ministre, le jeune roi tentait de le mettre en contradiction avec la reine, en prétendant que celle-ci autorisait la poursuite de sa correspondance avec Marie. Réponse irritée de Mazarin le 29 juillet :

« Vous me faites bien de l'honneur de me dire que vous êtes persuadé que je ne désire que votre gloire et le bien de votre État, et qu'ainsi vous êtes plus résolu que jamais de suivre mes avis, mais, dans le même temps, vous ne le faites pas [...]. De manière qu'il faut conclure que j'aurai grand crédit dans votre esprit et que vous aurez la bonté de suivre mes avis, pourvu qu'ils soient conformes à vos sentiments. » Vous voulez me faire croire, continuait le cardinal, que vous ne sauriez faillir en suivant ceux de la reine et qu'il est impossible que je désapprouve votre propre mère, mais, sur le fond, vous ne répondez pas : « Cela s'appelle en bon français : éviter la question et donner le change. Vous êtes le maître de votre conduite, mais non pas de m'obliger à l'approuver. »

Ce dernier point était particulièrement sensible au cardinal, car la rumeur continuait à prétendre qu'il était secrètement d'accord avec le roi et favorisait sa liaison avec Marie par ambition personnelle et pour empêcher la paix. Les mieux avertis reconnaissaient qu'il faisait mine de s'opposer au torrent, mais n'était-ce pas « pour augmenter sa violence » (l'abbé de Choisy *dixit*) ? On ne s'interrogeait pas seulement en France, mais dans toutes les cours d'Europe, comme Mazarin l'écrivait au roi, et les gazettes, une fois de plus, s'en donnaient à cœur joie. L'irritation bien compréhensible du cardinal s'accroissait du fait que le roi et la reine venaient de se mettre en route et qu'il était lui-même à la veille de s'aboucher avec don Luis de Haro, précisément pour conclure la paix et le mariage !

Il n'est pas vrai qu'Anne d'Autriche approuvait son fils, mais il est vrai qu'elle ne pouvait supporter sa désaffection, même passagère, et qu'elle était sans défense devant son chagrin. On peut résister vaillamment, comme elle l'avait fait pendant la Fronde, aux insultes et aux menaces politiques, et manquer de courage quand il s'agit de voir souffrir la chair de sa chair. Ce que Mazarin tentait de faire comprendre à Louis XIV, ajoutant : je vous aime autant que votre mère, « mais cette même tendresse me rend plus dur et plus ferme à m'opposer à ce qui est absolument contre votre réputation et votre service, car, si je faisais autrement, je vous aiderais à vous perdre » (29 juillet). Mais Mazarin était loin et Louis profitait de la situation : il me serait « trop dur », avait-il dit à sa mère, de renoncer à ma correspondance avec Marie ; et ensuite : il me serait trop dur de ne pas voir Marie, alors que nous allons passer à proximité de La Rochelle.

Ce projet de rencontre mit Mazarin hors de lui et il le reprocha à la reine en termes assez vifs et assez injustes. Cet anxieux ne faisait confiance qu'à lui-même pour parer à tous les dangers et, lorsqu'il devait s'éloigner du roi et de la reine, craignait que ne se vérifiât un proverbe espagnol qu'il citait souvent : « Les absents et les morts n'ont pas d'amis. » En réalité, ce projet d'entrevue n'était pas nouveau : Louis l'avait fait accepter au moment de la séparation, en même temps que la permission de correspondre avec sa bien-aimée, et il venait lui-même de le rappeler à Mazarin. « Il est vrai, répondit celui-ci le 5 août, que l'on tomba d'accord à Paris que vous feriez une visite en venant à Bordeaux, pourvu que l'on passât près de La Rochelle. Mais je n'avais pas cru que les choses se pussent échauffer de la sorte après la séparation, et que cela dût obliger tout le monde à s'entretenir de cette correspondance [...]. D'ailleurs je sais que l'intention de la personne [*Marie*] est d'engager la chose plus que jamais et qu'ainsi la bonne disposition dans laquelle vous êtes à présent pourrait être renversée, puisque vous êtes homme, comme les autres. »

Il n'est pas toujours facile de s'y reconnaître entre les sincérités successives qu'affichait Mazarin pour les besoins de sa tactique (car pour le but — le bien de l'État — il ne varia jamais). Tantôt, nous l'avons vu, il disait avoir pressenti dès Lyon les risques que faisait courir à sa politique le cœur trop inflammable du jeune roi ; ici, pourtant, il s'étonne que son amour pour Marie ait pu s' « échauffer » au point de survivre à la séparation. Les *Maximes* de La Rochefoucauld n'étant pas encore publiées, Mazarin n'avait pas lu ce qu'écrivait son vieil adversaire de la Fronde : « L'absence diminue les médiocres passions et augmente les grandes, comme le vent éteint les bougies et allume le feu. » Beaucoup plus homme d'État que La Rochefoucauld, il se peut que Mazarin, dont la seule vraie maîtresse fut toujours la politique, n'ait jamais, au fond, été seulement capable d'imaginer une grande passion... La reine sentait mieux ces choses et, de toute façon, comment aurait-elle pu empêcher un fils aussi rétif de mettre à exécution le projet de visite ? Quand bien même elle eût refusé de modifier l'itinéraire de la cour, il aurait suffi à Louis XIV, infatigable cavalier, de monter en selle et de galoper jusqu'à La Rochelle à partir de l'étape la plus proche. Mieux valait donc, comme Anne l'écrivait au cardinal, ne pas « aheurter » Louis à ce propos. Ne donnait-il pas d'ailleurs sa parole de renoncer à Marie après cette ultime entrevue ?

On évita le scandale en faisant venir Marie, accompagnée de sa gouvernante et de ses trois sœurs, à Saint-Jean-d'Angély, sous prétexte d'une visite de courtoisie à la reine. Mais, comme il était en effet prévisible, ces entrevues (car il y en eut deux, les 13 et 14 août) ne firent que réveiller les ardeurs mutuelles et Louis ne tint pas sa parole. De Saint-Jean-de-Luz, Mazarin lui écrivit le 28 août : Marie « est plus folle qu'elle n'a jamais été depuis qu'elle a eu l'honneur de vous voir à Saint-Jean-d'Angély [...] et se tient plus assurée qu'elle n'a jamais été de pouvoir disposer entièrement de votre affection [...]. Si vous êtes obligé à vous marier, elle prétend de rendre, pour toute sa vie, malheureuse la princesse qui vous épousera [...]. Je vous demande, comme aussi au sujet de votre passion, quel personnage prétend-elle de faire après que vous serez marié ? A-t-elle oublié son devoir à ce point de croire que, quand je serais assez malhonnête homme ou, pour mieux dire, infâme, pour le trouver bon, elle pourra faire un métier qui la déshonore ? »

Oui, elle est folle, la pauvre Marie, folle de dépit et de douleur. Elle malmène sa gouvernante, complote avec sa sœur Hortense, houspille son autre sœur, Marianne, qu'elle soupçonne de l'espionner, interroge plus que jamais les astres et passe ses journées avec un médecin arabe, faiseur d'horoscopes. Elle recourt à de misérables ruses, des ruses d'enfant, pour retarder le mariage de son bien-aimé ; elle ose (de quoi se mêle-t-elle !) transmettre à son oncle une requête des échevins de La Rochelle, qui ont espéré, en s'adressant à elle, se faire dispenser de la contribution exceptionnelle demandée à toutes les municipalités pour couvrir les frais du mariage royal. Mazarin répondit aux Rochelais de la bonne manière, c'est-à-dire à sa manière inimitable (mais les imparfaits du subjonctif ne sont pas ironiques : c'est nous qui en avons perdu l'usage) :

« Messieurs,

« Ma nièce m'a écrit pressamment en votre faveur sur l'occasion de la demande qui vous a été faite de la part du roi afin que Sa Majesté pût recevoir quelque assistance qui fût digne de l'affection que vous avez pour son service dans la présente conjoncture [...]. Et comme, sans les offices que ma nièce a interposés en votre faveur, j'ai tant de raisons pour vous procurer toute sorte de soulagement et d'avantages, je m'y fusse volontiers employé, si je n'eusse cru de faire tort au zèle, à la fidélité, à la passion que vous avez pour le service du roi, si j'eusse tâché de vous ôter les moyens de le faire paraître en une rencontre dans laquelle il me semble que les sujets de Sa Majesté devraient, à l'envi l'un de l'autre, faire des efforts pour l'aider à bien sortir des grandes dépenses qu'Elle est obligée de faire pour son mariage » !

En cette fin d'août 1659, Mazarin était en contact depuis près de quinze jours avec don Luis de Haro, sur la Bidassoa, et, dès la première entrevue, l'Espagnol avait « jeté en passant » qu'il était malaisé que Louis XIV, dans la fougue de ses vingt ans, n'eût pas déjà « quelque inclination particulière ». Le cardinal avait négligé l'allusion, mais elle explique le ton d'urgence angoissée de sa lettre du 28 août, qu'il doubla par un billet du 29 et un autre du 31[11]. Vous m'aviez écrit, disait-il au roi, que vous ne pourriez me donner que de vive voix des explications satisfaisantes sur votre attitude. Aussi me désespérais-je des lenteurs de la négociation, parce qu'elles m'empêchaient d'aller vous retrouver à Bordeaux; maintenant, j'appréhende le moment de vous revoir, car toutes les explications sont inutiles et nous n'aurons plus rien à nous dire qui puisse nous satisfaire l'un l'autre. Comment pourrai-je vous taire que vous continuez à offenser la vertu et la bienséance ? Que, « nonobstant la dissimulation avec laquelle vous vous appliquez à présent à vous conduire », personne n'ignore que vous cultivez un amour impossible et que vous n'éprouvez qu'aversion pour le mariage qu'on vous prépare ? Vous ne voulez même pas savoir que l'infante d'Espagne a cent fois plus de qualités et de beauté que la princesse de Savoie que pourtant, à Lyon, vous étiez prêt à épouser. En faisant votre malheur, vous ferez aussi le sien, car elle vous « adorera », n'ayant songé qu'à vous depuis son enfance. Comment pouvez-vous espérer que je me fasse complice de cette tromperie ? Comment voulez-vous que je continue à mentir au premier ministre d'Espagne ? « S'il savait ce que je sais, il serait bien étonné », lui qui me prie de vous assurer qu'il presse de son mieux votre mariage pour calmer les « furieuses impatiences » dont on l'a persuadé que vous souffriez ?

Donc, concluait Mazarin, si vous n'êtes pas capable de prendre enfin la résolution qui s'impose, « il vaut mille fois mieux de tout rompre et continuer la guerre sans se mettre en peine des misères de la nation et des préjudices que votre État et vos sujets en recevront. [...]

« Voilà tout ce que la passion, la fidélité et le zèle que j'ai pour votre service et votre bonheur me contraignent de vous représenter avec la liberté que doit un vieux serviteur qui ne respire que votre gloire. [...]

« Je vous dirai aussi que j'ai entre les mains de grandes affaires, comme vous savez, mais que, assurément, il n'y en a aucune si importante comme celle-ci et qui demande avec plus d'empressement d'être finie. C'est pourquoi, s'il était besoin, j'oublierais toutes les autres et je ne travaillerais qu'à celle-ci. »

A la reine Mazarin écrivait que les lenteurs de la négociation auraient pour conséquence de retarder le mariage jusqu'au printemps suivant. Car il fallait encore obtenir de Rome une dispense de parenté, envoyer une ambassade à Madrid pour demander officiellement la main de l'infante, et toutes ces démarches ne pourraient être achevées avant le mois de novembre. Si donc le roi d'Espagne, qui voulait accompagner sa fille à la frontière, se mettait en route à ce moment-là, il s'exposerait aux fatigues d'un voyage hivernal (neige sur les hauts plateaux de la Castille, etc.), ce que son état de santé ne lui permettait pas. Au reste, l'hiver eût été une mauvaise saison pour « solenniser » avec le faste et les réjouissances qui convenaient « une action de tant d'éclat » que le mariage du roi de France et de l'infante d'Espagne.

Tous ces détails étaient destinés à calmer l'impatience de la reine, qui s'inquiétait de tout ce qui pouvait retarder ou traverser ce mariage, auquel elle tenait tant. Et pourtant !... Vous devriez plutôt vous réjouir de ces délais, soupirait Mazarin, ils permettront peut-être de « guérir » le roi. « Il y faut bien songer et prier Dieu qu'il nous inspire le mieux ; cependant je lui écris une petite lettre de seize ou dix-sept pages et je voudrais bien que vous en eussiez la communication. Je m'assure qu'elle ne lui plaira pas. »

De fait, Louis répondit plus que sèchement à l'émouvante missive du 28 août : « deux mots en un morceau de papier », dit Mazarin à la reine. Et à l'intéressé, le 1er septembre, il écrivit : « A mon égard, votre bonté ne vous a jamais permis ni de me parler ni de m'écrire jusqu'à présent comme vous le faites en ce rencontre [...]. Si vous aviez voulu prendre la peine de bien examiner ma lettre [...], vous ne me traiteriez pas en extravagant en me disant que j'ai mauvaise opinion de vous et que je vous crois menteur. Je ne mériterais pas de vivre si j'avais de semblables pensées de mon maître. » Je signerai la paix, concluait Mazarin, je presserai votre mariage, puisque vous me l'ordonnez. Mais, étant donné que vous vous dites « fâché contre moi », je vous demande dès maintenant de me faire savoir en quel lieu je devrai ensuite me retirer ; j'irai y finir mes jours dans un déshonneur que vous m'aurez infligé, ne demandant plus qu'à Dieu le moyen de vous servir encore et quand même, « comme j'ai eu le bonheur de faire, trente ans durant, le roi votre père et vous, sans que vos armes et vos affaires aient perdu de la réputation pendant que j'ai eu l'honneur de les conduire ».

Mazarin se laisse emporter par son humeur : il ne conduisait les affaires du royaume que depuis 1643, donc depuis dix-sept ans, et il y en avait, non pas trente, mais vingt, qu'il était entré au service de la France, sous Richelieu. Mais qu'importe la chronologie ! Les paroles étaient belles et il fallait les prononcer pour rappeler au jeune ingrat la portée des services rendus. Anne les fit valoir auprès de son fils ; elle l'amena à mesurer toutes les conséquences qu'eût entraînées une démission ou une disgrâce du cardinal en ce moment capital pour les destinées du royaume. C'est elle qui obtint de Louis le douloureux renoncement. Le 11 septembre, le roi écrivait à son ministre qu'il avait toujours pour lui la même amitié et qu'il était « entièrement résolu » de surmonter sa passion. « Et, après ce que vous me mandez là-dessus, disait Mazarin à la reine dans une lettre du 14, je ne doute plus qu'il n'en vienne à bout, m'assurant que vous ne lui refuserez pas pour cela toutes les assistances qui pourront dépendre de vous. Je voudrais vous dire encore mille choses, mais elles ne vous expliqueraient pas assez le déplaisir que j'ai d'être contraint à vous écrire, lorsque je voudrais donner tout ce que j'ai au monde pour vous parler. Mais il faut se modérer et avoir patience par pure force. »

La toute nouvelle bonne volonté du roi n'alla pas sans

Marie, et certain qu'elle visait à leur fournir un intermédiaire dévoué. L'installation à Brouage voulue par Marie, début septembre, n'était pas non plus innocente et Mme de Venel avait raison de s'inquiéter : il était plus facile à Brouage qu'à La Rochelle d'acheter les services de quelque pêcheur, et la plage, toute proche et déserte, où la jeune fille se promenait souvent, permettait à une chaloupe, en provenance de Bordeaux, d'accoster discrètement. Jusqu'où seraient allées les choses ?...

Une fois rattrapé, bien avant d'avoir pu rejoindre le roi à Bordeaux, Philippe Mancini prétendit maladroitement qu'il avait seulement voulu aller retrouver son oncle le cardinal et, qu'après tout, l'homme à blâmer était son précepteur, qui l'avait abandonné à lui-même pour cause de rendez-vous galant ! Mais Mazarin ne fut pas long à rapprocher cette fugue des instantes et inutiles prières que lui avait adressées Louis XIV, quelque temps auparavant, pour qu'il libérât le jeune homme. Je souhaite, avait dit le roi, « qu'il puisse me servir en mon voyage ». On voit de quels services il s'agissait.

Il n'est pas inutile de préciser que Mancini était un familier de Vivonne, autre entremetteur, et que c'est en sa compagnie qu'il avait participé à la débauche ci-dessus mentionnée. Fort différente de la « vieille cour », celle d'Anne d'Autriche, où l'on avait toujours respecté les apparences et la religion, c'est une jeune cour jouisseuse et cynique qui commençait ainsi à se mettre en place, sous les plus mauvais auspices, autour du roi débutant. Et le danger n'était pas seulement moral, mais politique, puisque aucun ministre ne pouvait alors gouverner qu'en possédant sans partage l'esprit du souverain. Donc, le cardinal ne cédait peut-être pas à l' « exagération », à laquelle il s'avouait parfois enclin, lorsqu'il exprimait la crainte de ne pas survivre à cette affaire où « il y allait de tout », comme il le disait à la reine.

En vérité, on se demande comment il y résista, et il faut ici admirer la prodigieuse énergie, la puissance de travail et de réflexion de ce presque sexagénaire torturé par la goutte (et bientôt la gravelle). Comment trouvait-il le temps de parer à tant de dangers, d'écrire ou seulement de dicter autant de lettres et aussi longues (quarante-huit connues pour la seule journée du 16 juillet) ? Car il ne s'occupait pas seulement de la brûlante actualité que constituait, avec toutes ses conséquences, l'amour du roi pour Marie, et, bien sûr, de la politique intérieure et extérieure du royaume : il s'occupait de *tout.* Qu'il s'agît du voyage de la cour, de la santé du roi et de la reine, des futures cérémonies du mariage, des réceptions qu'il devait offrir lui-même aux négociateurs espagnols, des surveillances à exercer sur les possibles trouble-fête, aucun détail n'échappait à sa vigilance. Il fallait que la reine ne voyageât qu'à la fraîche, sinon elle souffrirait de « furieuses incommodités » ; il fallait que le roi fût « plus retenu à manger des fruits » pour éviter toute indisposition [12] ; il fallait espionner, à Paris, telle maîtresse de Retz, à Madrid tel dominicain, à Bordeaux tel marchand, qui se mêlaient de beaucoup de choses qui ne les regardaient pas ; il fallait expédier à Saint-Jean-de-Luz du foin et de l'avoine en quantité suffisante, du vin « bien exquis », du gibier, des dindons et « force ortolans », avec les précautions nécessaires pour qu'ils ne s'amaigrissent pas durant le voyage ; il fallait se procurer à Venise un maître de chapelle, ainsi que des musiciens et chanteurs expérimentés qu'on auditionnerait un par un ; il fallait négocier à Amsterdam tel « gros diamant » récemment arrivé des Indes, ordonner à l'orfèvre Lescot de tailler selon le goût espagnol d'autres pierres brutes, presser le sieur Mignard d'achever à temps le portrait de Leurs Majestés, confectionner des housses brodées pour les carrosses, des casaques neuves pour les gardes, se procurer du drap ou de la serge rouge pour les couvertures des chevaux et mulets[13]... Et qu'on n'oublie pas que les Espagnols ne peuvent se passer de boissons fraîches ! Au maréchal de Gramont, qui possède une vaste glacière dans sa montagneuse principauté de Bidache, Mazarin écrit lui-même, non sans humour : « Toute la chrétienté a grand intérêt que vous donniez bon ordre afin que nous ne manquions pas de glace ou de neige, car sans cela on serait forcé de s'en retourner sans donner la dernière main à l'ouvrage de la paix, et c'est alors qu'on dirait de belles choses à Rome ! » (Allusion aux sentiments antifrançais du pape Alexandre VII, qui jugeait que les obstacles à la paix venaient de Mazarin.) Gramont répondit que, malheureusement, la canicule avait fait fondre sa réserve de glace, mais qu'il fournirait de la neige des Pyrénées.

Rappelons-nous aussi que, pendant tout ce temps, le cardinal ne cessait de veiller à ses affaires personnelles, c'est-à-dire à la gestion de ses quelque trente domaines et bénéfices et à l'accroissement de ses collections, de même qu'à l'avancement de sa turbulente famille. Car il n'y avait pas que Marie ; il n'y avait pas que Philippe qui, de retour à Brisach, y traînait sa paresse ; il y avait les parents de Rome, qu'il fallait aider financièrement et socialement ; il y avait les deux petites dernières, Hortense et Marianne, qu'il fallait préparer à un bel avenir. Lettre à Mme de Venel : « Je vous prie de faire mes recommandations à Hortense et de lui dire, de ma part, de se tenir bien droite, d'apprendre bien à danser et à faire la révérence. Vous lui direz aussi, et à Marianne, que je les salue avec plaisir et que je plains cette dernière d'être obligée à quitter le corps de garde de la garnison de Brouage où elle était tout le jour à jouer avec les officiers et soldats » (5 décembre 1659).

La deuxième génération, celle des petits-neveux, fait l'objet d'une égale attention, et nous découvrons, à l'occasion d'une rougeole des enfants Mercœur, que Mazarin entretient une correspondance régulière avec la demoiselle Blondot qui en a la charge[14]. Mais ne va-t-il pas jusqu'à s'immiscer dans la vie sexuelle du ménage Conty, faisant supplier le prince de « moins aimer » sa femme, sinon il la tuera ? (Ce qui arriva en effet.)

Heureusement, il y a Colbert, qui ne juge pas (encore) indigne de lui de faire toutes les commissions, de visiter les domaines, de surveiller les corps de métier, de marchander les objets d'art, d'expédier les échantillons (et aussi deux paires de lunettes supplémentaires à Son Éminence « afin qu'elle n'en manque pas » !)[15]. Mais, en bon comptable qu'il est, Colbert a du mal à se persuader que, même pour soutenir la magnificence du roi à l'occasion de ses noces, il faille se laisser aller à « jeter l'argent par les fenêtres », comme dit Mazarin. D'abord, cet argent, où le trouver ? Jusqu'aux pierreries de la couronne qui sont en gage entre les mains des suisses impayés ! Le prix du fil de perles (vingt-huit mille livres) que le roi a offert en cadeau d'adieu à Marie Mancini n'a pas été acquitté et, un an plus tard, il ne le sera pas encore. Dois-je, demande Colbert, le mettre au compte personnel de Votre Éminence ? Réponse de Mazarin en marge : « Vous avez raison ; mais ce fil de perles fut présenté sur la proposition même que la reine en fit » (7 avril 1660) ! Il suggère aussi des économies, le zélé Colbert ; les plus minimes seraient les bienvenues. Ainsi il y a à Vincennes (dont Mazarin est gouverneur) deux grands lévriers qui mangent trois sols de viande par jour : faut-il vraiment les conserver ?...

A Vincennes on cultive aussi des fruits, des légumes, et c'est encore Colbert qui veille, sur instructions de Mazarin, à ce que la reine en ait chaque année les primeurs sur sa table (dût-on, quand la saison est inclémente, les acheter aux Halles). Anne doit aussi recevoir avant tout le monde les premières oranges du Portugal (dût-on, pour cela, retarder les livraisons dans le reste du royaume !).

Mazarin était un charmeur qui avait toujours su que les petits cadeaux entretiennent l'amitié. Depuis sa première rencontre avec Anne d'Autriche, en 1634, il n'avait cessé de lui envoyer de ces « bagatelles qui flattaient ses goûts raffinés ; au plus fort des négociations, il n'oublie pas de commander pour elle douze flacons d'eau de fleur d'oranger, de lui réexpédier de Saint-Jean-de-Luz huit éventails et quatre paires de gants qu'on lui a envoyés d'Italie ; en réalité le paquet contenait six paires de gants, mais, Pimentel s'étant extasié sur leur finesse », Mazarin n'avait pu faire autrement que de lui en offrir deux paires. Sa Majesté comprendra (3 septembre 1659). Quant à la *famosa compagnia* de comédiens espagnols qu'elle souhaite voir arriver en France à la suite de l'infante, aucune inquiétude à avoir : Mazarin connaît trop bien la passion que la reine porte au théâtre pour omettre de rappeler son désir à don Luis de Haro « à la première occasion » (27 septembre).

Et pourtant Anne se plaint d'être négligée ! Pourquoi son ministre ne lui écrit-il pas deux fois par semaine, comme il a coutume de le faire quand ils sont loin l'un de l'autre ? Réponse de Mazarin, le 24 août : « Vous me permettrez que je vous dise, avec le respect que je vous dois, que vous avez peu de charité de vous plaindre que je ne me donne pas l'honneur de vous écrire assez souvent : car, sans exagération, je vous puis jurer que je n'ai pas un moment à moi et que c'est un miracle que je puisse fournir au travail qui m'accable sans discontinuation ; et, comme je mande à M. Le Tellier, en détail, tout ce qui se passe dans la conférence afin que le Confident et vous en puissiez être informés à point nommé, je crois de satisfaire mieux à mon devoir et à votre curiosité d'en user ainsi que non pas d'employer le temps à faire de petites lettres dans lesquelles je ne puis que répéter les mêmes choses que vous savez fort bien et que je vous assure que vous ne devez pas douter à cause des ⋆ [16]. »

Quel ton ! A peine poli. Celui d'un amant excédé. Mais les brouilles ne duraient jamais bien longtemps et la « colère » de la reine (elle avait été jusqu'à prononcer ce mot) tomba, au reçu d'une « petite lettre » antérieure qui avait mis quelque retard à lui parvenir. Et puis Mazarin était repris par sa goutte et souffrait horriblement ; et puis il expliquait à Anne que la vraie cause de son mouvement d'humeur était la crainte « de n'être plus si bien dans son esprit par la malice de ceux qui ne pouvaient souffrir qu'il possédât le bonheur de son amitié ». Ah, comme il avait de peine à résister à l'envie d'aller la retrouver ! Les moments lui semblaient des années. Mais qu'elle prît garde ! A l'instant même où les négociations s'achèveraient, il partirait pour la rejoindre : rien ne saurait l'en empêcher, pas même ses médecins qui le suppliaient de s'arrêter à Bagnères-de-Bigorre pour y prendre les eaux, ou à Dax pour « s'y mettre dans les boues ». « Vous me ferez donc la justice de me croire la plus passionnée de toutes vos créatures, par les raisons que vous savez, sans oublier celle de ⋆, qui est la plus forte de toutes les autres et que je cultiverai toute ma vie avec le dernier soin [17] » (31 août).

Le ciel était de nouveau sans nuages ; il n'y avait rien de « si obligeant » que les lettres de la reine ; elle compatissait si bien aux souffrances de son ministre et l'assurait de ses sentiments « en termes si précis » qu'il en recevait « un extraordinaire soulagement ». Aussi, concluait Mazarin, « je vous demande de croire que mon cœur et toutes mes pensées sont à Bordeaux. C'est tout dire ⋆⋆⋆. Et je finis en vous confirmant ce que vous devez mieux savoir que moi [18] ≢ ».

On aura compris que ces signes, qu'ils appellent des « marques » sont les symboles de leur attachement mutuel, ≢ représentant les sentiments de Mazarin, ⋆ ceux d'Anne d'Autriche.

Quel contraste entre ces protestations passionnées — il y en a tant d'autres, plus précises encore — et le ton de révérence sur lequel Mazarin parle au roi de sa mère ! Cette « amitié », qu'il prodigue à Anne des « millions de fois » et « jusques au dernier soupir », c'est à peine s'il ose en prononcer le nom dans ses lettres à Louis : « Le souvenir de la Confidente m'a touché sensiblement ; car j'ai pour elle les profonds respects que je dois, et, s'il m'était permis d'user d'un terme plus significatif, je dirais les amitiés les plus sincères et soumises qu'on se puisse imaginer. » Mazarin avait d'abord écrit « les amitiés les plus vives » ; il faut croire que cet adjectif anodin lui a paru trop *significatif* encore, car il l'a barré pour le remplacer par « sincères » [19] !

V

L'éducation politique d'un monarque

Il y avait un point sur lequel le cardinal et la reine n'étaient jamais en désaccord : leur commune affection pour le roi, leur commun désir d'en faire un « grand » roi. Or l'affaire Mancini avait mis aussi en péril l'éducation politique de Louis XIV et donc son destin de monarque.

Jamais Mazarin (sauf pendant son exil de la Fronde, et Louis n'était alors qu'un enfant) n'avait cessé de guider les pas de son pupille. En partant pour Saint-Jean-de-Luz, il le laissait à lui-même pour la première fois, et dans des circonstances difficiles et capitales. Difficiles, parce que l'agitation nobiliaire s'était dangereusement réveillée en plusieurs régions ; capitales, parce que, avec la paix et le mariage du roi, s'ouvrait une ère nouvelle. Pour la France et pour le roi lui-même. Il atteignait en quelque sorte sa véritable majorité ; il devait, tant à Paris que dans les provinces qu'il allait traverser pour se rendre à Saint-Jean-de-Luz, faire la preuve de ses capacités et incarner l'autorité de l'État. Alors, qu'en un tel moment, et après avoir promis de ne penser qu'à son devoir, Louis XIV choisît de tout négliger pour ne penser (et n'écrire) qu'à ses amours, c'était grave ; d'autant plus grave que sa pente naturelle l'éloignait déjà de l'« application » nécessaire à ses tâches.

Ce mot revient sans cesse sous la plume de Mazarin. Vous avez l'étoffe d'un chef d'État, répétait-il au roi, mais il vous manque l'application. De fait, Louis XIV, s'il avait la volonté sincère d'exercer son métier de roi, ne s'était pas encore persuadé que ce métier pût être « délicieux », comme il l'écrira dans ses Mémoires ; il ne s'était pas encore appliqué à lui-même la règle qu'il fixera à son successeur : ne jamais prendre « au préjudice de nos affaires » le temps consacré à l'amour. Il craignait au contraire que le temps qu'il devrait donner aux affaires n'empiétât sur celui qu'il voulait donner à l'amour, ou plus généralement à ses plaisirs. Car il ne s'agit pas ici uniquement des femmes (seule, Marie comptait alors) ; d'autres passe-temps avaient toujours attiré Louis. Ce jeune athlète ne pouvait vivre en sédentaire ; ses levers à l'aube et ses chasses quotidiennes, qui inquiétaient parfois le malade chronique que devenait peu à peu Mazarin, étaient nécessaires à sa santé ; la danse même, qu'il aimait tant, lui était un autre moyen de dépenser son énergie (et, sans doute, toutes ces fatigues l'aidaient-elles aussi à calmer une sensualité exigeante qu'exacerbait la pensée de Marie).

Très intelligemment, le cardinal expliquait donc au roi que l'application aux affaires ne l'empêcherait pas de « prendre ses divertissements », car ce qu'on attend d'un souverain, ce n'est pas qu'il entre dans le détail, c'est qu'il *résolve.* « J'ai tâché de vous bien servir, au moins j'y ai employé mes petits talents, lui écrivait-il le 29 juin [...]. Si une fois vous prenez le gouvernail, vous ferez plus en un jour qu'un plus habile que moi en six mois ; car est d'un autre poids et fait un autre éclat et impression ce qu'un roi fait de droit fil que ce que fait un ministre, quelque autorisé qu'il puisse être. Je serai le plus heureux des hommes si je vous vois, comme je n'en doute pas, exécuter la résolution que vous avez prise, et je mourrai très satisfait et content à l'instant que je vous verrai en état de gouverner vous-même, ne vous servant de vos ministres que pour entendre leurs avis, en profiter en la manière qu'il vous plaira et leur donner après les ordres sur ce qu'ils auront à faire. »

Voilà ce qu'Olivarès n'avait jamais dit à Philippe IV

jeune, que pourtant il aurait pu former. Comme Olivarès, Mazarin aimait le pouvoir, mais pas au point d'oublier qu'un roi est fait pour régner et que la France, après Richelieu et lui-même, n'aurait jamais supporté un troisième « principal ministre ».

Toutes les formules que le cardinal utilisait dans ses lettres à des tiers (« L'intention du roi est que... » « Le roi a été très aise que... », Sa Majesté m'a commandé de vous faire savoir), toutes ces formules, il fallait donc qu'elles devinssent réalité. Pour nous qui savons qu'elles le devinrent (ô combien !), il est passionnant d'observer les débuts incertains du Roi-Soleil, de mesurer la constante sollicitude avec laquelle son ministre et sa mère guettaient son éclosion politique et y veillaient. Sachant le si vif intérêt que Louis portait à l'art de la guerre, Mazarin avait commencé par flatter en lui ce goût, l'emmenant sur les divers fronts (ce qui était d'ailleurs indispensable pour exciter le loyalisme de la troupe), le faisant participer, en modérant son ardeur pour ne pas le mettre en danger, à des opérations, celles, notamment, que dirigeait le grand Turenne — et il eût été difficile de trouver un meilleur professeur de stratégie que Turenne (sinon Condé, mais l'on sait où était Condé !...). Quand Louis ne pouvait l'accompagner, Mazarin lui envoyait des comptes rendus détaillés des sièges et attaques, y joignant des croquis de sa main, qu'il appelle des « griffonnements ».

« Tout ce qui regarde la guerre est dans la lettre au Confident, qui vous en rendra bon compte, écrit-il à la reine le 23 août 1658. En vérité, il se devrait exercer à écrire quelquefois, car il le ferait à la perfection. La lettre dont il lui a plu m'honorer est en fort bons termes, vous verrez ce que je lui ai écrit là-dessus. »

Pendant le triste voyage qui, dans l'été 1659, l'emmenait vers une fiancée dont il ne voulait pas, Louis XIV retrouvait toute son animation dès qu'il s'agissait de parler guerre, tactique, manœuvres, ce qu'il faisait de préférence avec la

Grande Mademoiselle, sa cousine, les autres dames, nous dit celle-ci, n'entendant rien à ces questions. (Laquelle, en effet, aurait pu se vanter d'avoir fait tirer le canon de la Bastille sur les troupes royales, comme Mademoiselle l'avait fait pendant la Fronde !...).

Mazarin prenait appui sur la facilité avec laquelle le roi avait assimilé l'art de la guerre pour l'encourager à s'intéresser aux affaires proprement politiques. Il lui rappelait aussi que, chaque fois qu'il avait pris la peine de s'appliquer sérieusement à quoi que ce fût, ne s'agît-il que d'exercices d'adresse (tir, équitation, paume, billard), il y avait réussi mieux que « pas un ». « C'est pourquoi, insistait le cardinal, je vous réponds de nouveau qu'il vous arrivera de même dans les grandes choses, quand vous voudrez. »

Fallait-il encore mettre le roi au courant de ce qu'on faisait en son nom, et Mazarin, présent ou absent, s'y employait. Lettre à la reine, du 22 août :

« Vous verrez ce que j'écris à M. Le Tellier [...] jusqu'à la moindre chose en détail, afin que le Confident en soit informé et s'instruise comme il faut, et lui-même mette la main à ses affaires. C'est pourquoi il serait bon qu'il [se] fît lire plus d'une fois mes lettres et qu'il se fît expliquer certaines choses que peut-être il n'entendra pas bien, n'en ayant connaissance. » Mais cela était encore insuffisant ; ne vous contentez pas, écrivait Mazarin au roi, d'écouter les lectures ou les relations que vous fait M. Le Tellier de mes dépêches : prenez « quelquefois » la peine de les lire personnellement, ce sera « une bonne étude pour vous [20] ».

A Le Tellier lui-même le cardinal écrivait : j'aurais pu vous résumer « en deux mots » telle affaire, tel entretien avec don Luis de Haro, mais je ne regrette pas le temps que je passe à dicter ces longs comptes rendus ; ils permettent au roi d'acquérir, non seulement « une connaissance particulière des affaires », mais aussi « la manière qu'on tient pour les ménager » et, d'une façon générale, des « maximes » de gouvernement. Devant un fidèle comme Le

Tellier, Mazarin reconnaissait qu'il avait toujours eu plus de liberté d'action que la plupart des ministres qu'il voyait à l'œuvre dans les pays étrangers ; néanmoins il n'en avait jamais abusé, agissant, disait-il, « avec autant de circonspection, de soin et de crainte que je pourrais faire si je savais qu'on dût trouver à redire à mes actions, de même que ferait un ministre subalterne qui aurait son pouvoir très limité » (7 octobre). C'était vrai, mais Mazarin n'était pas immortel et il fallait prévoir l'avenir. Sans doute, un « grand monarque » n'ayant qu'à résoudre, sa tâche principale est-elle de bien s'entourer, mais la confiance qu'il accorde, même aux conseillers les plus dignes de confiance, ne doit jamais être aveugle. D'où la nécessité absolue d'acquérir une formation politique suffisante pour discerner par soi-même le bien-fondé des avis reçus (toutes formules qui se retrouvent, et plus fortement exprimées encore, dans les Mémoires de Louis XIV).

Michel Le Tellier, alors secrétaire d'État à la guerre et père du futur Louvois, débordait largement ses attributions grâce au crédit dont il jouissait auprès de Mazarin. C'était un homme discret, solide, prudent, qui, avec beaucoup de séduction dans l'esprit et dans l'apparence, n'aima jamais que les affaires publiques. Brillant second, grand commis idéal, qui remplit parfaitement pendant cette période le rôle d'intermédiaire entre Mazarin et Louis XIV. Voici comment fonctionnait le mécanisme. En un premier temps le cardinal est alerté par Le Tellier (et quelques autres) sur telle péripétie de l'agitation nobiliaire ou ecclésiastique, ou parlementaire (on n'avait que l'embarras du choix) ; il demande un supplément d'enquête (« qu'on n'oublie rien pour être informé ») et ajoute : « Après que j'aurai reçu votre réponse, je vous en manderai plus précisément mes sentiments, afin que Sa Majesté puisse prendre là-dessus la résolution qu'Elle estimera la plus conforme à son service. » Si bien qu'en un troisième temps, Mazarin, ayant fait informer le roi de ce dont on l'a informé lui-même, peut passer à la phase officielle et agissante. Lettre à Le Tellier, du 25 juillet (à propos de l'agitation janséniste) :

« Il faudra, s'il vous plaît, que le rapport de cette affaire soit fait au roi en présence de la reine, et qu'elle soit bien examinée, et que le roi, après avoir su l'avis de M. le Chancelier et M. le Procureur général, comme il saura le mien, donne sur cela les ordres qu'il jugera les plus conformes, etc. »

Anne d'Autriche, on l'aura compris, n'était pas seulement une « présence », mais elle feignait de l'être depuis que son fils avait atteint sa majorité ; dans les faits, elle était associée de bout en bout au processus de la décision. Et, lorsqu'il s'adresse à elle, Mazarin abandonne la fiction du roi décidant seul ; ainsi lui écrit-il, par exemple le 17 septembre : « Le Confident *et* vous saurez en détail l'état de toutes choses et me pourrez faire savoir en diligence les résolutions qu'il vous plaira de prendre[21]. » Résolutions qui, néanmoins, ne seront en fin de compte que celles que le cardinal aura lui-même soufflées ! Épuisant chassé-croisé, qui pourtant ne suffit pas à le tranquilliser. Il faut encore prendre garde que nul ne soupçonne que les directives viennent de lui, et il reste nécessaire de doubler l'action du roi, même ainsi inspiré et guidé, par une action souterraine. Lettre à Le Tellier, du 22 juillet 1659 : « Outre les ordres que le roi donnera à M. le Chancelier et à M. le Procureur général pour maintenir toutes choses dans l'ordre où elles doivent être pendant le voyage de Sa Majesté, il ne peut être que bon que vous mandiez les compagnies souveraines par députés pour leur recommander de veiller aussi au repos et à la sûreté publique dans son absence. »

Dans certaines missives, Mazarin, cet amateur de théâtre, met en scène, à la lettre, la façon dont le roi doit exprimer ses volontés. Qu'il s'agisse de témoigner un mécontentement ou d'octroyer une grâce, ce doit toujours être « en peu de mots et d'une manière brusque ». Ainsi, pour « la charge des petits chiens pour le cerf », à donner au jeune marquis de Richelieu, Louis XIV devra-t-il dire « tout d'un coup », sans en avoir soufflé mot auparavant : « Marquis, je vous donne cette charge. » L'effet de surprise est destiné à bien marquer le souverain bon plaisir du monarque, à susciter une reconnaissance émerveillée chez le donataire et à couper court à toutes les autres sollicitations. Mais, comme avec Mazarin rien n'est simple, il s'agissait aussi en l'occurrence d'éluder, sans se compromettre personnellement, une promesse antérieure ; il ajoute en effet à l'adresse de la reine : « Et vous et moi pourrons nous excuser avec Mme de Guéméné, en lui disant que le roi l'a voulu ainsi. » Louis XIV, dans cette affaire, est donc à la fois éduqué et manipulé.

Affaire mineure, sans doute, et qui ne s'inscrit nullement en faux contre le sincère désir qu'avait le cardinal de donner au roi et le caractère et les méthodes d'un « grand » roi. Si lui-même, aussi longtemps du moins que son pouvoir n'était pas affermi, avait choisi de « biaiser, adoucir, accommoder autant qu'il est possible », ces précautions étaient inutiles à un monarque de droit divin dont la volonté, une fois exprimée, devait être « effectuée sans délai et sans réplique » (8 octobre 1659).

La théorie et la pratique de l'absolutisme n'étaient pas une invention du XVIIe siècle. Depuis le Moyen Age, nos rois n'avaient cessé d'affirmer et d'étendre leur autorité, et de trouver des théoriciens pour les justifier en cela, qui était d'ailleurs justifiable et nécessaire. Un État ne se construit pas sans une autorité centralisatrice, et ce fut la chance de la France que la continuité de vue de ses souverains, à part d'inévitables, mais, dans l'ensemble, rares et brèves exceptions. Henri IV, malgré le style « décontracté » qui donna naissance à sa légende, fut un monarque autoritaire, et il le fallait bien pour réunifier et pacifier un royaume déchiré par trente-cinq années de guerres religieuses. Richelieu, le maître à penser de Mazarin, n'a donc pas inventé l'absolutisme ; il l'a seulement, mieux qu'un autre, exalté et justifié.

Ses juristes s'employaient à en démontrer la nécessité par des raisons empruntées à la science de l'époque, qui faisait dépendre les « humeurs » des climats. Dans une France au climat capricieux, balayée par des vents changeants, l'humeur des individus ne pouvait être, elle aussi, que capricieuse et changeante, bref indisciplinée. Le raisonnement n'était pas fondé, mais sa conclusion était vraie. Mille six cents ans plus tôt, César et Tacite avaient déjà tracé le même portrait du Gaulois. Il fallait donc à la France, concluaient les théoriciens, un gouvernement autoritaire qui, à l'époque, ne pouvait s'incarner que dans un monarque absolu.

Les insubordinations en tous genres qui avaient troublé le royaume depuis la mort de Henri IV, et culminé avec la Fronde, ne pouvaient que renforcer ce courant de pensée. Mazarin y adhérait totalement et il avait à coup sûr regretté que les circonstances, plus encore que son tempérament, l'eussent empêché d'employer publiquement (puisqu'il l'employait en privé) le ton d'autorité qu'il conseillait au jeune Louis XIV. La chance de Richelieu avait été d'obtenir le soutien total (encore que traversé d'orages) d'un roi majeur, austère et sérieux. Quand le second cardinal, son disciple, était arrivé au pouvoir, le nouveau roi avait cinq ans et la régence était exercée par une femme (ce qui, toutefois, offrait d'autres moyens d'action...). Cependant, Anne d'Autriche, malgré son sexe, son inexpérience et ses lacunes (on peut douter qu'elle ait jamais lu les théoriciens de l'absolutisme et être sûr qu'elle ignorait jusqu'à ce mot, d'ailleurs inventé après coup !) avait en elle de quoi suppléer ses insuffisances, à savoir son orgueil espagnol et son amour maternel. Elle n'imaginait pour son fils, comme pour tout souverain, d'autre autorité que personnelle et indiscutée. On pense bien que la Fronde, qui lui avait valu tant d'outrages (voir les mazarinades) n'aurait pu que la renforcer dans ses convictions, s'il en eût été besoin. Et n'oublions pas que l'autorité du roi de France passait pour *sacrée,* puisqu'il était l'oint du Seigneur et avait, à ce titre, pouvoir de guérir les écrouelles. Louis XIV, comme tous ses prédécesseurs depuis Clovis, avait reçu à Reims les saintes huiles, et il était si conscient de sa supériorité de « roi thaumaturge » et de l'ancienneté de sa dynastie qu'il lui arrivait de disputer jusqu'avec sa mère de la suprématie de la Maison de France sur la Maison d'Autriche ; de plus, il avait, lui aussi, comme elle, gardé un souvenir ineffaçable des humiliations de la Fronde. Vu son âge, on ne l'avait pas alors traîné dans la boue, mais les factieux l'avaient tout de même contraint tantôt à vivre en prisonnier dans sa capitale, tantôt à la fuir pour aller, en plein hiver, camper dans un château sans lits et sans feu. Ces souvenirs et cet orgueil étaient les grands alliés de Mazarin, et il les cultivait chez le roi, sans omettre, bien sûr, d'en prendre occasion pour rappeler ses propres mérites. A Le Tellier, le 8 juillet 1659 :

« Le roi m'ayant écrit qu'il s'était entretenu au long avec vous sur les choses arrivées dans son bas âge et durant les révolutions qui avaient tant agité le royaume, et qu'il avait vu, par le récit que vous lui en aviez fait, les grandes obligations (pour user de ses termes) qu'il m'avait, je vous prie de profiter de toutes les occasions que Sa Majesté vous donnera pour le bien informer du passé et du présent, et lui faire connaître qu'on n'a rien oublié pour le bien servir et mettre les choses dans l'état où elles sont à présent, nonobstant les oppositions qu'on y a rencontrées, et que presque toujours les malintentionnés du royaume, puissants par leur qualité et par le nombre, n'ont pas moins travaillé avec ardeur [à susciter]. »

Quand le jeune Louis XIV, parvenant à oublier Marie, s'« appliquait » ainsi à réfléchir au passé et au futur de son royaume, à examiner les questions que lui soumettait son ministre, l'éclair jaillissait quelquefois, et Mazarin pouvait se dire que ses efforts pour instruire et former le roi n'avaient pas été vains. C'est un véritable cri de triomphe qu'il adresse à Le Tellier le 22 août :

« Je vous dirai qu'il y a bien longtemps que je n'ai ressenti de plus sensible joie que celle dont j'ai été touché en lisant dans votre lettre le beau, judicieux et long raisonnement que le roi vous a fait sur-le-champ, de lui-même et sans interruption, quand [...]. »

La sincérité de l'accent ne saurait être mise en doute. On peut tout de même se demander si, au cas où Mazarin avait vécu assez longtemps pour devenir le ministre d'un Louis XIV enfin responsable et appliqué aux affaires, il aurait accepté pour lui-même l'effacement qu'il préconisait pour les ministres futurs. La collaboration ne serait peut-être pas allée sans heurts ; car, à propos de ce « judicieux raisonnement », qui concernait les prétentions de Condé, Mazarin écrit au roi lui-même, après l'avoir félicité : « Au surplus, vous devez être assuré que je ne suis pas capable d'oublier les précautions qu'il faut prendre pour empêcher ledit prince de fortifier les places qu'il avait et que vous lui avez fait raser ; et déjà il y a dans le traité signé à Paris ce qu'il faut pour cela. » Et à la reine, qui avait cru bon, de son côté, de lui rappeler quel était le caractère de Condé, le cardinal répondait en substance : je le connais aussi bien que vous ; vérité que Le Tellier était également prié de rappeler à Sa Majesté. L'agacement ne perce pas, mais il transparaît : c'est celui du professeur à qui ses élèves prétendent en remontrer.

Cela dit, prenons garde que Louis XIV ne faisait figure d'écolier qu'aux yeux du seul Mazarin ; jamais, et depuis un certain temps déjà, aux yeux du public. Traversant son royaume, le cœur en deuil, comme il le faisait en cet été 1659, il remplissait néanmoins, avec une majesté qui impressionnait, toutes ses obligations, donnant des audiences, recevant des députations, écoutant des harangues, touchant les malades, et s'ennuyant, impassible, aux comédies dont le régalaient les jésuites, qui s'étaient fait dans leurs collèges une spécialité de ces pieuses représentations. Lorsqu'il avait à prendre la parole, le ton de l'autorité lui venait si aisément que nul ne pouvait se douter qu'il répétait une leçon apprise (et parfois apprise par cœur), quand tel était le cas. Et cette maîtrise, Louis XIV l'avait très tôt possédée. MM. du Parlement de Paris n'étaient pas près d'oublier ce jour d'avril 1655 où un souverain de seize ans et demi était venu, à l'improviste et en costume de chasse, non pas leur dire : « L'État c'est moi », comme le veut la légende, mais leur faire défense d'outrepasser leurs attributions, comme ils l'avaient fait trop longtemps pendant la Fronde et s'imaginaient pouvoir le faire encore. Pour le reste, le bon sens inné du jeune Louis XIV suppléait son inexpérience, et sa réserve, à la fois naturelle et tactique, lui permettait d'éviter les propos maladroits. Anne d'Autriche confia un jour à Mme de Motteville qu'elle avait appris de son mari l'art de dissimuler ; cet art, indispensable à tout chef d'État, elle l'avait à son tour transmis à son fils. Moins impulsif que sa mère, Louis XIV n'en « dissimulait » que mieux et ce trait de son caractère avait été, dès son enfance, remarqué de ses précepteurs.

En voici un exemple, mineur, mais significatif. Quand il se trouva, à Saint-Jean-de-Luz, en présence de l'infante, Louis émerveilla les assistants par sa connaissance de la langue espagnole. Personne, à la cour, ne savait qu'il pût la parler couramment : de fait, il s'y était exercé seul à seule avec sa mère, pendant son voyage. Goût du secret, assurément, mais aussi désir juvénile de surprendre, de plaire et de briller. Car il n'aimait pas moins à plaire qu'à impressionner, et y réussissait fort bien, ayant acquis de sa mère, intraitable sur ce chapitre, cet « esprit de politesse », défini par La Bruyère après La Rochefoucauld comme « une certaine attention à faire que, par nos paroles et nos manières, les autres soient contents de nous et d'eux-mêmes ». Talent, ou vertu indispensable à qui veut tenir une cour et y retenir les courtisans. Quand Retz écrit d'Anne d'Autriche : « La reine avait, plus que personne que j'aie jamais vu, de cette sorte d'esprit qui lui était nécessaire pour ne pas paraître sotte à ceux qui ne la connaissaient pas », il oublie une chose : cette « sorte d'esprit » est très exactement celle que les têtes couronnées doivent acquérir soit, en effet, pour masquer, sinon leur sottise, du moins les lacunes de leur information, soit au contraire pour masquer une pénétration, des goûts, une personnalité trop marqués dont l'expression pourrait inquiéter ou déconcerter l'interlocuteur. Bien plus que l'exactitude, la « bonne grâce » est la politesse des rois. Louis XIV la possédait. D'ailleurs, naturellement spirituel et, dans le privé, quand il se sentait en confiance, malicieux et gai. On comprend l'admiration de la Grande Mademoiselle : déjà *royal* dans tous les sens du mot, mais libre encore de cette gangue d'étiquette dans laquelle il s'emprisonnera lui-même, il apparaît bien charmant, ce Louis XIV de vingt ans dont elle nous donne à voir la fougue, à entendre les bons mots, qui témoignent d'un esprit perspicace, prompt à saisir le ridicule d'un individu, la drôlerie d'une situation.

Ce qui, d'ailleurs, inquiétait un peu Mazarin, lequel, il est vrai, s'inquiétait de tout. Le roi et sa mère étaient « fort secrets », oui, il le savait, mais il fallait qu'ils le fussent encore davantage, maintenant qu'ils approchaient du lieu des négociations. Et de multiplier les recommandations, car les nouvelles circulaient vite entre Bordeaux et la frontière. Si lui-même, Mazarin, mandait à Leurs Majestés quelques détails comiques, par exemple sur l'accoutrement des Espagnols (aux chausses si étriquées par rapport à la largeur des nôtres), Elles devaient néanmoins s'abstenir de le répéter, de crainte que des courtisans étourdis ou malintentionnés ne le fissent savoir à la partie adverse. Attention, surtout, à ce qui concernait la personnalité de don Luis de Haro, et le sort qu'on réserverait à Condé, éternelle pomme de discorde ! Lettre au roi du 12 septembre :

« Il ne faut pas, s'il vous plaît, que vous parliez de dom Luis qu'en termes avantageux, ne trouvant pas même à redire à son flegme [...]. Je prends aussi la hardiesse de vous supplier qu'en parlant de M. le Prince, vous devez peser les paroles, car chacun est alerte là-dessus ; et vous pouvez toujours dire, aux occasions qui se présenteront, que vous serez ravi que ledit prince revenant en France, se conduise en sorte qu'il vous oblige à lui faire, de plus en plus, ressentir les effets de votre estime et de votre affection. »

Bien entendu, le roi choisira lui-même « les termes qu'il lui plaira » pour faire passer le message. Anne aussi est subtilement flattée et on lui laisse l'illusion de son libre arbitre, alors même qu'on lui dicte les termes de ses lettres ou déclarations. Ainsi, le 16 septembre, en lui envoyant certains papiers par le maréchal de Villeroy, Mazarin explique : « Et comme il faut que vous écriviez au roi catholique, à la reine [*d'Espagne*] et à l'infante, j'ai donné à M. le Maréchal un petit mémoire dans lequel j'ai pris la hardiesse de mettre ce que vous pourriez écrire en substance. Mais vous réglerez bien mieux ce qu'il y aura à faire. La lettre pour l'infante est en espagnol[22]. »

Merveilleux, jusque dans le détail final ! Mais il est vrai qu'après tant d'années passées en France, Anne aurait pu écrire à sa nièce espagnole en français...

Tout en prenant bien soin de ne pas éveiller les susceptibilités de don Luis de Haro, il fallait néanmoins que Leurs Majestés lui fissent connaître combien son « flegme » et ses « longueurs » les inquiétaient. Aussi Mazarin adresse-t-il à Le Tellier, le 22 août, deux projets de lettres que recopient presque textuellement le roi et sa mère le 24 (petite « manipulation », là encore, mais pour la bonne cause). Afin que ces lettres ne paraissent pas « affectées et mendiées » à don Luis de Haro, quand il les lui montrerait, Mazarin avait suggéré qu'on y ajoutât quelques détails vraisemblables, par exemple que le roi s'ennuyait à Bordeaux. Cela aussi se retrouve dans les lettres d'Anne et de Louis, dont la seule adjonction originale, mais tout à fait en situation, est que l'ennui du roi s'accroissait du fait que la campagne bordelaise « n'était nullement propre à la chasse [23] » ! Ce qui d'ailleurs correspondait à la réalité.

VI

Les négociations de l'île des Faisans

D'où procédaient le « flegme » et les « longueurs » de don Luis de Haro ? D'abord de l'humeur espagnole (disait Mazarin, qui croyait, lui aussi, à la théorie des humeurs), ensuite de son caractère naturellement irrésolu et circonspect, de son orgueil castillan et de son souci de l'étiquette. Souci partagé : on avait perdu des journées à se demander, par messagers interposés, si les deux négociateurs se feraient des visites préalables et selon quel protocole. Qui, du prince de l'Église ou du grand d'Espagne, « donnerait la main » à l'autre ? La goutte de Mazarin était en ceci d'un grand secours : elle lui permettait de rester en territoire français et même d'y garder le lit, obligeant ainsi don Luis de Haro à faire la première démarche. Mais, bien que la goutte du cardinal fût réelle (il avait les deux genoux pris et souffrait à en crier), « l'expédient du lit », comme dit un membre de sa suite, était un peu trop fréquemment employé par une société incroyablement chatouilleuse sur les préséances pour ne pas éveiller les soupçons. On renonça aux visites préalables. Restait à choisir un lieu de conférences, ce qui soulevait des difficultés analogues, aucun des négociateurs ne voulant négocier sur le territoire de l'autre. Afin d'y échapper, on se décida pour un îlot de la Bidassoa, l'île des Faisans, que la France et l'Espagne se disputaient depuis des siècles et qui donc n'appartenait à personne, ou à tout le monde. Du moins le croyait-on. Mais un des juristes de don Luis de Haro exhuma un jugement de 1510 qui avait autorisé les pêcheurs de Hendaye à planter des pieux et poser des nasses autour de l'île; celle-ci pouvait donc être considérée comme territoire français et l'on retombait dans la difficulté qu'on voulait éviter. Nous ne nous prévaudrons pas de ce jugement, répondirent les juristes de Mazarin; car il restreignait par ailleurs la liberté de navigation de nos pêcheurs sur la Bidassoa, ce pour quoi nous le contestons encore, et d'autant plus que nous avons découvert depuis lors que les commissaires chargés de régler le litige avaient été achetés « par le moyen d'un saumon », qui contenait, en fait de laitance, des pistoles d'Espagne! (Incroyable, mais vrai.)

L'île fut donc déclarée neutre; mais ce choix, s'il satisfaisait les orgueils nationaux, entraînait beaucoup de complications sur le plan pratique et donc de délais supplémentaires. Chaque partie dut réquisitionner une centaine d'ouvriers afin d'édifier des passerelles, à partir de Fontarabie pour les Espagnols, de Hendaye pour les Français; il fallut aussi bâtir sur l'île une « baraque » où furent aménagés une salle de conférences et pour chaque ministre un petit appartement. « Cependant, écrivait le 10 août Mazarin à Le Tellier, je reçois tous les jours mille compliments de la part de dom Louis qui me témoigne ne me céder pas dans la passion de commencer nos conférences sans délai. M. Pimentel vint ici l'autre jour de sa part et je convins avec lui jusqu'à la moindre chose qu'il y aurait à faire de côté et d'autre, lorsque nous nous verrions; c'est-à-dire du nombre des gardes qu'on mènerait, des personnes qui nous accompagneraient dans l'île pour y demeurer durant le temps de la conférence, et jusqu'à la qualité des tapisseries que l'on mettrait dans la chambre commune. Je n'ai pas eu grande peine à convenir de toutes ces bagatelles, et je lui dis que la réputation de dom Louis et la mienne ne recevraient aucune atteinte quand les tapisseries de l'un ne seraient pas si riches que celles de l'autre : car on savait bien que nous avions des maîtres qui nous avaient donné assez de moyens d'en avoir de belles.

« Je lui dis aussi que, si je croyais de pouvoir faire jouir la chrétienté du bonheur de la paix un quart d'heure plus tôt, en laissant tout nus les ais de mon appartement, il n'y a rien au monde que je ne fisse avec plus de joie. »

Ce qui n'empêchait pas Mazarin d'ajouter confidemment que ses tapisseries étaient bien supérieures en quantité et en qualité à celles de don Luis, et qu'il avait un train beaucoup plus somptueux, trente carrosses à six chevaux devant l'escorter quand il se rendrait à la conférence. Il est vrai que l'Espagnol se présenta avec moins de carrosses et que les tapisseries tendues par Mazarin, et dans la salle commune et dans son « deux-pièces », étaient admirables : il avait choisi, parmi les quelque quarante séries qu'il possédait, une des *Actes des Apôtres,* d'après des cartons de Jules Romain, et une de l'*Histoire des Sabines,* en laine et soie rehaussées d'or avec une bordure « couleur d'aurore » ; vinrent bientôt s'y adjoindre les huit pièces des *Femmes illustres,* tapisserie de Bruxelles, également en laine et soie relevées d'or. Néanmoins, don Luis avait donné beaucoup de « chic » à son propre appartement et un chic très original, en le faisant décorer de couvertures de mulets en velours cramoisi à bordures brodées d'or et frappées de ses armes en leur centre.

Cette première entrevue, qui eut lieu le 13 août, put faire croire que la paix serait facile à conclure tant elle était souhaitée. Pour éviter les « discours de dégoût » qui auraient pu être échangés entre anciens adversaires, les deux ministres avaient « réduit » à soixante personnes chacune leurs suites respectives, que séparaient en outre des palissades dressées à cet effet. Or, quand au bout de cinq heures d'entretien, Mazarin et don Luis de Haro permirent à leurs suites de les rejoindre, on découvrit que, toutes palissades rompues, elles fraternisaient à l'envi, palefreniers compris, et s'étaient répandues « pêle-mêle » dans les appartements des deux ministres. Ces embrassades ne hâtèrent pourtant pas le cours des négociations.

En principe, il n'aurait dû rester qu'à préciser des points mineurs et à régler les modalités du mariage : tous les articles du futur traité avaient été arrêtés dans les préliminaires conclus à Paris et depuis lors ratifiés par le roi d'Espagne. Mais ratifiés sans enthousiasme — et c'est une litote ! En revenant sur certaines clauses, les Espagnols espéraient donc obtenir un peu plus, c'est-à-dire céder un peu moins que ce qu'ils avaient promis. Ils savaient que l'état de nos finances, que les cabales toujours prêtes à éclore nous rendaient très difficile, malgré nos récentes victoires, de reprendre la guerre ; ils savaient que l'échec des négociations — négociations à grand spectacle — aurait entraîné, sinon la chute de Mazarin, du moins sa totale impopularité en France et son discrédit en Europe. Maintenant qu'on tenait le cardinal au Pays basque, comme au fond d'une nasse, il fallait l'amener à relâcher de ses prétentions, et l'on y parviendrait si on le pressait assez vigoureusement, si, à force de « flegme » espagnol, on épuisait sa patience (et sa santé). Sans compter que cet anxieux, qui craignait toujours d'être desservi auprès de son roi et de sa reine, ne supporterait pas d'être trop longtemps éloigné d'eux.

Mazarin avait été informé des réticences espagnoles ; il savait que de là procédait le retard mis par Philippe IV à signer le traité de Paris, et il perça assez vite la tactique de don Luis de Haro. Mais il semble avoir mis plus de temps à prendre la mesure exacte d'un interlocuteur qu'il n'avait jamais personnellement rencontré et dont l'exquise courtoisie dissimulait une ténacité égale à la sienne. Aussi s'emporte-t-il dans ses lettres contre les boutefeux de Madrid et de Bruxelles et contre les « méchants Français » qui soufflaient des arguments à don Luis et l'excitaient à l'intransigeance.

Les méchants Français, c'étaient les amis de Condé. Car le sort de Condé était un des enjeux de cette nouvelle négociation, et Mazarin avait raison de se plaindre que les intérêts d'un rebelle eussent pouvoir non seulement de tenir en suspens la paix de la chrétienté, mais même de lui être « fatals ». Plusieurs conseillers du roi d'Espagne — et le roi lui-même — estimaient que Pimentel, à Paris, avait sacrifié Monsieur le Prince, et c'est pour cela, d'ailleurs, qu'ils venaient de le faire « coiffer » auprès de don Luis de Haro par un très vieux mais très habile secrétaire d'État, don Pedro Coloma. C'est celui-ci et Hugues de Lionne qui, tantôt à Hendaye, tantôt à Fontarabie, préparaient les ordres du jour des conférences, débattaient des points de détail, déblayaient le terrain avant les affrontements au sommet des deux ministres et rédigeaient les articles sur lesquels ceux-ci tombaient d'accord.

Il peut nous paraître étrange que, dans des conférences d'où dépendait en effet la paix de la chrétienté, la France et l'Espagne étant liées chacune à d'autres États d'Europe, le sort de Condé ne fût pas considéré comme un point de détail. D'où venaient les obstinations adverses des Français et des Espagnols à ce sujet ? Ces derniers, dans le traité qu'ils avaient conclu avec Monsieur le Prince (puisqu'un traité — hélas ! — avait sanctionné la trahison), s'étaient engagés à obtenir, le cas échéant, son rétablissement en France ; à quoi s'ajoutait leur *pundonor,* qui les obligeait à ne pas abandonner un si grand seigneur qui les avait si bien servis (sans lui, ils auraient perdu tous les Pays-Bas). Pour les Français, ou plus exactement pour la reine, le roi et le cardinal, Condé incarnait ce qu'il restait dans le royaume de féodalité frondeuse à réduire. Oublier sa trahison en faveur de sa naissance et même des services rendus avant la trahison eût été détruire ce que Richelieu et, après lui, Mazarin, s'étaient efforcés de construire, c'est-à-dire l'État.

Pour résumer la question, la reine et le cardinal acceptaient que Monsieur le Prince rentrât en France, mais comme un sujet repentant qui demanderait au roi son pardon ; il devrait aussi s'engager par écrit et engager son fils à renoncer à toutes intelligences avec le roi d'Espagne ou autres princes étrangers, à ne recevoir d'eux aucun établissement en terres, provinces, places ou souverainetés ; ses troupes et garnisons seraient désarmées et licenciées, sa liberté de mouvement serait contrôlée. A ces conditions et à ces conditions seulement, Condé pourrait retrouver en France ses honneurs, dignités, privilèges de premier prince du sang et l'essentiel de ses biens, mais non pas et en aucun cas les charges, gouvernements et places fortes qu'il y avait détenus avant sa trahison [24].

« Quoi ! s'exclamait don Luis de Haro, voulez-vous qu'un prince de mérite et de cette qualité revienne en France sans réputation, n'y ayant ni charges ni gouvernements ? Je vous conjure donc de me dire comment vous voulez qu'il y vive. » Et Mazarin répondait superbement : « Comme cinquante autres princes du sang qui, sans avoir jamais songé à rien faire contre le roi et l'État, n'ont jamais eu de gouvernements ni aucunes places ; qu'un prince du sang n'en pouvant souhaiter que pour faire du mal, on a grande raison de ne leur en donner pas ; car pour leur sûreté et pour recevoir des marques de respect de tous les Français, ils n'ont autre chose à faire qu'à bien vivre et avoir l'intention de bien servir le roi, comme ils y sont obligés plus que tous les autres sujets » (21 août).

Dans ce cas, disait don Luis de Haro, votre roi accepterait-il que le nôtre donnât à Monsieur le Prince quelque État dépendant de sa couronne, tel que les Deux-Calabres (Deux-Siciles) ou la Sardaigne ? Nous avons déjà refusé cela, répondait Mazarin, et, si nous l'acceptions, il faudrait que Monsieur le Prince choisisse, qu'il se résolve à n'être plus français pour devenir « tout à fait espagnol ». Don Luis repartait à l'attaque avec une nouvelle proposition : rendez les charges et gouvernements jadis détenus par Condé, non pas à lui-même, mais à son fils, le duc d'Enghien. Fils ou père, c'est tout un, répliquait Mazarin ; puisque vous souhaitez assurer à votre protégé des moyens d'existence dignes de son rang, donnez-lui tout bonnement, comme nous l'avons accepté à Paris, une somme d'argent suffisante pour qu'il s'achète un domaine en France. Ce n'est pas assez, disait don Luis : il s'agit de récompenser les services rendus, pas seulement de payer une dette. Et il est vrai que les Espagnols avaient une dette, non seulement d'honneur, mais d'argent, à l'égard de Condé, puisqu'ils s'étaient engagés à l'entretenir, lui et ses hommes, sur un pied de cent vingt mille écus par mois et n'avaient pu y parvenir. S'efforçant de prendre Mazarin, si l'on ose dire par les sentiments, ceux de leur caste politicienne, don Luis de Haro ajoutait : comprenez donc que mon maître, le roi d'Espagne, ne trouvera plus jamais d'alliés s'il manque de parole à un allié de la qualité de Condé. « Un allié ! » s'exclamait Mazarin. Les sujets qui se révoltent contre leur roi pour se mettre sous la protection d'un autre ne peuvent en aucun cas être ainsi qualifiés ; ne sont « alliés » que les princes souverains qui, eux, ont la liberté de contracter des alliances.

Deux jours plus tard, sur le ton de la conversation, don Luis tentait une autre approche, qui n'eut pas plus de succès. Pourquoi, demandait-il à Mazarin, cette sévérité à l'égard du prince de Condé, alors que bien d'autres qui en ont fait autant que lui (et il citait des noms de traîtres depuis les origines de notre histoire jusqu'à Turenne) ont bénéficié de la clémence royale et en ont même tiré des avantages (sous-entendu : en monnayant leur ralliement) ?

« J'avoue, écrivait Mazarin à Le Tellier, que cette dernière clause de son discours me piqua furieusement », les Espagnols semblant ainsi ériger en maxime « que la rébellion n'est pas un crime en France, mais plutôt un moyen de faire sa condition meilleure ». (La maxime est toujours d'actualité !) Perfidement, le cardinal répliquait donc à son interlocuteur que l'Espagne aussi avait eu ses traîtres et ses rebelles et que, faute de pouvoir les réduire, elle avait tout bonnement composé avec eux, et sur quelle échelle ! Voir les privilèges accordés aux Catalans et aux Portugais, voir surtout l'indépendance obtenue par les Hollandais ! La grande différence entre nos deux pays, ajoutait Mazarin, est que nos rebelles rentrent dans leur devoir, les vôtres jamais, et que toutes les révoltes survenues en France, même quand elles étaient appuyées par l'étranger (et don Luis savait bien de quel « étranger » il s'agissait) n'ont jamais encore fait perdre à notre roi « un pouce de terre ».

C'était déplacer le débat pour avoir le dernier mot. Les Hollandais étaient des rebelles, mais non pas des traîtres, ne s'étant jamais considérés comme espagnols. Une chose est de vouloir son indépendance en tant que peuple, une autre de trahir à titre individuel et au profit de l'ennemi une patrie à laquelle on appartient. L'intéressant est la « furieuse » (et sincère) indignation de Mazarin. On dit souvent que le mot patriotisme n'avait pas de sens dans les monarchies d'Ancien Régime, que la trahison d'un dignitaire n'y pouvait être ressentie comme dans une nation démocratique, où le roi n'est pas un homme, mais le peuple. C'est inexact, au moins en ce qui concerne la France du XVIIe siècle, qui existait déjà comme entité en dehors de son souverain. Et, si l'Italien Mazarin le percevait mieux que beaucoup de Français, il n'était pourtant pas le seul. Des parlementaires parisiens avaient fondu en larmes, pendant la Fronde, en voyant certains de leurs collègues introduire dans leur vénérable enceinte un envoyé du roi d'Espagne. Retz, frondeur enragé, avait peut-être accepté de l'argent espagnol, mais il préfère affirmer qu'il le refusa, avec ces belles paroles : « Je suis né français et attaché, encore plus particulièrement qu'un autre, par ma dignité, à la capitale du royaume ; mon malheur m'a porté à me brouiller avec le premier ministre de mon royaume, mais mon ressentiment ne me portera jamais à chercher de l'appui parmi ses ennemis. » Et, quand Turenne avait en effet déserté en 1649, avec une partie de son armée, l'impression produite par cette trahison avait été extraordinaire, même chez ceux qui la souhaitaient. C'est encore Retz qui écrit : « M. de Turenne, qui en toute sa vie n'avait, je ne dis pas été de parti, mais qui n'avait jamais voulu ouïr parler d'intrigue, s'avise de se déclarer contre la cour, étant général de l'armée du roi, et de faire une action sur laquelle je suis persuadé que le Balafré et l'amiral de Coligny auraient balancé [...]. Il a fallu un mérite aussi éclatant que le sien pour n'être pas obscurci par un événement de cette nature. »

C'est pourquoi Mazarin était dans le vrai quand il disait à don Luis de Haro : « Les Français, généralement parlant, sont bien capables de s'engager avec facilité dans les brouilleries suscitées par les grands du royaume, mais ils regardent avec horreur tout ce qui tend à entrer en liaison avec les étrangers. » En vertu de cette « vérité constante », il était inadmissible que Condé prétendît à quelque chose de plus que ce qu'on avait bien voulu lui accorder.

Cependant, quand Mazarin enflait ainsi la voix, c'était aussi pour valoriser les concessions ultérieures qu'il était secrètement décidé à faire. Il fallait être réaliste : refuser à Condé tout établissement en France, c'était à la fois prendre le risque d'une rupture des négociations et obliger en quelque sorte le roi d'Espagne à donner une compensation *dans ses États* à Monsieur le Prince. Il faut savoir que celui-ci aurait accepté, à cette condition, de ne pas revenir dans sa patrie. La Sardaigne ou les Deux-Siciles ne lui plaisaient guère, mais il n'eût pas dédaigné de devenir souverain de la Franche-Comté ou de quelque principauté taillée à sa mesure dans le Nord-Est, ou encore de gouverner les Pays-Bas avec deux ou trois places fortes en prime. Or peu de perspectives étaient plus désagréables à Mazarin que d'imaginer un des meilleurs, peut-être le meilleur des stratèges d'Europe, solidement implanté aux frontières du royaume et portant au cœur un inguérissable ressentiment contre ceux (ou plutôt contre celui) qui l'en auraient ainsi, une fois de plus, et peut-être définitivement exclu. Il y avait un moyen de tourner la difficulté et même d'en tirer des avantages supplémentaires pour la France. Au cours de la sixième conférence, le 29 août, Mazarin laissa échapper que le roi son maître pourrait peut-être, mais ce ne serait pas sans peine, se laisser persuader d'accorder quelques grâces à Condé, *si* celui-ci remettait entre les mains de Sa Majesté les places que le roi d'Espagne lui *aurait* données. Ayant médité là-dessus, don Luis, le 2 septembre, prononça les noms de Mariembourg et Philippeville. « Vous vous moquez ! » s'exclama Mazarin. Mariembourg et Philippeville, peut-être, mais avec quelque autre place de l'importance de Saint-Omer, Cambrai, Aire, Charlemont ou Avesnes. Avesnes ! s'exclamait don Luis. Mais je n'ai jamais songé à Avesnes ! Il faut que j'en réfère à Madrid. Et comme don Luis, quand il le voulait, n'était pas moins *comediante* que son interlocuteur, il passa de la stupeur indignée au plus profond désespoir. Vraiment, il était trop malheureux que Mazarin fît si peu de cas de Mariembourg et Philippeville ! Une telle offre, qu'il *tremblait* d'avoir faite, et qui allait le faire *déchirer* à belles dents par le conseil du roi son maître !... N'y pensons plus, disait Mazarin ; je m'en voudrais de vous exposer aux reproches « que vous croyez qu'on... ». Restons-en à ce qui a été décidé à Paris : Monsieur le Prince n'aura qu'à s'en contenter, et s'il ne veut pas s'en contenter, est-il bien utile qu'il prenne la peine de revenir en France ?

Le 4 septembre, après avoir commencé par dire qu'il n'avait pas dormi pendant deux nuits « dans la seule imagination d'avoir parlé d'Avesnes », don Luis fit mine de céder ; mais, le 6, il se reprit, déployant des trésors d'éloquence pour persuader son interlocuteur qu'Avesnes n'avait pas l'importance stratégique qu'il lui attribuait. (En fait, Avesnes commandait la région entre Sambre et Meuse.). Je connais aussi bien que vous les places de Flandre, répondait Mazarin, il y a vingt ans que j'y vais presque tous les ans en personne, vous devriez le savoir ! Tordons le cou à l'éloquence, je vous en prie ; des gens comme vous et moi,

« pour venir au but, devrions nous servir des mots les plus simples, comme étant les plus propres pour exposer les choses telles qu'elles sont au vrai [...], laissant aux professeurs de rhétorique d'Alcalà et de Salamanque à se prévaloir de cet art ». Mais Mazarin, qui avait été étudiant à Alcalà, « se prévalait » néanmoins de toutes les ressources de la rhétorique pour imposer son point de vue à don Luis de Haro ; et après avoir joué sur la corde du bon sens, il jouait sur la vanité. Qu'un grand ministre tel que vous, disait-il, ait constamment besoin d'en référer à Bruxelles ou à Madrid pour décider, comment voulez-vous qu'on le croie ! Au reste, si vous envoyez encore une fois des courriers, je me retire.

Don Luis accepta le compromis : Condé recouvrerait en France le gouvernement de Bourgogne ; son fils, le duc d'Enghien, recevrait la charge de grand maître, qui donnait autorité sur toute la maison du roi (et non pas seulement sur « les cuisiniers et gens de cette volée », comme disait Mazarin pour minimiser la concession). En contrepartie, l'Espagne nous cédait Mariembourg, Philippeville, Avesnes, et, de plus, elle restituait au comte de Neubourg, le plus efficace et fidèle de nos alliés allemands, la ville et citadelle de Juliers, d'une grande importance stratégique. Ces avantages, qui venaient s'ajouter à ceux déjà acquis par le traité de Paris (nous y reviendrons), étaient considérables ; pourtant, l'Espagne ne jugea pas avoir trop cher payé le rétablissement de Condé dans sa patrie d'origine. D'abord, bien sûr, parce qu'elle le lui devait et qu'elle se le devait à elle-même, mais aussi, pour tout avouer, parce que cet « allié » commençait à lui devenir onéreux sur tous les plans. Monsieur le Prince n'avait jamais été un homme facile ; l'amertume que lui causait son exil prolongé n'était guère propre à adoucir son humeur. S'y ajoutait, depuis quelque temps, le dépit des défaites subies par la faute de généraux et gouvernants espagnols qu'il critiquait un peu trop ouvertement du haut de sa grandeur et de son génie militaire.

Quand ils étaient ainsi parvenus à régler quelque question épineuse — et encore plus quand ils n'y parvenaient pas, car il fallait alors détendre l'atmosphère ! — les négociateurs s'octroyaient des récréations. Mazarin et don Luis de Haro étaient personnages trop sérieux et trop importants pour participer aux soupers fort gais qu'Espagnols et Français s'offraient de chaque côté de la frontière, parfois dans des cabanes de pêcheurs artistiquement décorées pour la circonstance, mais ils donnaient des « collations ». Si, en ces occasions, l'argenterie, les grandes « bassines de vermeil doré » venues de Madrid éblouissaient, on n'en pouvait dire autant des « méchantes confitures » qu'elles contenaient. Les seules spécialités appréciables des Espagnols, c'étaient leurs sorbets et leurs boissons : chocolat à la cannelle, noir, épais, velours pour le gosier (il l'est toujours !), vins liquoreux, et limonade présentée sur un lit de neige. Les buffets français, au contraire, servis « à l'ambigu », c'est-à-dire abondamment garnis de denrées diverses, de plats sucrés aussi bien que salés, suscitaient une véritable ruée de la partie adverse. Les grands seigneurs espagnols, naturellement, réussissaient à garder leur dignité tout en satisfaisant leur gourmandise ; mais, dès qu'ils avaient tourné les talons, leurs suites se précipitaient pour s'empiffrer, à la lettre, et ce qu'elles n'avaient pas eu le temps ou l'appétit de manger, elles l'emportaient. On voyait des hidalgos fourrer sans vergogne des poulets entiers dans leurs poches. Mais, après tout, c'était un hommage à la gastronomie française, et, bien que don Luis demandât à Mazarin de mettre un frein à son hospitalité, pour ne pas gâcher ses compatriotes, habitués à plus de frugalité, le réconfort procuré par ces nourritures terrestres permettait d'affronter plus sereinement la suite des négociations.

L'autre point litigieux concernait la dot de l'infante. Un flou artistique régnait à ce sujet depuis les premiers entretiens de Lyon. Il avait été convenu par le traité de Paris que le roi de France accepterait de restituer quelques-unes des conquêtes qu'il avait faites dans les territoires espagnols après 1656 (date de la première négociation), à condition qu'on lui donnât l'infante en mariage. Don Luis de Haro prétendait avoir compris que la dot de Marie-Thérèse serait constituée par celles des conquêtes que la France *garderait.* Je n'ai aucun souvenir d'avoir dit cela, murmurait Mazarin. Don Luis tirait alors de ses vêtements, avec la dextérité d'un prestidigitateur, une lettre que Pimentel lui avait adressée, d'après laquelle il apparaissait que Mazarin avait bien « lâché le mot ». Les Espagnols avaient également cru comprendre qu'en contrepartie de sa dot l'infante renoncerait à l'héritage de son père. Certes, le roi d'Espagne avait deux fils, mais bien jeunes, peu vigoureux et que la maladie pouvait emporter (il en mourut un, d'ailleurs, avant le mariage).

Mazarin ne se souvenait pas non plus d'avoir jamais parlé de renonciation et, pour une fois, il disait vrai. Comment le roi de France, demandait-il, aurait-il accepté de restituer à l'Espagne quelques-uns de ses territoires, s'il n'avait eu l'espérance que l'infante lui en apporterait d'autres un jour ? Et n'était-il pas étonnant que le Roi Catholique prétendît priver lui-même sa fille de ce qui pourrait lui appartenir ? C'est pourtant là un point capital, répondait fermement don Luis. Vous savez fort bien que, pour épouser feu Louis XIII, Anne d'Autriche, l'infante d'alors et votre reine d'aujourd'hui, renonça à l'héritage de son père Philippe III. Sans doute, répondait Mazarin, mais les circonstances étaient différentes : il ne s'agissait pas alors de terminer une guerre (et, sous-entendu, une guerre où l'Espagne avait été vaincue). Peut-être, disait don Luis, mais il n'empêche que nous avons depuis inscrit cette obligation faite à nos infantes dans les lois fondamentales de notre royaume ; jamais Philippe IV n'acceptera que sa fille les transgresse et, si vous refusez de vous engager à cette renonciation, alors il faut envisager la rupture totale des négociations ; car je ne vous cacherai pas que le mariage de notre infante avec votre roi, même assorti d'une renonciation, n'a pas fait l'unanimité dans le conseil du roi mon maître ; si vous voulez tout savoir, nous n'avons été que deux à l'approuver.

Cela aussi était vrai, et pour de bonnes raisons. Si mouraient les deux jeunes fils de Philippe IV, la ligne masculine s'éteignait en Espagne. Comment, alors, dans un État où les filles avaient droit de succéder, aurait-on pu empêcher que Marie-Thérèse, devenue reine de France, n'apparût comme la seule héritière légitime de la couronne d'Espagne, même après renonciation ? Par ailleurs, une autre politique matrimoniale était envisageable et avait été envisagée : en donnant l'infante à l'empereur, qui s'était mis sur les rangs, on amenait celui-ci à rompre avec la France, et, les liens étant ainsi resserrés entre les deux monarchies Habsbourg, l'on pouvait alors envisager la reprise des hostilités. Dans les coulisses de la négociation, une altercation s'éleva un jour à ce sujet entre don Cristoval Angelati, confident et « secrétaire pour les langues » de don Luis de Haro, et l'abbé Vittorio Siri, collaborateur et futur biographe de Mazarin. Ce dernier ne manqua pas d'en faire le récit à Leurs Majestés pour les divertir, mais aussi (ce souci n'étant jamais absent chez lui) pour leur faire voir avec quel succès il défendait les intérêts du royaume. L'Espagne, s'était exclamé don Cristoval, va conclure une paix honteuse, et don Luis aurait mieux fait de rester à Madrid et de s'y enfermer dans un de ces monastères qu'il affectionne. Il est honteux d'abandonner, en Condé, le général qui a été l'instrument de nos plus glorieuses victoires, et il est honteux d'accorder l'infante au roi de France avec tant d'avantages ; si on l'avait donnée à l'empereur avec les Pays-Bas en dot, celui-ci les aurait repris tout entiers à la France, en s'y lançant à la tête de cinquante ou soixante mille hommes, et alors, nous aurions été délivrés de vos prétentions. Vous voulez dire, rétorqua Siri, qu'il n'y aurait pas eu de meilleur moyen de rendre la France maîtresse de tous les Pays-Bas, car « cinquante ou soixante mille ivrognes n'auraient servi qu'à désespérer les peuples et à les faire recourir à la protection du roi de France ». La réputation d'ivrognerie des Allemands était en effet bien établie, et il se trouve que don Cristoval Angelati, de son vrai nom Crassembach, était allemand !... (Quelques-uns s'étonnèrent, après les noces, qu'il eût changé de langage et relâché de son ardeur antifrançaise. C'est ce que nous avions jugé sage de l'acheter.)

Don Luis ayant cédé sur Avesnes, Mazarin céda sur la renonciation, avec des fleurs. Son vis-à-vis était « un si grand ministre » qu'on voulait bien, pour sa considération, faire un peu plus qu'on n'avait fait pour un Pimentel. On accepterait donc que la dot de l'infante fût prise, pour partie, sur les conquêtes effectuées depuis 1656 ; on accepterait qu'elle renonçât par un acte solennel à l'héritage de son père ; mais, pour compenser ces grandes concessions, on demanderait, c'était bien le moins, une somme équivalente à cinq cent mille écus. Don Luis de Haro, à son tour, ne pouvait que s'incliner.

Surgirent alors des difficultés de comptabilité, dans les détails desquelles Mazarin s'ébroue avec l'aisance des banquiers italiens, ses compatriotes, qu'il fréquentait si assidûment pour leur emprunter de quoi payer ses dépenses personnelles et celles de la France. Cinq cent mille écus, c'était déjà le montant de la dot assignée en 1612 à Anne d'Autriche. Mais on était maintenant en 1659 et, entre ces deux dates, le réal (devise espagnole) avait perdu plus de la moitié de sa valeur. Pas question, donc, de compter en réaulx : la France y aurait perdu plus d'un million deux cent mille livres. On ferait stipuler que le montant de la dot serait calculé, et les versements effectués, en écus d'or sol (frappés d'un soleil), estimés à leur valeur du jour. Le roi devrait être content, ajoutait Mazarin : quand on apprit que Mlle de La Bazinière recevrait en dot cinq cent mille écus d'or, je me souviens d'avoir entendu Sa Majesté s'exclamer qu'Elle ne croyait pas pouvoir trouver une princesse qui lui apportât davantage.

La Bazinière était un traitant collecteur d'impôts. Une de ses filles, à l'occasion de son mariage avec le fils du président de Mesme, avait reçu en dot six cent mille livres ; on ne sache pas qu'aucune autre ait jamais reçu la somme fabuleuse de cinq cent mille écus d'or (soit un million cinq cent mille livres... dont on n'ose même pas calculer l'équivalent en francs d'aujourd'hui). Mais qu'on ait pu croire cela donne une idée des scandaleuses fortunes qu'amassaient les gens d'affaires aux dépens du peuple et de l'État. Et l'on comprend que Louis XIV se soit émerveillé, avant de s'indigner, puisqu'il fit rendre gorge un peu plus tard à La Bazinière (que la Chambre de justice de 1661 condamna à l'énorme amende de six millions de livres [25]).

En fait, les filles les mieux pourvues dans la France du XVIIe siècle recevaient rarement plus de cinq cent mille livres de dot, soit le tiers de cinq cent mille écus. C'est, par exemple, ce que reçut la fille du maréchal Fabert, lors de son mariage avec le marquis de Béthune. On peut aussi s'amuser à relire le « tarif des partis sortables » qu'a dressé Furetière dans son *Roman bourgeois*; nous y apprenons que, pour épouser un président à mortier, vrai marquis surintendant, ou duc et pair, il suffisait (si l'on ose dire !) à une fille de bourgeois d'apporter deux cent mille écus. Ce tarif n'a pu être poussé plus loin, ajoute Furetière, « parce que les filles qui ont au-delà de deux cent mille écus sont d'ordinaire des filles de financiers, ou de gens d'affaires qui sont venus de la lie du peuple et de condition servile. Or elles ne sont pas vendues à l'enchère, comme les autres, mais délivrées au rabais [...] et elles seront encore trop heureuses de trouver un homme de naissance et de condition qui en veuille ». On voit que le président de Mesme (et il n'était pas le seul) n'avait pas les mêmes préjugés que Furetière.

Bien entendu, Mazarin et don Luis de Haro ne débattaient pas eux-mêmes de ces sordides détails : on en laissait le soin à don Pedro Coloma et à Hugues de Lionne. C'est celui-ci qui, une fois obtenue la promesse des cinq cent mille écus d'or, eut l'idée de génie de lier la renonciation au paiement. Encore que les termes des versements fussent fixés de façon précise, pour la dot, en effet, les Espagnols ne s'engageaient que sur le papier ; la France, au contraire, devait renoncer à l'héritage espagnol *préalablement* au mariage. Comment être sûr qu'*après* le mariage, les cinq cent mille écus d'or seraient versés par un roi d'Espagne encore plus impécunieux que le roi de France ? L'histoire fournissait d'ailleurs assez d'exemples de dots princières non versées ou incomplètement versées, à commencer par celle d'Anne d'Autriche. Il fallait trouver un moyen de se garantir et Lionne a relaté lui-même comment il le trouva et l'obtint :

« Le sieur de Lionne et don Pedro Coloma [...] travaillant à dresser les articles du mariage, don Pedro Coloma dit qu'ils n'avaient qu'à ordonner à leurs secrétaires de copier mot à mot le contrat du feu roi [*Louis XIII*] avec la reine mère [*Anne d'Autriche*], puisqu'il n'y avait rien de différent, ni pour la somme de la dot, ni sur le point des renonciations. Le sieur de Lionne dit qu'il était vrai, mais qu'il désirait seulement y changer une clause, à laquelle ceux qui avaient dressé ledit contrat n'avaient peut-être pas songé, quoiqu'elle fût fort nécessaire et d'ailleurs fort juste. Cette clause était qu'à la tête de l'article de la renonciation, on mît les paroles suivantes : " *Moyennant* le paiement desdits cinq cent mille écus d'or, aux termes ci-dessus dits, la sérénissime infante Marie-Thérèse renonce..., etc. "

Ce « moyennant » est aussi célèbre dans l'histoire diplomatique que, dans l'histoire du cœur, le « Vous êtes roi et je pars ! » de Marie Mancini.

Mais ce n'était pas le tout que de trouver ce « moyennant » : il fallait encore le faire accepter. Or don Pedro Coloma, malgré ses soixante-quinze ans, avait l'esprit vif ; il vit tout de suite la portée de cet adverbe et refusa de l'insérer dans le contrat de mariage. La contestation fut « fort aigre et fort opiniâtre », et Lionne ne parvint à y mettre fin qu'en demandant ingénument à son interlocuteur si, par hasard, les Espagnols avaient « quelque pensée » de ne pas payer la dot. Car enfin « qui a bonne envie de satisfaire ne fait jamais aucune difficulté de s'y obliger et de donner les sûretés qu'on lui en demande ». L'honneur espagnol était en cause : Coloma accepta.

Le contrat de mariage comporta donc dans son article 4 la clause suivante : « Que, *moyennant* le paiement effectif fait à Sa Majesté Très-Chrétienne desdits cinq cent mille écus d'or [...], ladite sérénissime infante se tiendra pour contente [...] sans que, par ci-après, elle puisse alléguer... »

Cette renonciation occupe cinq pages dans l'impression si serrée qu'en a donnée Mignet ; elle devait être insérée dans le traité des Pyrénées, réitérée solennellement par Marie-Thérèse deux jours avant son mariage et encore une fois le jour des noces par elle-même et Louis XIV. Dans chacun de ces actes figure le célèbre « moyennant ». Mais il semble que les Espagnols, obsédés par la crainte que « les deux couronnes puissent être réduites en une seule », comme ils l'avouaient eux-mêmes, n'aient fixé leur attention et leurs soins qu'à préciser et énumérer tout au long le détail des « royaumes, États, seigneuries, provinces, îles adjacentes, fiefs, capitaineries », continentaux et d'outre-mer, auxquels devaient renoncer l'infante et tous ses descendants mâles ou femelles, sans s'inquiéter du petit « moyennant » qui, faute de paiement effectif, frappait de nullité cette belle renonciation. A moins qu'ils n'aient gardé l'espoir de pouvoir s'acquitter...

Cet espoir, en tout cas, n'était pas partagé par don Pedro Coloma qui, après avoir accepté le « moyennant », en avait fort bien prophétisé les conséquences. « Il faudra, s'était-il exclamé devant Lionne, ou que l'Espagne abîme entre ci et la veille des noces [*premier terme*], ou que tous les Espagnols, tant que nous sommes, engagions tout notre bien et nous mettions tous en prison, s'il est nécessaire, pour ne pas manquer un seul instant à payer les cinq cent mille écus d'or, et toujours un jour avant l'échéance de chaque terme, pour ne pas détruire nous-mêmes et par notre faute tout l'effet des renonciations de l'infante. »

Pas un écu, pourtant, ne fut versé par l'Espagne la veille du mariage, terme du premier paiement. Aussi le lendemain, alors que Louis XIV et surtout Marie-Thérèse étaient tout à la joie de leur nuit de noces, Lionne, abordant le cardinal, ne manqua pas, comme il l'écrit lui-même, « de se réjouir avec Son Excellence de ce que la renonciation de la reine se trouvait entièrement détruite par l'inadvertance ou négligence des Espagnols eux-mêmes, qui avaient manqué à payer le premier terme de la dot la veille des épousailles ». Car on aura compris que Lionne et Mazarin ne souhaitaient pas le paiement de la dot, mais un prétexte pour revendiquer l'héritage espagnol.

Comment expliquer cette « inadvertance » ? Il ne s'agissait que du tiers de la somme et l'on a peine à croire que l'Espagne n'ait pu réunir quelque cent soixante-dix mille écus. Sans doute, les Titiens, les Rubens et les Velázquez, que Philippe IV possédait en si grand nombre, ne valaient pas ce qu'ils valent aujourd'hui ; mais enfin le Roi Catholique avait huit cents tapisseries des Flandres dans son garde-meuble, et quelques galions chargés d'or et d'argent parvenaient à percer le blocus anglais. Tout cet or était mangé d'avance, certes, mais, entre tant de dépenses urgentes, on aurait pu privilégier celle qui assurait l'indépendance future de l'Espagne. Pour Lionne, l'explication réside dans la mort de don Pedro Coloma, survenue avant le mariage : lui seul, écrit-il, aurait fait « remarquer aux autres ministres, qui n'y ont pas songé, de quelle importance était la ponctuelle exécution de ladite clause ». Mazarin, de son côté, insiste sur le bon effet des flatteries décernées à don Luis de Haro. Dès la négociation de 1656, ç'avait en effet été sa tactique que de dire ou de faire dire à don Luis : ce n'est pas vous qui avez mis l'Espagne dans l'état où elle est, vous n'aurez que plus de mérite à la tirer d'une guerre qui lui est si dommageable ; en rétablissant la paix et l'amitié entre nos deux nations, vous comme moi aurons mieux mérité du public et mieux servi nos maîtres qu'en tout ce que nous avons pu faire au cours de nos vies. Mais le commentaire réaliste, à l'intention de Le Tellier, était : « Dom Luis, croyant d'être bien sorti de cette affaire, ne songera pas à profiter des occasions qui se pourront présenter à l'avenir, pour tâcher de réparer les grands préjudices que l'Espagne reçoit dans la conclusion de la paix » (24 octobre 1659).

VII

A la découverte de l'Espagne

S'il était une personne et une seule (Marie Mancini mise à part) qui pouvait se réjouir de la lenteur avec laquelle cette paix se concluait, c'était le maréchal duc de Gramont. Il avait été choisi pour aller à Madrid demander officiellement la main de l'infante, mais on ne lui avait laissé que quinze jours pour se préparer. Ce qui peut paraître étrange. La vérité est que Mazarin avait d'autres préoccupations et qu'il eût préféré que la signature de la paix précédât la demande en mariage. Par ailleurs, il souhaitait confier cette mission de prestige à son neveu par alliance, le comte de Soissons (époux d'Olympe Mancini). Mais Soissons était prince du sang, ce qui compliquait par des questions de préséance une affaire déjà si compliquée. Et don Luis, pour des raisons exactement opposées à celles du cardinal, insistait pour qu'on désignât sans attendre un ambassadeur propre à accomplir cette démarche protocolaire ; la cour de Madrid y tenait beaucoup, car elle camouflait en hyménée une humiliation. Le maréchal de Gramont, outre qu'il n'était pas prince du sang, offrait un grand avantage pratique : gouverneur du Béarn, souverain de Bidache, près de la frontière, il était presque à pied d'œuvre. Mais ce grand seigneur, qui avait rang de ministre, ne manquait pas d'autres cordes à son arc : loyal, habile et informé, ayant déjà accompli des missions importantes, il accomplirait d'autant mieux celle-ci qu'il avait grande allure et connaissait parfaitement les choses et la langue espagnoles, sa famille étant de souche navarraise. Après avoir, en 1656, aidé Lionne à passer la frontière pour aller négocier secrètement à Madrid, il avait depuis, à tout hasard, établi une correspondance avec la carmélite d'Agreda qui servait de confidente à Philippe IV[26]. Par ailleurs, réputé pour son esprit, Gramont saurait faire à Leurs Majestés une relation agréable et détaillée de la cour d'Espagne. Ne vous inquiétez pas de votre train, lui dit Mazarin ; il s'agit de partir au plus tôt : le roi d'Espagne vous donnera des carrosses et des domestiques dès que vous aurez passé la frontière. Mais le maréchal duc était naturellement fastueux et il ne voulait pas « paraître ridiculement dans une cour orgueilleuse et superbe qui se croyait au-dessus de toutes les autres et qui, depuis un temps infini, n'avait vu de Français chez elle ». Aussi dépêchait-il jour après jour des courriers de Bidache à Paris pour obtenir vêtements et livrées, lesquels pourtant ne fussent pas parvenus à temps sans ces ultimes contestations. Il en fut de sa poche, car Mazarin, après lui avoir dit : « Ne regardez pas à la dépense, vous serez défrayé de tout », n'avait pu lui allouer que quarante mille livres pour tous les frais de son voyage. Si l'on songe que Gramont avait déjà accompli une ambassade en Allemagne pour l'élection impériale, qu'il avait déjà reçu à Bidache le cardinal et sa suite, qu'il devrait bientôt engager de nouveaux frais pour assister aux noces royales, et tout cela au moment où il avait à pourvoir au mariage d'une de ses filles, on comprend qu'il ait exprimé sa crainte de « succomber mille fois aux épouvantables dépenses qu'il était obligé de soutenir[27] » !

Gramont se mit en route le 28 septembre, après avoir conféré avec Mazarin... qui le rappela le 29, alors qu'il était déjà à Irun, en territoire espagnol, où l'avaient accueilli toutes les autorités de la province. Contrairement à ce qu'on avait cru, les contestations n'étaient pas terminées ; il en avait même surgi de nouvelles lors de la rédaction des nouveaux articles. Ainsi pour la cession d'Avesnes : on découvrait soudainement que, si l'Espagne acceptait bien de céder cette place à la France, elle entendait la céder en quelque sorte toute nue, sans ses dépendances, annexes, territoires, sans l'artillerie, les munitions et les vivres qu'elle contenait. En somme, vous ne nous donnez qu'une enceinte de murailles ! persiflait Mazarin.

Chicaneries analogues pour le Roussillon et la Cerdagne : la France en obtenait tout ce qui se trouvait « en deçà des monts », mais on s'apercevait *in extremis* que les premiers vallonnements des Pyrénées constituaient des *monts* pour les Espagnols. Un géographe, le docteur Torbat, était convoqué ; il entrait, tout vêtu de noir, déroulait ses cartes sur la table de conférence, et Mazarin, pointant le doigt, disait à don Luis de Haro : prétendez-vous nous faire prendre des collines pour des montagnes ?

Plus de six semaines encore le cardinal allait donc rester sur cette côte basque qu'il ne pouvait plus supporter ; à un été torride avaient succédé des pluies ininterrompues ; les chemins étaient si « fâcheux » qu'on avait peine à n'y pas verser, même en plein jour, et l'air si « infecté » (l'odeur du port de Saint-Jean-de-Luz, sans doute) qu'il réveillait tous les maux dont on souffrait, quand il n'en donnait pas de nouveaux. De distractions, néant (à supposer que Mazarin ait eu le temps d'en prendre) : des indigènes à l'idiome incompréhensible, qui ne savaient que pêcher la baleine et sauter frénétiquement au son du tambourin. Même plus de sorcières ; au début du siècle, elles pullulaient pourtant dans ce Labourd ; mais le parlement de Bordeaux, dans sa sagesse, les avait fait brûler.

C'est de fort méchante humeur que Mazarin, repris par sa goutte, continuait donc, et maintenant presque tous les jours, à parcourir (en chaise à porteurs, pour être moins cahoté) les trois lieues qui séparaient son logis de Ciboure de la Bidassoa. Afin d'ôter tout prétexte à don Luis de Haro de « tirer de long », il avait exigé et obtenu que Coloma et Lionne viennent siéger sur l'île des Faisans, dans la salle même des conférences. Armés de leurs écritoires, les deux diplomates pourraient donc mettre en forme sur-le-champ et confier au papier les nouveaux articles, dès que leurs ministres en seraient tombés d'accord. Ceci n'empêchait pas, quand on relisait à haute voix les articles ainsi rédigés, les collaborateurs de don Luis de tenter encore de les modifier, soit pour y glisser quelque nouveau piège, soit « pour faire les capables ». C'est un secrétaire de Mazarin qui écrit ceci, et il ajoute : « J'admire la patience de M. le Cardinal [...] qui sacrifie tout le temps qu'il faut pour s'accommoder à la lenteur d'une nation qui affecte la gravité sur toutes ses démarches. »

Mazarin éclata tout de même, quand don Luis, après avoir gardé deux jours par-devers lui les clauses concernant Condé, les lui rendit, remaniées de telle façon que tout ce qu'elles contenaient d'humiliant en avait disparu. Monsieur le Prince y était paré de plus de titres et qualités que n'en avait jamais eus un connétable de France ; il ne devait plus demander son pardon, mais « exprimer sa douleur » ; il n'avait pas trahi : il était « sorti du royaume » ; il n'avait pas fait la guerre à son roi, mais provoqué des « actes d'hostilité ». Au reste, pendant tout ce temps, « il n'avait cessé de travailler par toutes sortes de voies à la réconciliation, etc. ». C'est cette dernière phrase qui avait mis le feu aux poudres et décidé Mazarin à rappeler Gramont. Oser écrire, confiait-il à Lionne, que Condé a toujours ardemment souhaité et sollicité la paix entre les deux couronnes et les moyens de faire paraître sa passion pour le service de Sa Majesté, « lorsqu'il n'avait rien oublié pour lui ôter la couronne de dessus la tête, s'il avait pu ! » Et, tout récemment encore, les amis et agents de ce même Condé ne s'étaient-ils pas employés à soulever la noblesse de Normandie et d'ailleurs ?

La seule question, déclara, le 29 septembre, Mazarin à

don Luis de Haro, c'est de savoir si vous avez ou non l'intention de signer le traité de paix, tel qu'il a été dressé à Paris, et les autres articles, tels que nous les avons ici adoptés. Leurs Majestés sont scandalisées d'attendre à Bordeaux depuis plus d'un mois parce qu'un rebelle « met tous les jours sur le tapis de nouvelles prétentions, et toutes injustes ». Le maréchal de Gramont ne repartira pas tant que vous n'ayez signé. Ce coup de chantage avait produit une si vive émotion parmi les Espagnols que don Luis céda. Au reste, Condé lui-même, rendons-lui cette justice, avait fait savoir aux négociateurs espagnols qu'il ne voulait pas que la paix pût être rompue à cause de lui.

Tandis que le maréchal de Gramont reprenait sa route, il y eut pourtant — encore ! — sur l'île des Faisans quelques autres contestations imprévues qui « estomaquèrent » Mazarin, comme il l'écrivit lui-même à Lionne de sa plume inimitable (9 octobre). (Il aurait été bien plus « estomaqué » encore s'il avait su que, à la veille même du mariage, sept mois plus tard, les Espagnols reviendraient sur certaines clauses, non seulement signées, mais ratifiées.)

Le maréchal de Gramont était accompagné de vingt-quatre gentilshommes, dix-huit valets de pied et autant de pages, sans compter les intrépides voyageurs qui le suivaient par pure curiosité et dont le nombre s'était grossi à la faveur des récents atermoiements.

Nous partîmes cinq cents, mais par un prompt renfort
Nous nous vîmes trois mille en arrivant au port...

On n'en était pas là, mais enfin la suite du maréchal avait doublé, si bien qu'il fallut la scinder en deux groupes ; sinon elle n'aurait pu trouver des gîtes et des vivres. (C'était toujours une difficulté à l'époque, ce l'était beaucoup plus qu'ailleurs en Espagne, comme nous allons voir.) Aux côtés du maréchal se trouvaient ses deux fils, Armand de Guiche et Antoine de Louvigny ; ce dernier deviendrait le troisième duc de Gramont par la mort de son frère, et c'est lui qui nous a laissé le récit de cette expédition. Il conte bien et a su rendre ce qu'eut de pittoresque le choc des deux cultures après tant d'années d'ignorance réciproque. Nous l'appellerons, pour simplifier, le jeune Gramont.

Repartis d'Irun le 4 octobre, le maréchal et sa suite ne voyagèrent plus qu'à petites journées en abordant la Castille. Sur ces plateaux, où il faisait si froid l'hiver, la chaleur du soleil automnal était accablante pour des Français ; point d'autre ombrage que quelques oliviers épars, accrochés à la pierraille de ce sol ingrat. Le 16 octobre, on fit halte dans un village à deux lieues de Madrid, où le maréchal avait fait préparer tout ce qui était nécessaire à son entrée, y compris et surtout les habillements, que la « poudre » des chemins espagnols eût gâtés. L'attendaient, envoyés par le roi d'Espagne, un lieutenant général des postes, un lieutenant particulier, six maîtres courriers et huit postillons, « tous habillés de taffetas incarnadin de rose » et montés sur des chevaux superbes et superbement harnachés, selles et brides aux armes d'Espagne et ornées de dentelle d'or ou d'argent.

Mais Gramont était un Gascon et les Gascons n'ont pas coutume de se laisser prendre au dépourvu. Galante idée, certes, que ce taffetas incarnadin de rose pour les envoyés d'une fiancée, mais on allait montrer aux Espagnols qu'en fait de galanterie, les Français non plus n'étaient pas à court d'idées. Le maréchal avait déjà la sienne. Il estimait « qu'étant envoyé par un roi jeune, galant et amoureux, il n'était pas à propos qu'il entrât dans Madrid d'autre façon que comme un courrier qui venait par la voie la plus prompte témoigner à l'infante l'impatience et la passion de son maître [...]. Ainsi, il fit au galop tout le chemin qu'il y a depuis la porte de la ville jusqu'au palais ». Vêtu d'un justaucorps qui n'était pas moins surchargé d'or que la housse de son cheval, il tenait à la main son chapeau orné de trois plumes blanches et le garda ainsi durant tout le parcours pour répondre aux acclamations de la foule massée sur son passage et aux « civilités » des dames perchées sur les balcons — ces balcons garnis de fer forgé qui donnaient aux demeures madrilènes leur aspect si particulier. Les quelque quarante cavaliers qui galopaient derrière Gramont étaient « faits à peindre » et non moins emplumés ; quant à ses pages et valets de pied, ils auraient suffi à susciter l'admiration tant ils étaient « galamment et richement vêtus ».

Cette cavalcade, écrit le jeune Gramont, « plut infiniment aux Espagnols, qui n'avaient point encore perdu l'idée de l'ancienne galanterie des Abencérages ». (On ne saura jamais si la célèbre galanterie espagnole provenait des Abencérages, mais le nom est si poétique !... Chateaubriand y sera encore sensible cent cinquante ans plus tard.) A l'infante aussi, qui s'était glissée sur un balcon (un des balcons du palais donnant sur la place), cette cavalcade, envoyée par son royal cousin et fiancé, avait plu infiniment. Elle dira plus tard à Mme de Motteville que, vue d'en haut, une telle débauche de couleurs, plumes, rubans, broderies faisait songer à un « parterre de fleurs » et que rien n'était plus joli que « ce jardin courant la poste ». Le mot fait image, espérons qu'il est bien d'elle.

A peine l'ambassade arrivée au palais (et Marie-Thérèse rentrée précipitamment dans son appartement), les choses commencèrent à se gâter. Nos Français étaient entrés à cheval jusqu'au pied de l'escalier, comme il se devait, et, là, ils avaient mis pied à terre pour saluer le détachement de grands d'Espagne qui attendaient, avec, à leur tête, le plus haut dignitaire de la cour, l'amirante de Castille. Mais il n'y eut point de salutations. L'enthousiasme populaire se déchaîna avec tant de *furia* que la belle ordonnance qui avait jusqu'alors régné sur le parcours, où tous les carrosses de Madrid faisaient une haie d'honneur, fut en un instant balayée. Un flot humain se précipita dans l'escalier, emportant les Medina-Celi, les Medina de las Torres, les Santa-Cruz, les Fuensaldaña, les Terranova, et, bien sûr, Gramont et les siens. Curieuse de voir le maréchal qui apportait la paix, la populace courait après lui, le hélait, le tirait par son beau justaucorps doré et arrachait les plumes de ses suivants. Quant à moi, dit son fils, « qui étais fort beau, fort jeune et fort paré, et qui marchais à ses côtés, je fus enlevé comme un corps saint par les *tapadas,* qui sont les femmes de joie de Madrid, lesquelles, me prenant à force après m'avoir pillé tous mes rubans, peu s'en fallut encore qu'elles ne me violassent publiquement : ce qui serait indubitablement arrivé, si l'amirante de Castille et deux ou trois autres grands, s'apercevant du risque que je courais, ne m'eussent arraché avec violence d'entre les bras de ces carognes effrénées ». Le maréchal, quant à lui, jugea préférable d'omettre cet incident dans la relation qu'il adressa à la cour...

On le comprend, et pourtant cette petite scène offre une fidèle image du Grand Siècle, siècle de contrastes, s'il en fût. Comment aurait-il eu, au point où il l'eut, le souci de maîtriser les passions, de corriger les mœurs, de régler les manières, s'il n'avait connu d'expérience la violence encore primitive de ses pulsions, telle qu'elle se déchaînait à Madrid en ce jour d'octobre 1659 et dans bien d'autres lieux en bien d'autres occasions ? On venait de si loin qu'il fallait aller un peu trop loin dans l'autre sens pour trouver la bonne mesure. D'où l'exigeant formalisme que tant de manuels de savoir-vivre, de savoir-écrire, de savoir-converser imposaient aux rapports sociaux, et pas seulement dans les cours.

Aussi bien ne faut-il pas attribuer à la comique agression dont fut victime le jeune Gramont dans l'escalier du *palacio real,* ou Alcazar, l'impression consternante qu'il reçut de l'Espagne et des Espagnols. Elle tenait à tout autre chose :

au contraste entre le mythe et la réalité. On savait bien, les Français surtout, que l'Espagne n'était plus invincible ; on savait bien que son économie chancelait, mais on ne soupçonnait pas l'ampleur de son déclin, parce qu'on ne voyait à l'étranger que le meilleur d'elle-même. Ses soldats, par leur courage, leur endurance, leur digne fatalisme dans l'adversité, continuaient à inspirer à ceux qui les combattaient et même à ceux qui les battaient une haute idée de leur patrie. Prolongeait aussi le mythe l'influence exercée sur notre littérature, dans tant de secteurs, par la littérature espagnole et les valeurs qu'elle véhiculait (*Le Cid* n'en est que l'exemple le plus fameux). Or, la réalité de l'Espagne de 1659, telle que la découvrait, pas après pas, le jeune Gramont, qu'était-elle ? Paresse, ignorance, pauvreté, vanité. Quel choc !

La pauvreté, dit-il, provenait de la paresse. Si « nombre de Français » n'étaient venus faucher les foins, couper les blés et cuire les briques des Espagnols, ceux-ci auraient couru le risque de coucher sous des tentes et de mourir de faim. Il est vrai que l'Espagne ne se remettait pas d'avoir été riche et que, pour retrouver l'ardeur au travail que lui avait ôtée l'arrivée des trésors d'Amérique, il aurait fallu que le peuple fût moins mal nourri, moins mal gouverné et moins accablé d'impôts ; il est vrai que la toute-puissante Église, en multipliant les jours fériés, incitait les plus laborieux à une oisiveté que pourtant elle réprouvait. S'y ajoutait la « fêtardise » dont, pour gouverner sans entraves, Olivarès avait donné le goût à Philippe IV et que celui-ci avait transmis à son peuple. Tout était prétexte à réjouissances, même la légitimation d'un bâtard royal, et ces réjouissances (comédies, mascarades, feux d'artifice, courses de taureaux) se prolongeaient sur plusieurs mois. Si bien qu'en comptant les dimanches, il y avait dans l'année plus de jours chômés que de jours ouvrables (et bien que le phénomène « vacances » n'existât pas encore !).

Néanmoins, la raison principale, non perçue par le jeune Gramont, de l'inactivité espagnole et de son corollaire, l'immigration française (déjà ancienne et que la guerre n'avait que ralentie), c'était le dépeuplement de l'Espagne : à l'époque qui nous occupe, elle comptait moins de huit millions d'habitants contre quelque dix-neuf millions chez nous. Ce déséquilibre démographique remontait loin (nous étions le pays le plus peuplé d'Europe), mais il avait été considérablement aggravé par divers facteurs dus, les uns, à la malchance, les autres à la politique. Depuis la fin du XVIe siècle, trois épidémies de peste en soixante ans, et d'une rare violence, avaient provoqué des ravages dans la péninsule ibérique ; et l'on sait que ce fléau touchait particulièrement les sous-alimentés, c'est-à-dire les classes laborieuses. La guerre et les besoins d'un trop vaste empire avaient eu des conséquences plus insidieuses, mais à long terme presque aussi dommageables. On estimait à quarante mille par an le nombre des sujets du roi d'Espagne qui s'en allaient combattre — et mourir — sur les champs de bataille, administrer les diverses possessions d'Europe, peupler et exploiter celles d'outre-mer. Il ne faut pas oublier, car c'est démographiquement important, que, parmi les *pobladores* du Nouveau Monde, il y avait aussi des femmes : en 1604, le roi Philippe III se plaignait qu'eussent émigré en une seule flotte par Séville plus de six cents femmes, alors qu'il n'avait fait accorder de sauf-conduit qu'à cinquante d'entre elles ! Enfin, les Rois Catholiques, non contents d'avoir expulsé, entre la fin du XVe siècle et le milieu du XVIe, ceux des juifs et des musulmans rebelles à la conversion (plus de deux millions d'individus), venaient de se priver, pour les mêmes raisons d'intolérance, d'une minorité pourtant convertie : les Morisques (1609-1614).

On appelait Morisques les chrétiens de souche musulmane. Les contemporains furent très frappés par leur expulsion ; aux voyageurs qui circulèrent en Espagne après l'événement, elle apparut comme la cause principale du dépeuplement et de ce qu'ils appellent la « désolation » du pays. Les plus récents travaux ne chiffrent pourtant qu'à moins de trois cent mille le nombre des départs. Ce qui n'est certes pas négligeable au plan quantitatif, mais l'erreur serait de ne raisonner que sur ce plan-là. La société espagnole était ce qu'on appellerait aujourd'hui une société de type colonial, fondée sur l'exploitation des vaincus de la *Reconquista* : ceux-ci exerçaient des métiers que leurs vainqueurs ne savaient plus ou ne voulaient plus exercer. Si l'Andalousie ne se remit pas de l'expulsion des Morisques, malgré l'introduction de *repobladores* de souche chrétienne, c'est parce que ceux-ci étaient inexperts à l'industrie de la soie qui avait fait la richesse du pays. L'industrie de la soie commence à la culture du mûrier, et les Morisques étaient de remarquables agriculteurs qui savaient traditionnellement tirer parti d'un sol ingrat. On pouvait encore admirer dans la péninsule l'extraordinaire travail d'irrigation qu'ils y avaient accompli. Retz, traversant l'Espagne en 1654 (pour échapper à la justice du roi), fut émerveillé par ce qu'il entrevit du royaume de Valence : « le plus beau jardin du monde », écrit-il. Il avait, lui aussi, à cette occasion, découvert l'ampleur de l'immigration française (que sans doute l'expulsion des Morisques avait accrue, avant que la guerre ne la ralentît) : à Saragosse, par exemple, « tout le monde » parlait notre langue dans les rues. C'est bien possible, puisque l'Aragon, comme la Catalogne, attirait particulièrement les nôtres par sa proximité géographique. Cette immigration était essentiellement paysanne : les Français de la moitié sud/sud-ouest de notre pays avaient pris l'habitude de franchir les Pyrénées pour s'engager comme journaliers dans les *haciendas* du nord de la péninsule. Les Basques circulaient constamment et à peu près librement, alors comme aujourd'hui, d'un pays à l'autre. Mais il y avait aussi des Béarnais, des Languedociens et même un grand nombre d'Auvergnats qui fuyaient la pauvreté de leurs montagnes.

Si Retz a vu à Saragosse tant d'artisans français, c'est parce qu'à cette immigration paysanne, souvent saisonnière, s'ajoutait un flux de gens de métier qui, eux, s'installaient dans les villes, et pas seulement au nord, les ports de Séville, Cadix, Alicante, têtes de pont vers l'Amérique et l'Afrique, constituant dans le Sud des pôles d'attraction. Ces artisans français, dit Retz, étaient « plus affectionnés à l'Espagne que les naturels du pays ». Cette affection n'était pas pure d'intérêt. La conjoncture économique et démographique avait entraîné en Espagne une hausse des salaires. Pour cela, et parce qu'ils faisaient prime sur le marché, les charpentiers, charrons, maçons, carriers, forgerons et autres travailleurs français parvenaient à gagner en Espagne le double, parfois le triple de ce qu'ils auraient gagné chez eux. Mais ce résultat n'était atteint qu'au prix d'un labeur acharné. Il n'était pas rare que, profitant de l'échelonnement des récoltes de part et d'autre des Pyrénées, les journaliers français fissent deux fois la moisson et deux fois les vendanges, une première fois en Espagne, ensuite en France, et c'étaient parfois les mêmes individus qui accomplissaient, en l'espace de quatre mois, ce double aller et retour. A pied ou à dos de mulet. La jeunesse, donc la vigueur, de ces migrants français (la majorité d'entre eux n'avaient pas vingt ans) leur permettait de tenir ce rythme. Le même facteur explique leur manque de spécialisation, et donc leur promptitude à accepter tous les emplois qu'on leur proposait, même les plus « vils », comme le notaient avec dédain les Espagnols. A une époque, la nôtre, qui ne trouve plus guère d'aide ménagère que parmi les immigrants de la péninsule ibérique, on s'amusera d'apprendre que le XVIIe siècle offrait une situation inverse : à Madrid (et autres grandes villes), il était fréquent qu'on eût des domestiques français. En bref, nos compatriotes, bien différents de ce qu'ils sont devenus, ne se rebutaient d'aucune tâche et remplissaient en Espagne, comme avant eux les Morisques, tous les emplois que les Espagnols ne voulaient plus remplir.

L'état de guerre entre les deux pays avait naturellement amené le gouvernement espagnol à prendre des mesures qui frappaient directement (embargo sur les biens, expulsions) ou indirectement (suspension des échanges commerciaux) les immigrés français : mais on voit, par les observations concordantes de Retz et de Gramont, qu'ils avaient su les tourner. Quand on lit la relation de l'abbé Bertaut, autre voyageur qui partit à la suite du maréchal et en profita pour visiter toute l'Espagne, on constate qu'il fut accueilli un peu partout par des « marchands » français fort bien en place. Et Philippe IV, quand, plus tard, il retrouva sa sœur Anne d'Autriche sur l'île des Faisans, se félicita de pouvoir enfin avoir de ses nouvelles autrement que par les marchands. Preuve que ceux-ci circulaient sans trop d'entraves entre les deux pays. En fait, nous savons que les gros négociants avaient eu recours à des prête-noms espagnols, ou à la corruption, pour continuer leur commerce sans être inquiétés ; quant aux plus humbles de nos immigrés, ils avaient la ressource de se prétendre wallons ou franc-comtois (donc sujets du roi d'Espagne), ou encore d'épouser des Espagnoles, ce qui les excluait du champ des représailles. Ajoutons que les autorités provinciales, redoutant les conséquences économiques, pratiques et même démographiques qu'eût entraînées le départ de cette précieuse main-d'œuvre, ne mettaient pas beaucoup d'ardeur à faire appliquer les mesures ordonnées par Madrid. Paradoxalement, la guerre eut même pour effet d'accroître les activités, et donc les gains de certains Français d'Espagne. Ainsi pour les marchands ambulants, catégorie peu nombreuse, mais sur laquelle pourtant se cristallisait la francophobie des Espagnols. Ces colporteurs, disaient-ils, répandent chez nous le goût des choses, et particulièrement de la mode, étrangères ; ils ruinent nos commerçants en allant à domicile proposer leur marchandise aux acheteurs et surtout aux acheteuses, trop promptes à se laisser tenter par les colifichets venus de France.

C'était d'autant plus vrai que régnait la pénurie dans les boutiques espagnoles. Le jeune Gramont ne fut pas le seul voyageur français à qui l'on déroba ses rubans ; presque tous les autres témoignent, comme lui, de l'espèce de frénésie qui s'emparait des femmes de Castille ou d'ailleurs à la vue de ces articles de luxe. Même les collaborateurs de don Luis de Haro, sur l'île des Faisans, accueillirent avec une gratitude disproportionnée les chapeaux de castor, bas, gants, miroirs, montres et autres « jolivetés », que Mazarin leur avait fait distribuer : c'est qu'ils ne pouvaient se les procurer chez eux. Comment donc les colporteurs français n'auraient-ils pas fait fortune en Espagne ? Ils satisfaisaient une demande permanente et que l'embargo avait accrue ; ils échappaient, grâce à leur mobilité, aux représailles économiques qui pesaient sur leurs compatriotes boutiquiers ayant pignon sur rue, et ils ajoutaient à leur chiffre d'affaires les revenants-bon de la contrebande ! Si bien que ces gagne-petit finirent par attirer l'attention des autorités françaises, agréablement surprises de constater qu'ils représentaient un moyen non négligeable de drainer vers notre pays l'or et l'argent des Amériques. A la fin du siècle, un intendant évaluait à près de huit cent mille livres les sommes rapportées annuellement par les seuls Auvergnats. Le marquis de Villars, qui accomplit trois missions en Espagne entre 1668 et 1681, fait un autre calcul : estimant à quelque soixante-dix mille individus la masse flottante et sans cesse renouvelée des Français d'Espagne, quand bien même, écrit-il, chacun d'eux n'enverrait ou ne rapporterait en France chaque année que dix pistoles, cela ferait un total de sept à huit millions de livres. Chiffre d'autant plus remarquable que « ces grands profits » étaient faits par des gens pauvres qui n'avaient investi en Espagne « d'autres fonds que leur industrie et leur travail ».

Travaillez, prenez de la peine :
C'est le fonds qui manque le moins.

dira La Fontaine.

Il n'y a pas de bonheur sans mélange. Tous ces marchands, artisans et journaliers, en rapportant leurs gains en France, contribuaient à y répandre le mal qui sévissait en Espagne ; la hausse des prix, autrement appelée « cherté ».

La femme du marquis de Villars nous a laissé, elle aussi, ses impressions de voyage ; c'est elle qui écrivait à Mme de Sévigné qu'il n'y avait qu'à séjourner en Espagne « pour n'avoir plus envie d'y bâtir des châteaux ».

La vanité, qui écartait les Espagnols de certains emplois, était aussi, nous dit le jeune Gramont, la cause principale de leur ignorance, rien de ce qui se passait hors de chez eux ne leur semblant digne d'intérêt. Cette autosatisfaction nationale était l'autre méfait qu'engendrait le souvenir de la gloire et de la puissance passées (et dont on n'avait pas encore bien compris qu'elles étaient passées). Mais elle tenait aussi à des raisons spécifiquement espagnoles, qui, au-delà de la paresse et de l'ignorance, contribuent à expliquer la spectaculaire décadence d'un si grand pays, qui frappait tant les contemporains et fascine encore l'historien. Ceux des voyageurs qui négligeaient ces raisons, tel le jeune Gramont, qui pourtant prenait « grand soin », comme il dit, d'examiner la question, ne comprenaient pas d'où procédait la superbe des Espagnols. En quel honneur les artisans s'affublaient-ils du titre de *don* et se déguisaient-ils en *caballeros,* avec cape, épée, poignard ? Pour quelle raison fallait-il s'excuser auprès d'un gueux de ne pas lui faire l'aumône avec quelque formule du genre : « *Perdone, Vuestra Merced, no tengo dineros* (Pardonnez, Votre Grâce, je n'ai pas d'argent.) » Enfin, en quoi consistait, même chez les grands,

« cette grandeur qui les faisait traiter d'égal à égal avec tous les princes souverains » ? Ils étaient ruinés, ils recevaient peu et mal, ils n'avaient dans leurs écuries que quelques mules pour leurs attelages et « cinq ou six vieux chevaux dressés pour les fêtes de taureaux ». Restait, évidemment, la naissance et les alliances, mais ce n'étaient pas là des exclusivités espagnoles...

La réponse tient en un mot : la pureté de sang *(limpieza de sangre).* Il ne suffisait pas en Espagne d'être noble, il ne suffisait pas d'être riche, il ne suffisait pas d'être chrétien, ni même tout cela à la fois : il fallait être « vieux chrétien », c'est-à-dire n'avoir pas d'hérétiques dans son ascendance. On dira que, dans un pays qui avait compté tant de juifs et de musulmans, qui comptait encore tant de convertis, rares devaient être les familles qui n'avaient pas dans leurs veines quelques gouttes du sang des uns ou des autres, voire des uns *et* des autres (mais surtout des juifs, beaucoup plus assimilables et assimilés que les musulmans et leurs descendants morisques). C'est justement pourquoi la *limpieza de sangre,* quand on la possédait, ou quand on croyait la posséder, constituait une distinction qui permettait de mépriser toutes les autres.

Il ne faudrait pas ici se tromper de racisme. Dans une Espagne qui s'était forgée par la *Reconquista* sur les Infidèles primaient les motifs religieux. L'Inquisition les exploita et les aggrava, au point de faire apparaître tous les nouveaux chrétiens comme de mauvais chrétiens, comme les membres d'une sorte de cinquième colonne, non seulement prêts à retomber dans leurs erreurs, mais à y faire retomber la catholique Espagne. Cette crainte n'était pas totalement irraisonnée : n'oublions pas que les côtes méditerranéennes du pays subissaient encore des raids « barbaresques », que les judéo-chrétiens n'avaient pas tardé à reconquérir les positions économiques détenues jadis par leurs ancêtres expulsés, et qu'un certain nombre de juifs tout court étaient revenus isolément d'Afrique du Nord, du

Portugal ou des Pays-Bas (où leurs familles avaient trouvé refuge). On savait qu'ils prêtaient de l'argent au roi et l'on pouvait se demander si celui-ci, étant hors d'état de les rembourser, ne leur offrirait pas en récompense la permission de revenir s'établir massivement en Espagne. Outre que, bien sûr, beaucoup de convertis des deux religions, n'ayant cédé qu'à la contrainte, étaient effectivement de mauvais chrétiens.

Ce sont là, sans doute, les explications de ce souci de « pureté de sang », devenu dans la première moitié du XVIIe siècle une véritable obsession, et qu'on ne rencontre nulle part ailleurs, alors que l'intolérance était partout répandue. Considérons la France. Elle aussi avait persécuté les « hérétiques », elle aussi avait expulsé les juifs, et à trois reprises. Mais, immense différence, elle n'était pas obsédée par la présence de ceux qui étaient restés ou revenus, encore moins par la présence de ceux qui s'étaient convertis. Il n'y avait pas chez nous de nouveaux chrétiens par opposition à des vieux chrétiens. Un juif converti et sa descendance pouvaient accéder à tous emplois ; une juive convertie (de préférence riche, évidemment !) pouvait épouser un catholique sans déshonorer sa lignée (on se rappelle que la mère de Montaigne, magistrat de Bordeaux, était demi-juive, et que d'Aquin, futur premier médecin de Louis XIV, descendait d'un rabbin).

Ce sont plutôt les protestants (l'Espagne avait fait ce qu'il fallait pour n'en pas avoir) qui, chez nous, auraient été écartés de certains emplois, si Mazarin n'y avait veillé (nous sommes encore loin de la Révocation). Anne d'Autriche répugna quelque peu à la nomination de Barthélemy Hervart, un huguenot originaire d'Augsbourg, au poste de contrôleur général des finances. Le cardinal, tout cardinal qu'il fût, sut lever ses scrupules et ceux d'une partie du clergé. On n'allait pas tenir à l'écart un banquier aussi puissant, sans les avances duquel on n'aurait peut-être pas réussi à tenir contre les Espagnols !

Rien de pareil chez ceux-ci. Une goutte de sang impur suffisait à écarter de certaines fonctions des candidats par ailleurs valables et de bonne famille, et même à justifier le refus d'une bourse à un étudiant pauvre. Certes, le roi pouvait tirer du lot qui il voulait, mais il ne parvenait ainsi qu'à modifier le statut social et fiscal des intéressés, pas leur nature, si elle était entachée de la macule. Et, la société espagnole étant en ceci plus royaliste que le roi, cette *mancha* empêchait, empêcherait toujours l'anobli d'accéder à certaines dignités. A moins, bien sûr, qu'il ne réussît à se laver du soupçon en apportant des preuves suffisantes aux enquêteurs chargés, ou plutôt qui se chargeaient eux-mêmes d'examiner son cas. Ainsi dut faire le grand Velázquez avant de pouvoir revêtir l'habit des chevaliers de Santiago que Philippe IV lui avait accordé. De sorte que prouver la pureté de son sang ou prouver l'impureté du sang des autres, par n'importe quel moyen (faux témoignages et généalogies falsifiées), était devenu l'idée fixe des Espagnols. Quelle perte de temps et d'énergie !...

Mais il y avait pire, et ceci nous ramène à la paresse et à l'ignorance. Ces preuves étant fort difficiles à fournir, l'enquête déclenchée à ce propos pouvant susciter des révélations ou des calomnies qui jetteraient le discrédit sur des familles qui y avaient jusqu'alors échappé, beaucoup d'Espagnols, pour ne pas y donner prétexte, préféraient *renoncer* à tel ou tel emploi, à telle ou telle dignité, et, du coup, à servir, à s'instruire, à s'élever. Même s'offrir à Dieu devenait une course d'obstacles si périlleuse et si humiliante que les convertis les plus sincères en arrivaient à ne pas solliciter leur admission dans tel ou tel ordre religieux, que, de plus, ils auraient ainsi compromis. Jusqu'aux enfants de chœur qui, à Tolède, devaient être *limpios* !...

Quelques auteurs espagnols, inquiets de ces excès, se

demandaient si le dépeuplement de leur pays n'était pas dû en partie à ce découragement des élites : mieux valait pour celles-ci aller tenter leur chance ailleurs, courir l'aventure de pays en pays que rester dans une patrie où une épée de Damoclès, toujours suspendue au-dessus de leurs têtes, pouvait, en tombant, briser net leur carrière. Quel gâchis d'hommes ! Une véritable autodestruction, aussi nocive à l'Espagne que l'autosatisfaction des vieux chrétiens, qui se jugeaient dispensés d'acquérir d'autres mérites.

Si les cordonniers de Madrid se déguisaient en *caballeros,* c'est parce que le petit peuple n'échappait pas à la contagion du mal. Protégé par son obscurité et par l'absence de généalogies, il pouvait se croire et se dire vieux chrétien, se forger, à partir de là « une noblesse en forme de contre-noblesse », comme l'a dit Pierre Chaunu, et mépriser ainsi, à l'instar des vrais nobles, le mérite et ceux qui le possédaient, le travail et ceux qui l'accomplissaient.

Olivarès, soutenu en cela par Philippe IV (disons-le à l'honneur de celui-ci), avait tenté d'atténuer la rigueur des « statuts de pureté de sang ». Mais sans aucun succès. L'Espagne était devenue, et elle restait, une société figée dont le sommet et la base ne voulaient plus bouger, dont les classes intermédiaires ne pouvaient plus bouger. Cet immobilisme avait tué la féconde curiosité. Élitiste et sexiste, le système scolaire espagnol (si l'on peut employer ce néologisme) n'était pas apte à la ressusciter : il offrait un net contraste avec l'effort éducatif accompli par le XVIIe siècle français jusqu'en direction des pauvres et des femmes. Enfin, l'emprise de l'Église freinait le mouvement des idées. La révolution philosophique et scientifique du Grand Siècle se faisait hors de l'Espagne et sans les Espagnols.

Cela dit, le jugement du jeune Gramont quant à l'ignorance espagnole n'en est pas moins excessif. Il ne peut s'appliquer à l'ensemble d'une nation dont les universités restaient si fameuses (l'Italien Mazarin avait étudié à Alcala) et qui comptait un si grand nombre de gloires littéraires et artistiques qu'on a qualifié de « Siècle d'or » le long règne de Philippe IV, qui pourtant consomma la décadence de l'Espagne. Favorisés par le mécénat du roi, l'éclosion et l'épanouissement de tous ces talents le furent sans doute aussi par le climat de dramatique tension qu'engendraient les causes ci-dessus évoquées. Le règne de Philippe IV, c'est aussi celui de Calderón, ordonnateur des plaisirs de la cour, de Lope de Vega, de Tirso de Molina, sans parler de Cervantès, mort en 1616 ; c'est, bien sûr, le règne de Velázquez, mais aussi de Zurbaran, Ribera, Murillo, et l'on pense bien qu'une telle floraison d'artistes supposait une réflexion approfondie sur la peinture dont témoignent les ouvrages théoriques alors publiés. Ne pas oublier non plus que la poésie était en Espagne une passion nationale, que les rimeurs s'y recrutaient dans tous les milieux et que les villes les plus modestes organisaient des joutes poétiques. La mode était alors, comme le jeune Gramont le constata, aux *aguzedas,* mot qu'on pourrait traduire imparfaitement par « pointes », un peu plus justement par « ingéniosités du langage », et qui étaient en effet une conquête, déjà ancienne, du baroque espagnol. Une conquête ou un travers, car cette recherche aboutissait à une obscurité qui, chez les moins doués, tournait à l'absurdité. Il s'agissait en somme de ne jamais dire : « Belle marquise, vos beaux yeux me font mourir d'amour », mais, comme M. Jourdain s'y efforce dans *Le Bourgeois gentilhomme* (car cette mode touchait aussi la France) : « Vos beaux yeux d'amour me font, belle marquise, mourir », ou : « Mourir vos beaux yeux, belle marquise, d'amour me font », ou encore : « Me font vos yeux beaux mourir, belle marquise, d'amour. »

Tourner ainsi le compliment, les courtisans de Madrid en étaient capables, et le jeune Gramont reconnaît qu'ils pratiquaient assez bien l'art mineur et mondain de la conversation. Mais, sous la forme, le fond était indigent. Cette ignorance espagnole, c'était avant tout la leur. Peñaranda, dont nous avons évoqué plus haut la grande culture, était une exception, une des seules têtes de la cour de Madrid, avec don Luis de Haro. Les autres, campés sur leur triple dignité de grands (ou de *titulados*), de vieux chrétiens et d'officiers de la Couronne, n'attachant de prix qu'à la faveur royale, dispensatrice de tous bienfaits, n'ignoraient pas seulement, comme disent et Gramont et Bertaut, le latin, les langues étrangères, les sciences, l'histoire et la géographie : ils ignoraient jusqu'aux exploits et parfois jusqu'aux noms de leurs plus valables compatriotes, ces capitaines ou diplomates qui permettaient encore à leur pays de faire illusion. De Pimentel, à qui l'on devait en grande partie la paix, et qui de plus était un homme d'esprit, on ne faisait aucun cas, « quoiqu'il fût plus habile que tous ceux qui le méprisaient » (Bertaut). Quant à don Francisco de Menessès, « qui avait si valeureusement défendu Valenciennes contre M. de Turenne », il était inconnu à la cour de Madrid et ce fut le maréchal de Gramont qui dut l'y présenter. Ce qui veut dire que, peut-être, les courtisans soupçonnaient un Pimentel et un Menessès d'avoir du sang juif ; ce qui veut dire surtout que leur mépris aristocratique de l'étude se doublait d'une égoïste indifférence à l'égard de tout ce qui n'était pas leur profitable petit univers.

Une telle indifférence est toujours signe et cause de décadence. Car, bien sûr, c'est l'incivisme qu'elle reflète. Il fallait supplier les grands, les menacer ou les couvrir d'or pour qu'ils consentissent à accepter une ambassade, un commandement. Ou alors, quand ils avaient obtenu quelque juteuse sinécure, ils n'en voulaient plus sortir. Le mal ne touchait pas que les grands, mais presque tous les responsables. Pourquoi le gouverneur du Guipuzcoa, pendant les négociations de l'île des Faisans, s'était-il employé à monter don Luis de Haro contre la France ? Parce qu'il avait tout à perdre à la paix, dans une province frontière où il régnait depuis dix ans et touchait de tous les côtés à la fois : de son

1 - Anne d'Autriche.

2 - Le cardinal Mazarin.

3 - Marie Mancini.

4 - Louis XIV jeune.

5 - Marie-Thérèse
d'Autriche.

6 - L'île des Faisans.

7 - Philippe IV d'Espagne.

9 - Don Luis de Haro.

10 - Marianne d'Autriche.

◄ 8 - Le mariage de Louis XIV et de Marie-Thérèse.

11 - Fouquet.

12 - Colbert.

13 - Turenne.

14 - Condé.

15 - Obélisque
de la place Dauphine.

16 - Louis XIV en soleil.

17 - Feux d'artifice sur le canal de Versailles.

18 - Entrée de Louis XIV et de Marie-Thérèse.

roi, des transfuges et conspirateurs français, des armateurs et négociants de Saint-Sébastien en faveur desquels il oubliait l'embargo qui affectait les échanges franco-espagnols.

Que le jeune Gramont ait été si choqué de cet état de choses ne doit pas nous faire croire que toute la noblesse française fût entreprenante, informée, cultivée. Mais il est de fait qu'elle n'était pas immobile. La faveur royale, chez nous, se méritait. Les Gramont ne seraient pas sortis de leur pauvreté gasconne s'ils n'avaient constitué une famille « dans le mouvement », où l'on percevait le sens de l'histoire (en pariant sur Mazarin contre les frondeurs), où l'on savait être à la fois grand seigneur, militaire, diplomate et homme de culture. Tel le maréchal, père du narrateur, qui, à Bidache, ne possédait pas seulement les glacières auxquelles Mazarin avait eu recours, mais aussi une bibliothèque fort bien fournie, une galerie de tableaux, et qui rapporta de son ambassade des toiles espagnoles, rare éclectisme à une époque où les amateurs français ne juraient que par la peinture italienne [28].

Quant aux classes intermédiaires en France, c'est peu dire que l'immobilisme n'y régnait pas : elles étaient animées d'un irrésistible mouvement ascensionnel. Et le jeune Gramont eût été moins étonné de l'ignorance et de l'incurie des conseillers du Roi Catholique s'il n'avait vu chez nous une situation toute différente : depuis longtemps déjà (mais surtout depuis Louis XIII et Richelieu) s'y trouvait aux commandes un personnel politique et administratif instruit, sérieux et compétent, issu de la bourgeoisie de robe : cette classe sociale que l'Espagne aussi avait jadis utilisée, mais dont elle avait ensuite bloqué l'ascension, puisqu'elle se confondait pour l'essentiel avec les *nuevos cristianos.*

L'amusant est que le jeune Gramont, s'il a perçu que la comparaison des deux systèmes tournait à l'avantage du nôtre, n'en a pas compris, ou pas voulu comprendre, les raisons. Pourquoi, s'étonne-t-il : la France, qui, comme l'Espagne, a été forgée et maintenue par l'épée, est-elle administrée par des robins ? Et de se féliciter qu'à l'époque où il écrit (début de la Régence) le système ait changé et qu'un prince éclairé ait rappelé les grands seigneurs aux grands emplois. L'esprit de caste peut annuler la perspicacité, et il est vrai, nous l'avons dit, que les Gramont étaient dignes des grands emplois.

On remarquera, accessoirement, que la vénalité des charges, blâmable dans son principe et que l'Espagne se vantait de ne pas pratiquer (sauf aux niveaux subalternes), produisait finalement chez nous d'assez bons « fonctionnaires ». Sans doute se trempe-t-on mieux le caractère en s'efforçant de faire fortune qu'en se bornant à flagorner le souverain. De plus, comme Bertaut le remarque, c'est surtout pour acquérir une dignité que les Français achetaient des charges. Et ils avaient ensuite à cœur de se montrer dignes de leur dignité.

VIII

Les charmes des señoras

Plus choquante encore que la paresse, l'ignorance et la vanité des Espagnols apparut à nos voyageurs la dissolution de leurs mœurs. Ces Castillans, qui se posaient en défenseurs de la foi, n'avaient qu'une « mascarade » de religion. Leur piété se bornait à des dévotions et dont ils détournaient le sens à des fins profanes et même sacrilèges ; ainsi, lorsqu'au cours des processions, ils dédiaient à leurs dames et non à Dieu les flagellations qu'ils s'infligeaient. Des dispenses trop aisément obtenues leur permettaient à presque tous de se soustraire aux périodes de jeûne, si strictement observées chez nous. Quant à l'abstinence... Ils ne s'abstenaient, dit drôlement le jeune Gramont, que des péchés qui ne donnent pas de plaisir ; tel le blasphème, assez à la mode en France parmi les esprits forts.

Le plaisir principal des Espagnols, c'étaient les femmes : ils ne pouvaient s'en « rassasier ». « Aussi faut-il avouer qu'elles sont si jolies, si spirituelles, si insinuantes et de si bonne volonté qu'il est bien malaisé, lorsqu'on ne se trouve pas tout à fait impuissant, de s'empêcher de succomber à la force de leurs charmes. »

Malgré leur goût pour le beau sexe, les hommes de qualité, en Espagne, « s'embarquaient rarement à courtiser une femme de condition ». Ce trait de mœurs avait été attribué par d'autres à la réclusion des Espagnoles, bien différente de l'« honnête liberté » dont jouissaient chez nous les dames et qui leur permettait de fréquenter des hommes dans les salons. Notre narrateur y voit plutôt un effet de la paresse des Espagnols et des « mille agréments » par lesquels les courtisanes savaient les capter et les retenir. Après avoir satisfait à leurs obligations à la cour, fait un tour à la comédie et aux promenades à la mode, les Madrilènes « de la première qualité » s'en vont vers les dix heures du soir chez les courtisanes et y restent jusqu'à quatre heures du matin. Ils dépensent pour elles des sommes folles, car « rien ne leur paraît cher de ce qui sert à leur divertissement ». La plupart des grands se ruinent avec des comédiennes, dit encore le jeune Gramont, « et j'en ai vu une fort laide et fort vieille que l'amirante de Castille aimait à la fureur, à qui il avait donné plus de cinq cent mille écus sans qu'elle en fût plus riche ». Cinq cent mille écus qui auraient été mieux employés à payer la dot de Marie-Thérèse..., s'il est vrai que l'amirante avait dépensé une telle somme pour sa comédienne. Un autre voyageur, Brunel, parle de quatre-vingt mille écus, ce qui est déjà beaucoup. Beaucoup trop. Mais la corruption, un moment endiguée par Olivarès, régnait partout.

Cette fureur érotique n'était pas en Espagne le fait des seuls hommes de qualité :

« La plupart de tout ce qu'il y a de gens à Madrid passent les nuits d'été dans les prés et dans les places publiques de la ville, où, au premier coup de sifflet, toutes les femmes de mauvaise vie (que l'on peut dire être en grand nombre) accourent, et là chacun se couple à sa fantaisie, de sorte qu'on peut comparer ce spectacle au rut des cerfs, qui se fait à la fin de septembre dans les forêts. Cela paraît fabuleux : cependant j'en parle après l'avoir vu de mes propres yeux. Ces sortes de dames [...] ont tellement perdu toute honte que, même le jour, elles sautent au cou des personnes qui leur paraissent un peu bien faites. »

Gramont n'exagère pas. Tous les voyageurs ont été, comme lui, frappés par le nombre et l'audace des prostituées espagnoles. A Madrid (pour ne parler que de Madrid), on comptait quelque trente mille *tapadas*, soit près de quinze pour cent de la population totale ! Les *tapadas* étaient ainsi nommées à cause du *tapado*, ou voile, qu'elles portaient autour du visage et qui ne laissait qu'un œil à découvert. Mais une riche terminologie, qui traduit l'ampleur du phénomène, distinguait, du haut en bas de l'échelle, les *tusonas* (allusion à la Toison d'or, ce prestigieux ordre de chevalerie), les *costesanas* (femmes entretenues), les *damas de acheque* (qui jouaient les bourgeoises), les *rameras*, dont la porte était ornée d'un rameau (l'équivalent de nos lanternes rouges d'avant Marthe Richard) et les *mancebas*. Ces dernières étaient à l'origine les pensionnaires des *mancebias* (en français : « bordeaux »), que Philippe IV, dans un accès de moralité, avait supprimées en 1623... sans autre résultat que d'augmenter le nombre des *cantoneras* et *busconas*, autrement dit racoleuses.

Il faudrait ajouter à toutes ces catégories celle des femmes qu'on appelait, d'un mot intraduisible, les *picaras*, qui n'étaient pas nécessairement des prostituées, mais des marginales à l'humeur peu farouche. La Pittora, que traînait à sa suite don Juan d'Autriche, quand il passa par la France, incarne assez bien ce type d'aventurières que sécrétait l'Espagne du XVIIe siècle. On pourrait aussi observer que Madrid comptait un nombre important de veuves qui, disaient les autorités, n'avaient rien à y faire. Pourquoi donc y restaient-elles, sinon pour chercher le mari ou l'aventure ?

Le port du *tapado*, institué à l'origine pour distinguer les prostituées, n'avait pas eu les résultats qu'on en attendait. Car les femmes, en Espagne, avaient hérité des musulmans l'usage de se couvrir le visage pour sortir. Elles utilisaient donc, à l'occasion, le *tapado*, et surtout un long et large châle, la *manta*, qui contribuait à dissimuler leurs traits. Mais, signe de modestie et de décence à l'origine, cet usage vestimentaire était peu à peu apparu aux Espagnoles comme un moyen de piquer la curiosité masculine en préservant leur anonymat. La *manta*, à Madrid, jouait en somme le rôle du masque à Venise, l'atmosphère de l'une et l'autre ville, en ce milieu du XVIIe siècle, n'étant pas sans appeler la comparaison. L'abbé Bertaut fut tout à fait choqué par l'effronterie de ces femmes « emmantelées », qui savaient si bien jouer de leur seul œil découvert et se jugeaient offensées quand le passant qu'elles avaient ainsi aguiché ne voulait pas « aller plus loin que la conversation ». Si bien qu'après avoir prescrit aux prostituées de se voiler, on avait dû, pour remédier à l'immoralité croissante, interdire à toutes les Espagnoles de le faire. Interdiction renouvelée par Philippe IV en 1639 et qui, comme tant d'autres, était restée sans effet.

Faut-il croire à l' « effronterie » des femmes espagnoles en général ? Nos voyageurs français ne rencontrèrent sans doute pas dans les rues des jeunes filles ou des épouses de bonne famille, trop sévèrement gardées pour se montrer seules en public. Quand le maréchal de Gramont rendit visite à la belle-fille de don Luis de Haro, qui passait pour la plus jolie femme d'Espagne, un flot de courtisans madrilènes se précipita à sa suite, certains n'hésitant pas à grimper sur les sièges pour mieux profiter d'un si rare spectacle. Mais il n'est pas impossible que, précisément, la claustration qu'on avait si longtemps imposée aux femmes de la bonne société et qu'on prétendait encore leur imposer, eût pour résultat de les rendre effrontées, l'occasion s'en présentant. Quand les Espagnols se scandalisaient de la dangereuse liberté laissée aux femmes de chez nous (si minime, pourtant !), les Français tentaient de leur expliquer que le danger résidait dans la situation inverse : plus la liberté vous est mesurée, plus on se hâte d'en profiter ; toutes les ruses sont bonnes et l'on brûle les étapes.

Pendant un entracte de la négociation de l'île des Faisans, alors qu'on évoquait le rôle joué quelques années plus tôt par les frondeuses, Mazarin avait dit à don Luis : « Vous autres, Espagnols, vous en parlez bien à votre aise : vos femmes ne se mêlent que de faire l'amour. Mais en France ce n'est pas de même, et nous en avons trois qui seraient capables de gouverner ou de bouleverser trois grands royaumes » (allusion aux amazones de la Fronde, les Chevreuse, Longueville, Palatine). On sait bien que l'expression « faire l'amour » n'avait pas au XVIIe siècle la même signification qu'aujourd'hui (sinon Mazarin ne se fût pas permis de l'employer devant son interlocuteur espagnol). Mais enfin, à force de faire l'amour au sens du XVIIe siècle, il n'est pas exclu qu'on le fasse au sens où nous l'entendons !... Et rappelons-nous que le cardinal avait séjourné en Espagne dans sa jeunesse et que, selon ses propres termes, il en était revenu « très affectionné aux dames de ce pays » (bien avant de rencontrer Anne d'Autriche !). Il parlait donc d'expérience et sa remarque peut corroborer les observations des autres voyageurs, à tout le moins en ce qui concerne la coquetterie native des Espagnoles et l'intérêt qu'elles portaient aux choses du cœur. Comment ne s'y fussent-elles pas intéressées, et même exclusivement, puisqu'on leur interdisait tout autre intérêt ?

Il est de fait, en tout cas, que les hommes à Madrid, trompés peut-être par la liberté d'allure de quelques-unes, par le port du *tapado* et de la *manta*, par le fard aussi, dont l'usage outrancier s'était répandu chez les plus vertueuses, y compris l'infante Marie-Thérèse, s'adressaient, dans les lieux publics, fort librement aux femmes. C'est pourquoi celles de la haute société ne sortaient qu'accompagnées. Cet accompagnateur (ne parlons pas des duègnes, trop aisément achetables) pouvait être un digne *escudero* (on en trouvait à louer), d'âge mûr et portant barbe longue, qui offrait à la dame sa main respectueusement enveloppée dans la *capa* pour éviter le contact de la peau. La cape étant, comme on sait, inséparable de l'épée, et aussi de la dague, l'une ou l'autre lame n'était pas longue à sortir du fourreau pour punir l'insolent qui se permettait d'attenter à l'honneur de la dame, ne fût-ce qu'en paroles. L'honneur-opinion, dit

Chaunu, avait remplacé, dans la société espagnole, l'honneur-vertu.

A dire vrai, tout le monde était armé en Espagne, puisque les gens du peuple singeaient les *hidalgos*, en vertu de leur pseudo-noblesse vieille-chrétienne. Si la rue, à Paris, n'était pas sûre, à Madrid elle était un coupe-gorge. Pas seulement à cause des querelles suscitées par le *pundonor*, mais à cause des règlements de compte en tous genres et attentats à main armée. Plus qu'en aucune capitale affluait dans la capitale de toutes les Espagnes (et de tant d'autres États) une faune de coupe-bourse, mendiants, vagabonds, soldats éclopés (ou feignant de l'être) et aventuriers de toutes nations, attirés par le mirage de l'or des Amériques, ou venant y brûler celui qu'ils avaient gagné là-bas. Le *picaro,* comme la *picara,* n'a pas peur de grand-chose, et tout, même le crime, lui paraît moins indigne que le travail. Bon an mal an, les assassinats à Madrid se comptaient par centaines, et la centaine était parfois atteinte, voire dépassée, en un seul mois. Comment le jeune Gramont peut-il écrire qu'on se promenait en sûreté et sans flambeaux dans la ville, à la nuit tombée ? La probable explication est que, sur ordre supérieur, les *alguazils*, à l'occasion de cette visite officielle, avaient cueilli et momentanément mis à l'ombre les fauteurs de troubles, comme cela se fait encore dans tous pays en semblables circonstances.

Les raisons qui expliquent l'insécurité de Madrid contribuent aussi à expliquer le phénomène de société qu'y constituait la prostitution : trop de misère côtoyant trop de luxe, trop de parasites et de trublions, prompts à se transformer en entremetteurs, ou *terceros.* N'omettons pas d'inclure dans cette catégorie les laquais de grande maison. On sait la mauvaise réputation dont ils jouissaient à Paris. C'était bien pire à Madrid, le nombre de cette domesticité mâle y étant multiplié par la fureur de paraître qui possédait les Castillans ; mais, comme ces domestiques n'étaient le plus souvent pas payés, tout juste nourris, ils étaient prêts à tous les métiers. Le couple maître-valet, cherchant ensemble l'aventure, si fréquent dans le théâtre et le roman espagnols (dans les nôtres aussi) n'est pas une invention littéraire. « Un peu après que je fus sorti du collège, écrit Retz, ce valet de chambre de mon gouverneur, qui était mon *tercero*, trouva chez une misérable épinglière une nièce de quatorze ans, qui était d'une beauté surprenante. Il l'acheta pour moi cent cinquante pistoles, après me l'avoir fait voir. »

Trop d'ecclésiastiques à Madrid se conduisaient aussi mal que Retz, et ce mauvais exemple, venu de si haut, peut contribuer à expliquer que tant de filles y succombassent à la tentation. Et puis, les cours attirent toujours les prostituées. A Versailles, plus tard, Louis XIV devra menacer ces demoiselles de leur couper les oreilles pour qu'elles ne viennent pas débaucher ses gardes aux grilles du palais. Comme Versailles, Madrid était une création artificielle ; une capitale, sans doute, mais qui n'existait que par et pour la cour, et dont le trop rapide peuplement n'était pas sous-tendu par une croissance économique. Donc, moins d'embauche qu'ailleurs, moins de traditions, beaucoup de déracinés sans attaches familiales.

C'est tout cela qu'il aurait fallu changer, et aussi la société espagnole. La prostitution y profitait à trop de monde, y compris à la police, y compris même à l'Église, propriétaire d'un certain nombre d'établissements spécialisés. Sur le seul plan matériel, les prisons n'étaient pas assez vastes pour contenir toutes les prostituées qu'on y amenait les soirs de rafle. Répressives ou préventives, ces mesures, qu'édictait de temps en temps Philippe IV, n'étaient pas seulement inefficaces : elles suscitaient la raillerie. Le roi, disait-on, était moins propre que tout autre à endiguer le fléau, lui dont on connaissait les faiblesses, lui à qui toute femme, de la duchesse à la p..., en passant par la couventine, était bonne, lui à qui on attribuait trente-deux bâtards ! Le chiffre est sans doute exagéré, mais il est de fait que Philippe IV, qui avait eu tant de mal à engendrer un héritier légitime, était le père d'une bonne vingtaine d'enfants illégitimes, et dont beaucoup avaient survécu. Le sang neuf de ses maîtresses compensait sans doute sa lourde hérédité syphilitique.

Le roi n'était pas, à ce point de vue, un isolé, et, après tout ce que nous venons de dire, on ne s'étonnera pas d'apprendre que les maux vénériens étaient « fort communs » à Madrid, comme dans toute l'Espagne. C'est pourtant sous le nom de *mal francès* qu'on les y désignait, et il faut bien avouer qu'ils étaient également « fort communs » chez nous. La différence résidait en ceci que les Espagnols n'en guérissaient pas, encore à cause de leur paresse qui les rendait négligents à se faire soigner, à cause aussi de « l'ignorance crasse » de leurs chirurgiens (toujours selon le jeune Gramont). Les chirurgiens, comme les médecins espagnols, avaient pourtant, en d'autres temps, joui d'une grande réputation, mais c'était avant l'expulsion des juifs. Au reste, il suffisait d'être médecin pour qu'on vous accusât d'être juif.

La fameuse galanterie espagnole n'était pourtant pas un mythe. Les *caballeros* avaient le sens et le goût du geste, et il n'était pas rare qu'on les vît, dans la rue, tirer leur chapeau à de simples femmes du commun, arrêter leurs montures ou leurs attelages pour ne pas les éclabousser. Ce dernier « geste » particulièrement bienvenu, car il y avait peu de villes aussi mal entretenues que Madrid : à croire, nous dit Bertaut, qu'elle n'avait pas été balayée depuis Charles Quint ! A la mauvaise saison, c'étaient des ruisseaux de boue qui, en été, s'agglutinaient et se déposaient en une poussière si dense qu'on ne pouvait même pas soupçonner que les rues étaient pavées.

A la différence du Français, si vantard, l'Espagnol avait aussi en amour une qualité que chacun lui reconnaissait : la discrétion (il est vrai que l'indiscrétion l'eût exposé à de sanglantes représailles !). Mais ceci ne valait que pour les bonnes fortunes. Quand l'Espagnol s' « embarquait », comme dit Gramont, à courtiser une dame de condition, c'était au contraire avec ostentation. Il arborait ses couleurs et son chiffre, il escortait à cheval son carrosse, se maintenant toujours à hauteur de la portière (et subissant stoïquement, à son tour, les éclaboussures), il postait des porteurs de torches sur son passage, quand elle sortait à la nuit, il lui témoignait une exclusive attention, il lui offrait des friandises, des présents et des divertissements dont les sérénades ne constituaient que le plus modeste degré. Tel grand, la première fois qu'il reçut à souper la dame qu'il courtisait, fit, après chaque service, jeter les assiettes et les verres par les fenêtres.

La contradiction entre la discrétion de l'amant et l'ostentation du galant n'est qu'apparente. Il ne s'agit pas de la même chose. Dans le second cas, ce qui importe, c'est de montrer à la dame, mais aussi au public, public averti, qu'on connaît les règles de ce qui s'appelle précisément une cour en règle.

Cet exercice de haute civilisation n'était pas exclusivement espagnol. Quelque quinze ans avant l'époque où le jeune Gramont se trouvait à Madrid, son oncle, le fameux chevalier de Gramont, jeune alors, lui aussi, s'était trouvé à Turin avec un de ses amis nommé Matha. Il faut lire dans ses Mémoires (rédigés plus tard par Hamilton) l'irrésistible récit des difficultés qu'éprouvèrent ces deux joyeux libertins à s'adapter aux usages de cette cour savoyarde fortement teintée d'espagnolisme. Les manquements de Matha (le moins adaptable des deux) lui valurent de sévères réprimandes. N'avait-il pas, dès la deuxième rencontre, serré la main de la dame au service de laquelle il s'était enrôlé, en la priant « d'avoir pitié de ses souffrances » ? N'avait-il pas, au cours d'une promenade, déserté la portière de son carrosse pour galoper après les lièvres qui détalaient devant lui ? N'avait-il pas oublié d'arborer ses couleurs, pris du tabac en sa présence, négligé de rendre visite à son mari ?... Et comme le chevalier de Gramont, chapitrant son ami, ajoutait à tous ces reproches celui d'avoir offert à la dame deux méchantes perdrix rouges : « Et pourquoi non ? s'écria Matha. Ne faudrait-il pas qu'elles fussent bleues aussi, à cause de la cocarde et du nœud d'épée bleu que tu m'avais mis l'autre jour ? Eh ! va te promener, mon pauvre chevalier, avec tes niaiseries [...]. Te voilà ravi d'être empanaché de vert, d'écrire des billets à ta maîtresse, d'emplir tes poches de cédrats, de pistaches et d'autres rogatons dont tu farcis la pauvre fille malgré qu'elle en ait. Tu crois trouver la pie au nid, et qu'en lui chantant quelque chanson faite du temps de Corisande et de Henri IV, tu peux lui jurer que tu l'as faite pour elle. Heureux de pouvoir mettre le cérémonial de la galanterie en pratique, tu n'as point d'ambition pour l'essentiel [...]. Pour moi, qui suis persuadé que les femmes sont ici ce qu'elles sont ailleurs, je ne croirai jamais qu'elles s'offensent qu'on quitte parfois la bagatelle pour en venir au sérieux. En tout cas, si Mme de Sénantes *(la « Dulcinée » que Matha avait choisie)* n'est pas de cette humeur, elle n'a qu'à se pourvoir ailleurs, car je lui réponds bien que je ne ferai pas longtemps le personnage d'estafier auprès de sa personne. »

Pour l'anecdote, disons que Mme de Sénantes était prête à céder, mais elle ne voulait céder que dans les formes. Pour la littérature, admirons le piquant qu'ajoute un style XVIIIe à une aventure du XVIIe. Cependant l'intérêt du morceau est ailleurs : il répond partiellement à l'irritante question que suscite le mot « galanterie » si fréquemment usité et en des acceptions diverses par l'époque qui nous occupe. Quand les mémorialistes disent de Fénelon qu'il a l'air galant, ils ne mettent évidemment pas en doute la vertu du prélat : ils rendent hommage à la perfection de ses manières, à son absence de pédanterie, à son usage du monde. Mais l'usage du monde implique la fréquentation des femmes, parce que celle-ci exige des délicatesses particulières, d'où le glissement de sens. L'homme d'Église peut donc être galant sans faire la cour ; les autres ne sauraient être galants sans la faire, et la faire sans être galants. Dans *Mélite*, Tircis dit à Éraste :

Tu serais incivil de la voir chaque jour
Et ne lui tenir pas quelque propos d'amour.

L'exercice peut donc être pratiqué pour sa seule beauté ; il peut n'être qu'un hommage platonique rendu à la femme. Mme de Sablé, qui avait introduit en France ce qu'on appelait l'espagnolisme, disait que les hommes pouvaient avoir sans crime des sentiments tendres pour les femmes et que celles-ci, qui étaient l'ornement du monde, étaient faites pour être servies et adorées. Certaines, telles les précieuses, raffinaient encore davantage et voulaient que cette adoration fût sans espoir. Pour Mlle de Scudéry (il est vrai que la pauvre était si laide !), l'amant qui s'engage sur la Carte du Tendre risque de périr dans la Mer dangereuse, s'il prétend aborder au royaume des Terres inconnues, poétique et pudique dénomination du royaume des sens, où tout, pour les femmes du temps, était en effet inconnu, où le plus bel amour pouvait s'égarer et se perdre.

On aura compris que, pour un Matha, le cérémonial n'est au contraire qu'un moyen, une mode à laquelle on veut bien sacrifier pourvu qu'elle rapporte, et qu'il ne saurait être question d'accomplir le parcours sans aboutir aux terres trop connues (pour l'homme) de la satisfaction de l'instinct.

Ce qu'on avait, à Madrid, comme à Turin, comme à Paris, oublié, c'est que la galanterie procédait de la courtoisie chevaleresque, et qu'alors il ne s'agissait pas de faire des gestes pour éblouir ou conquérir les femmes, mais d'être inspiré par elles pour accomplir de beaux gestes. Dès le début du XVIIe siècle, Cervantès avait montré dans *Don Quichotte* combien cette inspiration-là était à la fois sublime et démodée. Le cérémonial, comme l'appelle si justement Matha, s'était vidé de son sens. A la cour de Madrid plus que partout ailleurs, au point de n'y devenir qu'un chapitre de l'étiquette, comme l'abbé Bertaut s'en rendit compte lors de la première audience au palais royal. Ayant remarqué quantité d'hommes couverts « qui n'ôtèrent même pas leur chapeau quand M. le Maréchal entra », il crut d'abord qu'ils étaient tous grands d'Espagne ; mais on lui dit que « chaque dame pouvait, en ces jours solennels, donner place à deux galants qui se pouvaient couvrir devant la reine même ; et la raison qu'ils m'en donnèrent fut qu'on les jugeait être *tan embebecidos* [si attentifs] à leurs dames, si enivrés et étourdis de leurs charmes qu'ils n'avaient point d'yeux que pour elles et ne voyaient rien de ce qui se passait devant eux ».

Cela s'appelait *galantear en palacio* et c'était une coutume admise. Les dames de la cour, toutes célibataires, plus sévèrement gardées encore que les autres par des *guardadamas*, et en quelque sorte retranchées du monde (aucun homme, sauf le roi, ne couchait au palais), ne pouvaient en temps normal « faire l'amour que par les fenêtres », comme disent drôlement nos Français. Comprenons qu'elles ne pouvaient qu'au balcon accepter les hommages masculins, et, les balcons de l'Alcazar étant fort élevés, ces hommages se réduisaient à quelques signes de main et à quelques accords de guitare. Seules les occasions exceptionnelles (la visite du maréchal en était une) permettaient aux dames du palais de se laisser courtiser. C'est pour cela qu'elles n'avaient garde d'y manquer et aussi parce qu'elles savaient bien qu'une fois mariées, cette permission leur serait ôtée. Leurs chevaliers servants pratiquaient donc alors les rites requis, jusqu'à garder leurs chapeaux sur la tête, même en présence du roi et de la reine, pour les raisons qu'on expliqua à Bertaut. Étant donné la claustration habituelle de ces dames, il y avait peu de chances qu'ils aboutissent à quoi que ce soit de « sérieux » comme eût dit Matha ; mais rien n'était plus « chic » que de courtiser une dame du palais, et ils auraient failli à la tradition et à leur réputation en ne le faisant pas, eussent-ils l'âge d'être grands-pères. La femme n'est plus ici qu'un prétexte, et le cérémonial, une pure mécanique. Mais qu'importe, puisque ceux qui le pratiquent vont se défouler le soir chez les *tapadas* ! Et le *galanteo en palacio* pouvait-il être autre chose que ce qu'il était dans une cour aussi formaliste ?

IX

La demande en mariage

Philippe IV reçut le maréchal de Gramont au bout d'une longue enfilade de salons, où des bancs géométriquement disposés interdisaient tout désordre, jalonnant l'itinéraire à suivre, indiquant les emplacements à observer par les assistants selon leur qualité. Point de tapisseries aux murs (on ne les tendait qu'en hiver), mais des tableaux et des statues à profusion qui égayaient un peu la sombre vastitude de ces pièces lambrissées et quasi dénuées de fenêtres (ce qui tenait aux agrandissements successifs de l'Alcazar, à la chaleur dont il fallait se protéger et au coût du verre, fort cher en Espagne). Le roi attendait ses visiteurs dans un salon dit des Miroirs, et ces miroirs, théâtralement plaqués aux murs par les ailes de grands aigles en bronze doré, reflétaient, entre autres toiles, dix Rubens, quatre Tintorets, trois Véronèses, six Titiens et cinq Velázquez. Tous ces chefs-d'œuvre uniformément encadrés d'un bois noir qui rehaussait leur splendeur. Velázquez avait aussi peint quelques fresques du plafond et conçu toute la décoration de la pièce, hâtivement achevée, et à grands frais, pour cette réception. Un des Titiens surmontait le dais brodé d'or et orné de « fort grosses perles » sous lequel était assis Philippe IV ; il représentait un Charles Quint équestre, si vivant que nos Français ébaubis eurent l'impression que l'illustre défunt allait se mettre à parler. Il s'agissait du *Charles Quint à Mühlberg* (aujourd'hui au Prado) où l'empereur et sa monture, émergeant de l'obscurité d'un bois, sont comme saisis en plein mouvement. Point de fioritures allégoriques et emblématiques : rien que ce guerrier austère, emporté par son cheval piaffant, et qui, menton en avant et pointant sa lance, semble en effet à l'instant de lancer un ordre d'attaque.

Comme Philippe IV, les grands qui l'entouraient, debout, portaient des costumes sombres et relativement simples, bien différents des parures chatoyantes de nos Français. Espagne, Italie, le noir a toujours été méditerranéen. Mais ce n'est pas la seule explication.

Cette sobriété vestimentaire des courtisans de Madrid représentait un des rares succès de Philippe IV dans sa lutte contre les dépenses somptuaires. Impuissant à modérer le goût du luxe et de l'ostentation dans l'ensemble de la haute société espagnole, il avait du moins interdit à ceux qui le suivaient et l'approchaient de se présenter devant lui avec des habits de couleur, des fraises, des dentelles, des broderies d'or et d'argent et autres superfluités. C'était plus que n'en avaient obtenu les rois de France qui, eux aussi, pour de semblables raisons d'économie, ne cessaient, depuis le début du siècle, d'édicter de semblables interdictions. Venant en Espagne pour y demander la main de l'infante, et ces interdictions ayant d'ailleurs été levées pour lui et pour sa suite, le maréchal de Gramont n'avait pas seulement imaginé qu'il dût tempérer la somptuosité de ses habits et de ceux de ses suivants. Aussi, en ce jour d'octobre 1659, était-ce un contraste frappant que de voir face à face, au palais royal de Madrid, ces Français multicolores, chamarrés, et ces funèbres *hidalgos.* La confrontation tourna à l'avantage de ces derniers : sur tout ce noir, les diamants ne resplendissaient que mieux, et, dit le jeune Gramont, il y avait là « un air de grandeur et de majesté que je n'ai vu nulle part ». Y contribuait sans doute le port de la *golilla,* ce col de toile blanche empesé et monté sur armature (seule fantaisie permise), qui, emprisonnant le cou, imposait aux mouvements de la tête une raideur qui pouvait passer pour de la majesté.

Le maréchal fit son discours, auquel le roi répondit, puis présenta les gentilshommes qui l'accompagnaient, ce qui dura fort longtemps, sans que Philippe IV en manifestât la moindre impatience. Lorsque les deux fils du maréchal lui firent la révérence, on vit, fait extraordinaire, la statue s'animer : « Vous avez de bons et beaux fils, dit-elle ; il est aisé de voir que les Gramont sont du sang d'Espagne. » C'était le compliment le plus flatteur que pût faire un Espagnol et, de toute façon, un compliment, quel qu'il fût, était chose si rare dans la bouche de Philippe IV que les grands qui l'entouraient ne purent se tenir de battre des mains avant d'aller offrir leurs compliments au maréchal pour l'extraordinaire marque de faveur dont il venait d'être l'objet.

Après quoi, Gramont fut autorisé à voir l'infante, mais prié de ne pas lui parler de son futur mariage : l'étiquette ne le permettait pas encore. Il se contenta donc de remettre à Marie-Thérèse une lettre d'Anne d'Autriche, et ajouta en espagnol : « Mon respect et mon silence pourront indiquer à Votre Altesse Royale ce que je n'ai pas la hardiesse de lui dire. » C'était encore trop, et Marie-Thérèse se borna à répondre : *« Como esta la reyna, mi tia ? »* (Comment va la reine ma tante ?) Une deuxième entrevue n'amena pas plus de résultats, comme l'écrivit drôlement le maréchal à Mazarin :

« Je crus que le Roi Catholique m'ayant déclaré qu'il donnait au roi l'infante, sa fille, en mariage, je pouvais avec liberté m'étendre davantage que je n'avais fait à ma première audience, et m'étais imaginé, qu'à cette seconde, j'aurais quelque réponse moins sèche qu'à la première, et, pour l'y obliger *[l'infante],* je tâchai à dire en espagnol ce que la rhétorique gasconne peut dicter à une personne qui galantise pour son maître ; mais ce que j'en pus arracher fut : *Decid a mi tia que yo estare siempre muy rendida à su voluntad* [Dites à ma tante que je serai toujours très soumise à sa volonté]. Et comme ce sont paroles sacramentales, je n'ai pas cru devoir ni en omettre une lettre, ni les changer de langage, ni me passer de les écrire au roi, à la reine et à Votre Éminence, qui ne seront pas surpris de la brièveté du discours, puisque, excepté le roi son père, elle *[l'infante]* n'en a jamais tant dit à homme vivant. Sur ce fondement, Votre Éminence jugera aisément que je ne m'étendrai pas à lui parler de la délicatesse et de la douceur de son esprit (que tous ceux qui la connaissent louent au dernier point), puisque, à moins d'un don particulier du Saint-Esprit pour pénétrer dans le fond de son cœur, il me serait un peu difficile d'en parler avec certitude. »

A Anne d'Autriche, Gramont écrivait, en courtisan consommé :

« Madame,

« J'obéis au commandement que Votre Majesté m'a fait de lui mander sincèrement ce qui me semblait de l'infante, avec une joie qui ne se peut exprimer, puisque, me tenant dans une règle exacte de l'obéissance et de la vérité, je puis assurer Votre Majesté qu'il n'y a rien de plus beau qu'elle. J'aurais trop de choses à dire si j'en prétendais faire le portrait à Votre Majesté ; et il me suffit, pour le rendre le plus parfait qu'il puisse être, de dire que c'est celui de Votre Majesté. »

Il est vrai que Marie-Thérèse ressemblait à ce qu'avait été, jeune, sa tante Anne d'Autriche, quoique en moins bien. Petite, avec des joues trop rondes et un peu tombantes, elle rachetait ces défauts par des yeux bleus « perçants et vifs », des cheveux d'un beau blond et surtout une éblouissante blancheur de teint, ce qui était au XVIIe siècle la qualité physique la plus prisée chez une femme. « Pour les dents, ajoutait Gramont, je n'en saurais parler, car la conversation a été trop courte pour les pouvoir remarquer. » Du moins avait-il observé la bouche, rose, bien dessinée et à peu près épargnée par la lippe Habsbourg. Marie-Thérèse était de mère française (puisque Philippe IV avait épousé en premières noces une sœur de Louis XIII) et cet apport de sang bourbon avait corrigé en elle les tares physiques et physiologiques d'une race épuisée par la consanguinité. Depuis des siècles, les Habsbourg se mariaient entre eux, et Philippe IV était retombé dans cette fâcheuse habitude en épousant, une fois veuf, sa propre nièce ; elle avait trente-cinq ans de moins que lui, mais la jeunesse ne rachète pas tout, et c'est pourquoi les deux petits infants issus de cette union « avaient le coloris si blafard qu'ils pourraient bien passer avant peu dans l'autre monde », comme Gramont en informait Mazarin avec une certaine froide satisfaction.

Pour le reste, l'ambassade se déroulait de la façon la plus satisfaisante, et le maréchal y contribuait lui-même de son mieux, « ayant pris ma résolution de ne pas faire un pas sans être informé de combien de pieds il devait être composé dans une cour où les coutumes sont si différentes, non seulement des nôtres, mais même de celles du reste du monde, et où, pour le peu de temps que j'y ai demeuré, j'ai assez remarqué que d'un compliment l'on en pourrait faire aisément une injure ». C'était le cérémonial de l'ancienne cour de Bourgogne que Charles Quint avait introduit à la cour de Madrid : il était en effet plus rigoureux qu'aucun autre et l'on sait le parti qu'en a tiré Victor Hugo dans *Ruy Blas.* Mais il ne correspondait pas à l' « humeur » espagnole, quoi qu'en pensât Mazarin, et les visiteurs étrangers s'étonnaient du contraste entre la gravité des courtisans et l'exubérance du peuple. Pas seulement du peuple, car les courtisans eux-mêmes, dès qu'ils étaient en liberté, perdaient leur flegme et, sautant sur leurs montures, piquaient de furieux galops avant d'aller achever de se défouler où nous savons.

Pour le maréchal et sa suite les fêtes succédaient aux fêtes, les honneurs aux honneurs. Le 18 octobre, Philippe IV leur envoyait sa musique pendant trois heures. Trois heures diaboliques pour nos Français, dont l'oreille n'était pas faite à ces harmonies étrangères. Le dimanche 19, après la messe du roi, l'amirante de Castille offrait un repas de quatre-vingt-six couverts, en une seule immense table, où étaient assis, d'un côté, les grands et les *titulados*, de l'autre les Français. On vit passer sept cents assiettes aux armes, mais dont le contenu, tout « safrané et doré », parut immangeable aux nôtres. Ce « festin superbe et magnifique à la manière espagnole, c'est-à-dire pernicieux » (dit le jeune Gramont) dura plus de quatre heures, après lesquelles il fallut subir, autre supplice, le raclement des guitares, plus le tintamarre des danseuses à castagnettes. Ce que le jeune Gramont ne dit pas, c'est que, « pour faire le régal complet », quelques grands l'emmenèrent ensuite avec son frère chez des *damas* (Bertaut). On s'explique ainsi qu'il soit aussi bien renseigné sur les mœurs et les charmes des prostituées madrilènes.

Le 20 octobre, après l'audience de congé, il y eut au palais un dernier divertissement. Mais laissons la parole à l'abbé Bertaut. Il écrivait à sa sœur, Mme de Motteville :

« Le meilleur de tout, et que je vous garde pour la bonne bouche, c'est la comédie qui se vient de faire au palais, à la lueur de six gros flambeaux de cire blanche seulement, qui sont dans des chandeliers d'une grandeur véritablement prodigieuse. »

Ce qui surprenait Bertaut n'était pas tant qu'on pût jouer la comédie à la lueur de six flambeaux, mais que, même en cette aimable occasion, la solennité ne perdît pas ses droits. On sait comment il en allait à la cour de France, où, lors des représentations théâtrales, comme des bals ou ballets, l'indiscipline nationale provoquait un joyeux désordre qui, d'ailleurs, ne finissait pas toujours joyeusement : on se bousculait pour entrer, on se battait pour trouver des chaises, des intrus se faufilaient sans invitation dans la salle, les laquais des uns et des autres en venaient aux mains, et le spectacle débutait avec un retard qui ne se comptait pas en minutes. Turenne, la première fois qu'il assista au Louvre, le Mardi gras 1627, au ballet du roi, fut deux heures avant de pouvoir pénétrer dans la salle, reçut un seau d'eau sur la tête, tandis qu'à ses côtés le maréchal de Bassompierre était pareillement arrosé. Pimentel, quand, pour sa première sortie officielle en France, le 18 mai 1659, il se rendit à une fête offerte par Lionne dans sa maison de Berny, en présence du roi, de la reine et du cardinal, faillit être étouffé. Des tables chargées de mets, dressées dans les jardins, avaient été pillées dès avant le début de la fête, par on ne sait qui. Orgueilleuse et chauvine comme elle l'était, la Grande Mademoiselle crut devoir s'excuser auprès de Pimentel de la « presse », du « désordre » et de la « confusion », qu'elle attribua au seul désir des Français de voir leur roi de près et de lui manifester leur affection. Mais non, nous étions ainsi ! Et il est curieux de penser que la monarchie dite absolue ne sut ou ne voulut jamais imposer aux Français vis-à-vis des « officiels » cette distance que la république les contraint à observer. Même à Versailles, quand Louis XIV y eut établi l'étiquette qu'on sait (fortement influencée par ce qu'il avait vu de la cour d'Espagne), il ne fut pas rare que des badauds pénétrassent au palais pour regarder le roi dîner, ou pire, pour faire main basse sur les bijoux abandonnés dans les chambres.

A Madrid, la presse, la confusion et le désordre, s'ils sévissaient dans les rues, étaient en toutes circonstances inconnus à la cour. La comédie s'y déroulait comme une messe, dans le silence et dans l'exactitude. Chacun à sa place, jusqu'aux petits infants (l'aîné n'avait pas deux ans), qui étaient installés dans une niche fermée par une jalousie. Les dames de la cour étaient assises à terre, sur des « carreaux », ou coussins plats (c'était une coutume espagnole qu'Anne d'Autriche avait introduite en France), et ne s'appuyaient que du dos à des bancs recouverts de tapisserie. Beaucoup plus haut, près de la scène, quelques seigneurs, debout. « Le roi, la reine et l'infante sont entrés après une de ces dames qui portait un flambeau. En entrant, il *[le roi]* ôta son chapeau à toutes ces dames et puis il s'est assis contre un paravent, la reine à sa main gauche, et l'infante aussi à gauche de la reine. Pendant toute la comédie, hormis une parole qu'il a dite à la reine, il n'a pas branlé, ni des pieds, ni des mains, ni de la tête, tournant seulement les yeux quelquefois d'un côté et d'autre, et n'ayant personne auprès de lui, qu'un nain. Au sortir de la comédie, toutes ces dames se sont levées et puis après sont parties une à une de chaque côté ; et, se joignant au milieu comme des chanoines qui quittent leurs chaises quand ils ont fait l'office, elles se sont prises par la main et ont fait leurs révérences, qui durent un demi-quart d'heure, et les unes après les autres sont sorties, pendant que le roi a toujours été découvert. A la fin, il s'est levé et a fait lui-même une révérence raisonnable à la reine ; la reine en a fait une à l'infante, et se prenant ainsi, ce me semble, par la main, elles s'en sont allées. »

Le maréchal, après avoir reçu du roi d'Espagne un cordon de diamants (sur la valeur duquel il attendrait l'appréciation de Son Éminence, qui s'y connaissait si bien en pierres précieuses), fit un peu de tourisme : le Buen Retiro, autre palais de Philippe IV (puisque ce roi ruiné se faisait construire des palais), l'Escurial et Aranjuez. Il profita aussi de son séjour pour établir quelques nouveaux contacts et Mazarin lui témoigna plus tard sa satisfaction « de ce bon religieux » (encore un !) qui donnait « des nouvelles si particulières de notre nouvelle reine et [de] ce qui se passe dans la retraite du palais de Madrid ». Quand Gramont se retrouva à Saint-Jean-de-Luz le 10 novembre, la paix était signée depuis le 7. Enfin !... La séance, que Mazarin relate avec minutie à Le Tellier, s'était déroulée dans la solennité qui convenait et sans anicroches, si ce n'est qu'il n'y avait eu que sept témoins du côté espagnol, contre onze du nôtre,

« dom Louis n'ayant pu faire autrement à cause des contestations qu'il y avait parmi eux pour la préséance ».

Ce que Mazarin ne dit pas, c'est qu'il avait lui-même, encore une fois, accordé beaucoup d'attention à l'étiquette en ce qui le concernait, interrogeant Colbert pour savoir si ayant acheté un duché, il pouvait porter le titre de duc dans le traité. Après avoir consulté le premier président du parlement, Colbert écrivit : « Il m'a fait réponse que le scrupule que Votre Éminence en a est une marque de sa grande modération, mais qu'il faudrait traiter le parlement de ridicule si on trouvait à redire à cette qualité, employée dans un si grand ouvrage. » L'avocat général Talon était allé plus loin, insistant pour que Son Éminence voulût bien, une bonne fois, « prendre la résolution de se faire recevoir dans le parlement en ladite qualité ». En fin de compte, Mazarin se fit désigner dans les actes comme « cardinal de la Sainte Église romaine, chef des conseils du roi, surintendant de la maison de la reine, duc de Mayenne, gouverneur et lieutenant général du pays d'Aunis et La Rochelle, Brouage et îles et forteresses d'Oléron et de Ré, Brissac, La Fère, capitaine et concierge du château, maison royale et parc de Vincennes ». Nous sommes ici bien loin de l'humilité évangélique. Encore Mazarin n'était-il pas prêtre, mais Richelieu, qui l'était, n'avait pas craint de se parer d'autant de titres et il s'était endormi pour paraître devant Dieu avec une couronne ducale à ses pieds.

Le 11 novembre, le cardinal et don Luis de Haro prirent congé l'un de l'autre. Dieu soit loué, Leurs Majestés n'entendraient plus parler de ces sempiternelles conférences ! Il y eut pourtant un instant d'inquiétude, don Luis ayant tiré Mazarin à part pour lui présenter une requête et lui demander sa parole qu'il ne la rejetterait pas. Mais cela aboutit, raconte le cardinal à Le Tellier, « à me prier instamment de lui obtenir le pardon de la reine pour le flegme avec lequel il s'était conduit dans cette négociation, sachant que Sa Majesté l'avait condamné en plusieurs rencontres.

Cela se traita galamment et je l'assurai que je me faisais fort d'obtenir de Sa Majesté qu'elle oublierait tout le passé ».

Après quoi on échangea des congratulations, des cadeaux, et l'on se promit de s'écrire. Ce que fit Mazarin dès que don Luis eut regagné l'Espagne, ne voulant pas, disait-il, perdre l'occasion de cultiver une amitié qui lui était « si précieuse ». Il se permettait néanmoins d'attirer l'attention de son « ami » sur les choquants procédés du marquis de Caracena, gouverneur des Pays-Bas espagnols, qui mettait la plus mauvaise volonté à livrer les places dont on était convenu et à licencier les hommes de Condé selon les modalités prévues. En fait, les incidents ne devaient pas cesser jusqu'au mariage.

X

En passant par la Provence

Pour Louis XIV et sa mère se posait une question : qu'allaient-ils faire en attendant les noces ? Le roi s'était beaucoup ennuyé à Bordeaux et Mazarin n'ignorait plus que, même après avoir accepté d'épouser l'infante, il s'était efforcé de renouer avec Marie. Il importait donc d'occuper et de divertir Louis XIV, et les préparatifs du mariage n'y suffisaient pas. Concernant le divertissement, le cardinal, tout cardinal qu'il fût, commit alors une assez vilaine action, en rejetant, sinon dans les bras du roi, du moins à sa tête, Olympe de Soissons, cette autre de ses nièces que Louis avait courtisée avant Marie. La chose fut d'autant plus aisée qu'Olympe accompagnait la cour dans son voyage, et que Soissons, le mari, était prêt à beaucoup de complaisances pour retrouver la faveur royale qu'il avait un moment perdue à cause de son hostilité envers Marie. Bien entendu, Mazarin lui-même ne se vante pas, dans ses lettres, de cette manœuvre. Nous la connaissons par un de ses collaborateurs (faut-il dire une de ses âmes damnées ?), Bartet. Voici donc ce qu'écrivait, le 20 octobre, Bartet au cardinal, alors que la cour venait de quitter Bordeaux :

« Le roi a repris avec Madame la Comtesse *[de Soissons]*, recommence de lui parler et de rire avec elle, et particulièrement d'y jouer plus qu'avec qui que ce soit, de sorte que cela va aussi bien que l'on peut souhaiter, et dure comme cela depuis six jours. Ils ont dîné tous les jours dans le carrosse sans en sortir. M. le Comte de Soissons a aussi repris avec le roi son ancienne manière de lui faire la cour. Les serviteurs et les proches assurent que cela ira de mieux en mieux. »

A condition toutefois qu'Olympe de Soissons mît un peu plus de cœur à l'ouvrage : elle ne se montrait pas encore assez coquette aux yeux de Bartet et il lui en faisait remontrance en des termes que Tartuffe n'eût pas désavoués :

« J'ai exhorté Madame la Comtesse à vivre avec le roi avec plus d'application et de soins même, s'il faut ainsi dire, qu'elle n'en avait eu devant l'orage de mademoiselle sa sœur. Je lui ai vu là-dessus des sentiments tout à fait raisonnables, mais dans l'exécution je lui reprochai encore hier au soir qu'en mille endroits du commerce qu'elle a avec le roi, elle a l'esprit si froid et souvent l'humeur si froide aussi que cela me faisait toutes les peines du monde. Je m'en rapporterais pourtant bien à elle (car dans la vérité elle a de l'entendement), si elle avait toujours bien connu le roi, mais après le lui avoir vu échapper comme nous l'avons fait et tomber dans des mains peu humaines pour elle, il ne faut s'assurer de rien.

« Votre Éminence serait merveilleusement édifiée, monseigneur, si elle voyait avec combien de reconnaissance et de modestie Madame la Comtesse a reçu et senti les bons offices que vous lui avez rendus auprès du roi. Je vous assure qu'elle est fort éclairée là-dessus et qu'elle sait bien que le bien présent de l'amitié du roi vers elle lui vient uniquement des soins et de la bonté de Votre Éminence, qui a agi auprès du roi[...]. »

Pour récompenser la comtesse de Soissons et pour qu'elle pût continuer à influencer le roi en faveur du cardinal, il fallait absolument, conseillait Bartet, lui faire donner la charge de dame d'honneur de la future reine ! Mais, bien entendu, suivant la tactique habituelle, on amènerait le roi à prendre lui-même cette décision et à demander au cardinal d'accorder cette charge à la comtesse. Quant à Anne d'Autriche, elle « ne se sentait pas de joie du réembarquement du roi » avec Olympe. « Je crois, ajoutait Bartet, qu'elle serait encore plus aise si les nouvelles en volaient jusqu'à Brouage, où sans doute elles seront bientôt. » Elles y furent, en effet, mais beaucoup plus brutalement qu'on ne l'avait souhaité, Olympe de Soissons n'ayant pu résister à les mander elle-même à sa sœur. Marie eut bien du mal à se remettre de cette double perfidie. Être quittée pour l'infante d'Espagne, on pouvait en accuser la seule raison d'État et en tirer quelque triste gloire, mais être oubliée, dès avant ce mariage, pour une autre, et que cette autre fût votre propre sœur (et qui ne vous valait pas), quelle douleur et quelle humiliation ! Écoutons les plaintes de Marie :

« Encore que j'aie écrit il n'y a que deux jours à Votre Éminence, je ne puis m'empêcher de vous importuner encore pour vous dire tout le déplaisir où je suis, et jugez un peu si j'ai raison. Madame la comtesse de Soissons m'écrit et me mande que le roi lui fait honneur de lui parler comme il faisait autrefois, et qu'elle croit que je sais déjà cette nouvelle, puisque le roi lui a dit qu'il me l'avait déjà écrite à moi, lui-même. Ce sont les propres mots de la lettre de Madame la Comtesse.

« Votre Éminence peut voir par là qu'il y a des consolateurs de Job dans ce siècle-ci ; mais, puisque, pour vous obéir, je lui ai donné matière de me faire ces consolations-là, je vous supplie de deux choses : l'une, empêcher que l'on ne se moque de moi, et l'autre, de me tirer de leurs railleries en me mariant bientôt, ce de quoi je vous supplie très humblement.

« Ce n'est pas que j'aie fait connaître mon ressentiment à Madame la Comtesse, car au contraire je lui ai écrit la lettre du monde la plus obligeante, car je veux montrer en toutes choses que j'ai bien de la force sur moi-même, et ce ne sera qu'à vous que je montrerai mes faiblesses, de qui j'attends ma protection. »

Et, quelques jours plus tard, ce sanglot : « Si vous me voyiez, quelquefois je vous ferais pitié ! »

Mme de Venel confirmait : Marie avait des crises de larmes et de fièvre, ne consentait qu'avec effort à voir les quelques personnes de la cour qui venaient jusqu'à Brouage. Elle préférait d'autres compagnies et avait écrit à une charmante jeune femme, rencontrée à Paris aux jours heureux, de venir la retrouver dans son exil. Marie, mais nous le savons déjà, avait bon goût : cette jeune femme, épouse d'un poète et romancier que protégeait Anne d'Autriche, était aussi intelligente que belle. Mme Scarron, c'est d'elle qu'il s'agit, ne put venir, son mari expliqua pourquoi : « Mme Scarron est bien malheureuse de ne pas avoir assez de bien et d'équipage pour aller où elle voudrait, quand un si grand bonheur lui est offert que d'être souhaitée à Brouage par une mademoiselle Mancini. » Mme Scarron aurait un jour assez de bien et d'équipage pour aller où elle voudrait, mais il lui faudrait encore attendre quelque quinze années : le temps de perdre son mari infirme, de devenir gouvernante des enfants adultérins de Louis XIV et de la Montespan, pour enfin, sous le nom de Mme de Maintenon, remplacer celle-ci dans le cœur et le lit du monarque. L'histoire a manqué ici un rendez-vous : il eût été piquant d'imaginer ensemble sur la grève de Brouage, l'une consolant l'autre, celle qui serait le dernier amour de Louis XIV et celle qui avait été son premier amour.

Revenons à la réalité. Faut-il, devant un épisode comme celui que nous venons de rapporter, se voiler la face ? Il serait facile, ici, de mettre Mazarin en contradiction avec lui-même, en rappelant les vertueuses indignations qu'il manifestait deux mois plus tôt à la perspective que Marie pût devenir favorite en titre : « Quel personnage prétend-elle de faire après que vous serez marié ? écrivait-il au roi. A-t-elle oublié son devoir à ce point de croire que, quand je serais assez malhonnête homme, ou, pour mieux dire, infâme, pour le trouver bon, elle pourra faire un métier qui la déshonore ? »

Apparemment Mazarin ne se sentait pas « infâme » en acceptant qu'Olympe fît le même « métier ». Sans doute la jeune femme se bornait-elle, pour l'instant, à converser, à souper et à jouer aux cartes avec le roi ; mais on a bien l'impression que, si elle se fût avec lui livrée à d'autres jeux, le cardinal aurait fermé les yeux. Les cours ne peuvent pas être des écoles de vertu, parce que les intérêts qu'on y brasse sont trop importants. Ce qui était en cause, c'était la paix, c'était la fin de la prépondérance espagnole au profit de la prépondérance française, et tout cela passait par le mariage de Louis XIV avec l'infante d'Espagne. Marie était dangereuse, parce qu'elle était épousable ; Olympe ne l'était pas, parce qu'elle était mariée (et beaucoup moins intelligente). Et s'il n'y avait pas eu Olympe, qu'aurait fait le roi ? Peut-être serait-il retourné à Paris, comme il en avait manifesté l'intention : à Paris, où Marie, qu'on ne pouvait laisser indéfiniment dans les brumes atlantiques, était sur le point de revenir... Ou bien alors, en vertu de la maxime énoncée par La Rochefoucauld (« Quand on a le cœur agité par les restes d'une passion, on est plus près d'en prendre une nouvelle que quand on est entièrement guéri ») peut-être Louis XIV se serait-il épris d'une autre beauté qui lui aurait, encore une fois, fait oublier son devoir.

Le roi, dit joliment Mme de Motteville, était toujours resté à « demi enchanté » par Olympe de Soissons, la première qui eût ému son cœur d'adolescent. Mieux valait profiter de cet enchantement que risquer un nouvel attachement qu'on n'aurait pu contrôler. Mazarin, en cette occasion, fut cynique et immoral, oui, on ne peut pas le nier, et la reine fut cruelle en souhaitant que Marie apprît au plus tôt l'infidélité de son amoureux. Mais ce cynisme et cette cruauté donnent la mesure des craintes qu'on avait éprouvées et que d'ailleurs on éprouvait encore, puisque le mariage avec l'infante était différé jusqu'au printemps et que Louis, malgré les apparences, n'avait pas oublié Marie. Il lui écrivait encore, pour lui témoigner, à défaut d'amour, sa plus fidèle amitié, et, que quelqu'un mentionnât devant lui La Rochelle ou Brouage, il retombait dans la mélancolie.

Quant aux occupations d'ordre politique, il y avait, si l'on peut dire, heureusement, une révolte en Provence, et le cardinal s'était déjà empressé de faire savoir au roi qu'il ne pourrait mieux employer son hiver qu'en allant rétablir l'autorité de l'État dans ces « provinces de deçà », que d'ailleurs il ne connaissait pas encore et trouverait ainsi l'occasion de visiter. Apparemment résolu à exercer son métier de roi, Louis se déclara « bien aise » de ce voyage. Mais le reste de la cour fut dans la consternation. Quoi ! Encore des trajets en carrosse sur des mauvais chemins ? Et l'on ne passerait donc pas l'hiver à Paris ? Adieu confort, adieu violons, bals, comédies et conversations galantes dans des alcôves choisies ! Le jeune Monsieur, frivole comme nous le connaissons, ne s'en consolait pas, la Grande Mademoiselle non plus. « Pour moi, écrivait Mazarin à la reine, je suis sans comparaison comme vous et je trouverai Paris et tous les délices du monde [là] où vous et le Confident serez [29]. »

Anne, en effet, ne songeait qu'à retrouver le cardinal, et c'est en plaisantant qu'elle lui faisait part du désappointement de son entourage. Il répondait sur le même ton : « Je ne doute pas qu'il y aura beaucoup de monde au désespoir de voir prendre la route de Toulouse au lieu de celle de Paris. Mais j'espère qu'ils seront consolés par Monsieur et Mademoiselle, sans parler de vos femmes, qui n'ont jamais autre passion que celle de voyager pour être éloignées de Paris. Dans peu de temps, un chacun sera consolé, et moi au dernier point quand j'aurai l'honneur de venir approcher ǂ. Vous croirez aisément cette vérité s'il vous plaît de faire réflexion à l'amitié que les Anges *[elle]* me témoignent et à l'assurance qu'ils me donnent qu'elle ne changera jamais [30]. »

Les retrouvailles eurent lieu à Toulouse. Mazarin avait fait demander au roi et à la reine de ne pas se porter à sa rencontre. Si ce genre de manifestation lui avait paru utile à son retour d'exil, pour raffermir son autorité, maintenant il craignait surtout les « incommodités » et les retards qu'entraînaient ces déplacements officiels. Il était de plus en plus malade et, bien qu'il ne se sût pas condamné, sentait obscurément l'urgence de finir sa tâche.

Anne et Louis allèrent quand même au-devant du héros de la Bidassoa. Une inquiétude ternissait la joie de la reine : l'infant Felipe-Prospero était mort, comme l'avait prédit Gramont, et avant même que celui-ci n'eût quitté l'Espagne ; or, le seul fils qui restait à Philippe IV venait d'être assez souffrant. Qu'il mourût à son tour, et Marie-Thérèse redevenait l'héritière de la couronne d'Espagne. Cette crainte pouvait-elle inciter Philippe IV à reprendre sa parole ? Mazarin rassura sa souveraine : l'affaire ne pouvait plus être rompue ; au reste, on chuchotait que la reine d'Espagne était grosse à nouveau.

Après Toulouse, la cour se rendit dans les principales villes de Provence. L'hiver était si froid que le Rhône charriait des glaçons. Mais tout était objet d'étonnement dans ces régions lointaines et quasi étrangères : l'étroitesse des rues où l'on ne pouvait circuler qu'à pied ou en chaise à porteurs, la pauvreté de la campagne où ne paissaient que de très petits moutons nourris de serpolet, les processions aux flambeaux des si nombreuses confréries de pénitents en cagoules, noirs, blancs, gris, violets ou bleus, et, derrière les façades austères et souvent décrépites des maisons, la beauté insolite de fresques à l'italienne. Mademoiselle admira le pont d'Avignon et le palais des Papes, mais elle jugea médiocres les vins de pays, très « vilains » les juifs du

Comtat qui célébraient librement leur culte dans les synagogues, décevantes et trop fardées les Provençales qu'on disait pourtant si belles. A Marseille, les galères dorées, sur le bleu de la Méditerranée, offraient un joli coup d'œil, mais la chiourme, « cette multitude d'hommes nus » qu'on promenait, enchaînés, dans la ville, avant de les mettre à peiner sur les rames, était « hideuse à voir et représentait une sorte d'enfer ». Mademoiselle en fut d'autant plus émue qu'un des mutins qu'on venait de juger à Aix, un capitaine au régiment de Valois, d'ailleurs fort bel homme et qu'elle connaissait un peu, devait bientôt rejoindre cet enfer. Elle intercéda pour lui auprès de Mazarin, qui répondit : « Je ne sais pas les affaires de ce pays-ci ; c'est le premier président qui se mêle de tout. » D'autres fois, il disait : « Il faudra voir... » La raison d'État a ses exigences que le cœur ne doit pas connaître. Le beau capitaine fut envoyé aux galères, d'autres rebelles furent bannis ou destitués, quelques-uns pendus. Il y avait pourtant un fonds de vérité dans les propos de Mazarin : le premier président au parlement d'Aix, M. d'Oppède, se mêlait en effet de tout ; il s'était même mêlé, et fort activement, de la Fronde, dix ans plus tôt, pour, ensuite, sentant le vent tourner, offrir ses services à la cour dont il était maintenant l'émanation. Et c'est pourquoi il pouvait continuer à se mêler de tout, mais en agissant contre ses compatriotes, ces Provençaux si jaloux de leurs libertés et auxquels il apparaissait comme un traître.

Afin que les Marseillais « n'oubliassent de leur vie leur révolte et qu'ils vissent des marques visibles de leur châtiment », écrit Mademoiselle, Louis XIV n'avait voulu entrer dans la ville que par une brèche pratiquée à cet effet dans les murailles.

Cette brèche fit grand effet et donna même son nom à des opuscules. Elle n'était pourtant qu'un symbole. La mise au pas de la Provence avait été préparée de longue main par Mazarin, qui n'y disposait pas que de M. d'Oppède, mais d'un autre fidèle en la personne du gouverneur, le duc de

Mercœur, son neveu par alliance. Préparée aussi, et déjà effectuée, la destruction de « trois toises de muraille » de chaque côté de la porte principale, ou porte Royale, également abattue, avec l'orgueilleuse inscription qui la surmontait : *« Sub cujus imperio summa libertas. »* C'est encore avant l'arrivée de Louis XIV (le 8 mars) qu'avait été posée la première pierre d'une citadelle destinée à tenir désormais la ville en respect. Mais enfin, à cette entreprise de rétablissement de l'ordre, Mazarin, seul, n'aurait pas pu donner la dernière touche ; il n'aurait pas pu incarner si spectaculairement l'autorité royale triomphante, en apparaissant, beau comme un Mars équestre, dans la brèche faite à la muraille. Scène d'autant plus impressionnante que dénuée à dessein de tout appareil autre que guerrier ; point de fanfares, point de fleurs, point d'arcs de triomphe : seulement deux haies de gardes entre lesquelles Louis XIV s'avança pour recevoir les clés de la ville. Et soyons sûrs que, sans cela, Mazarin n'aurait pas non plus obtenu aussi vite la contribution de sept cent cinquante mille livres (trois cent mille pour les troupes, quatre cent cinquante mille pour le mariage) demandée aux communautés provençales.

Le *paraître* est indispensable en monarchie. Faut-il encore savoir l'assumer et, dans ces occasions-là, Louis XIV était inégalable. La réduction — on peut dire définitive — de la Provence (quoi qu'on en pense par ailleurs) est un exemple réussi de ce que pouvait la collaboration d'un ministre et d'un roi, de ce ministre-là avec ce roi-là.

Disons tout de suite qu'un an plus tard, à la mort du cardinal, une certaine fièvre frondeuse s'empara derechef des Provençaux. Mais ils ne furent pas longs à comprendre que leur monarque n'était pas seulement un beau cavalier et que la disparition du ministre ne changerait rien à sa détermination.

Le 20 janvier, à Aix, Louis XIV avait donné un autre

exemple, d'une autre nature, de sa majesté souveraine. C'est dans cette ville que Condé avait rejoint la cour, après huit années d'absence... employées on sait à quoi. La curiosité était grande et Anne d'Autriche dut user d'autorité pour chasser de sa chambre jusqu'à la famille royale. Monsieur le Prince avait souhaité être reçu en tête à tête par le roi et la reine ; il ne voulait pas — et d'ailleurs on ne le lui demandait pas — exprimer son repentir en public. Cela fait, il se montra à la cour, et la cour fut stupéfaite, non point tant par son aisance (on savait bien qu'il en avait) que par celle du roi. On se serait cru à *Cinna ou la Clémence d'Auguste,* à cette différence près que la grande scène du V s'était jouée en coulisses. Mais presque sur le même registre. En relevant Condé agenouillé, pour lui dire : « Mon cousin, après les grands services que vous avez rendus à ma couronne, je n'ai garde de me ressouvenir d'un mal qui n'a apporté du dommage qu'à vous-même », Louis XIV s'exprimait en prose aussi noblement que s'exprime, en alexandrins, le héros de Corneille, lorsqu'il déclare :

Auguste a tout appris et veut tout oublier

ou :

Je triomphe aujourd'hui du plus juste courroux

et :

Soyons amis, Cinna, c'est moi qui t'en convie.

Mais c'est surtout le fameux :

Je suis maître de moi comme de l'univers

qu'illustra l'attitude de Louis XIV pendant et après cette scène. Il parlait familièrement à son ancien adversaire, dit Mademoiselle, de tous les hauts faits militaires qu'il avait accomplis, dans l'un comme dans l'autre camp « et cela avec autant d'agrément que si les choses s'étaient toutes passées pour son service » (entendons : pour le service du roi).

Quant à Condé, s'il n'avait pas répondu pour sa part à Louis XIV-Auguste :

Vous avez trouvé l'art d'être maître des cœurs

on constata bientôt qu'il commençait à le penser. « L'éclat de jeunesse du roi et ce génie de souverain et de maître que Dieu lui avait donné, qui commençait à se faire voir par tout ce qui paraissait extérieurement de lui, persuada au prince de Condé que tout ce qui restait du règne passé allait être anéanti ; et, devenant sage et modéré par ses propres expériences, il fit voir, par ses sentiments et sa conduite, qu'il avait pris un autre esprit et de nouvelles résolutions. » Ainsi parle Mme de Motteville, toujours un peu trop hyperbolique en ce qui concerne Louis XIV et sa mère, mais la suite prouva qu'elle avait vu juste. Condé était trop intelligent pour ne pas reconnaître un roi, quand il en voyait un. Quelque temps après son retour en France, la duchesse de Châtillon, sa maîtresse, lui reprocha la « continuelle dépendance » dans laquelle il acceptait de vivre. « Madame, répondit-il, je n'ignore pas ce que vous venez de me représenter et, assurément, je n'ai pas besoin qu'on m'invite à faire valoir l'autorité qui est due à ma naissance. J'y serais assez porté de moi-même, si le roi était moins jaloux de son autorité et moins heureux qu'il n'est. Mais aussi, madame, si vous connaissiez son humeur comme je la connais, vous me parleriez d'une autre manière que vous ne faites. »

C'était la fin des grands feudataires, mais c'était aussi la fin du « parti de l'étranger », qui avait toujours jusqu'alors, sous un nom ou sous un autre, traversé la politique d'indépendance et d'unification du royaume.

XI

Les misères du Trésor

Le roi d'Espagne ayant fait savoir qu'il quitterait Madrid au début d'avril, on se mit en chemin vers le Roussillon, afin d'être à temps à Fontarabie pour le mariage.

Au fur et à mesure qu'on se rapprochait de ce grand événement, la question d'argent devenait lancinante. La correspondance de Mazarin est remplie du détail de ces affaires, auxquelles se rapportent aussi la majorité des arrêts du conseil des années 1659-1660. Il fallait d'urgence et d'avance faire rentrer les impôts, y compris ceux qu'on s'était hâté d'établir dans les provinces conquises ; il fallait vérifier les comptes des communautés et des receveurs (en remontant parfois jusqu'à trente ans en arrière !) ; il fallait révoquer les avantages fiscaux accordés en d'autres temps, pourchasser les fraudeurs, accélérer le versement des amendes et, à l'inverse, différer tous les paiements autres qu'indispensables. Ils s'étaient bien trompés, « MM. de Saint-Jean-de-Luz », qui avaient cru la conjoncture favorable pour rappeler au ministre qu'ils détenaient sur le Trésor des assignations impayées : on ne pouvait, pour l'instant, rien leur dire de certain, on « verrait »...

Bien entendu, le « soulagement des peuples » restait la préoccupation majeure du cardinal, mais pour plus tard, « lorsque les affaires du roi seraient en état qu'on y pût travailler[31] ». Elles l'étaient si peu qu'il fallait poursuivre comme « séditieux » tous ceux qui donnaient de faux espoirs aux contribuables du royaume en lançant le bruit d'une prochaine remise des tailles ou de toute autre imposition ! Les circonstances exigeaient au contraire un effort supplémentaire. Aux recettes ordinaires et extraordinaires (même majorées) devaient s'ajouter les « assistances » exceptionnelles demandées pour le mariage ; et, comme Mazarin l'avait déjà dit aux Rochelais, on mesurerait le loyalisme des donateurs malgré eux à l'importance des sommes qu'ils auraient fournies. La ville de Lyon offrait soixante mille livres : quelle excuse pouvait-elle bien trouver à montrer si peu d'« affection », alors que la ville de Rouen offrait cent mille livres ? Quant à Paris, on s'était tenu content d'en obtenir cinquante mille écus (soit cent cinquante mille livres), mais on avait peut-être eu tort : le roi d'Espagne n'avait-il pas tiré de Madrid le double de cette somme en taxant les gros négociants ? Il serait bon d'en informer les principales corporations de marchands parisiens et de « piquer » ainsi leur orgueil. Bref, s'agissant d'un événement de tant de conséquences pour tous les Français, aucune dérobade collective ou individuelle n'était admissible. Ce n'est pas parce que telle ou telle ville avait l'honneur (onéreux) de recevoir le roi qu'elle pouvait être dispensée de lui fournir une assistance pour son mariage ; ce n'est pas parce que les privilégiés étaient exemptés de l'impôt direct qu'ils pouvaient s'en prévaloir pour refuser de supporter leur quote-part de ces contributions exceptionnelles etc., etc.

C'est pourquoi chaque étape du voyage de la cour, même quand elle commençait dans l'allégresse, se terminait dans la consternation. Le Languedoc, certes indocile, mais moins que la Provence, était à proportion aussi lourdement taxé. Dans un style de latiniste aux périodes bien balancées (qui le ferait bientôt admettre à l'Académie française), M. Bazin de Bezons, l'intendant, avait déclaré aux états de la province, assemblés à Toulouse :

« Messieurs,

« Quoique l'ambition soit la plus légitime passion des

grandes âmes et la vertu des conquérants, l'expérience nous vient de faire voir que le roi, au milieu de ses victoires et triomphes, s'est désarmé lui-même pour établir une paix solide et pour procurer le repos à ses sujets. Après avoir longtemps combattu pour la gloire de l'État, il a rendu à la France ses anciennes limites du Rhin et des Pyrénées ; après y avoir réuni l'Artois et fait sentir à tous ses alliés l'effet de sa protection puissante, il a cru être obligé de remettre le lustre au-dedans de son royaume, comme il avait étendu sa gloire au-dehors [...]. »

En conséquence, le Languedoc se voyait privé du droit (obtenu à la faveur de la Fronde) de débattre du « don gratuit » qu'il versait périodiquement à la couronne : on l'imposait unilatéralement à deux millions de livres par an, on lui demandait deux annuités d'avance, plus une contribution d'un million pour le mariage. Ce qui faisait l'énorme somme de cinq millions de livres à débourser en une fois et sans délai.

Répondant à M. Bazin de Bezons, l'archevêque de Narbonne, qui présidait les états, commença par dire que, devant de telles exigences, les mots lui manquaient. Après quoi il retrouva la parole pour faire part, et longuement, de sa stupéfaction : ainsi donc le Languedoc, qui « aurait mérité de recevoir de nouvelles grâces de la bonté de Sa Majesté à sa première entrée », voyait au contraire ses franchises et libertés « anéanties et détruites » ; on le mettait « aux fers et à la servitude » !... L'archevêque avait bien perçu, qu'au-delà du sacrifice financier, ce qu'on imposait au Languedoc (comme à la Provence), c'était l'autorité de l'État centralisateur. Et là-dessus, aucun compromis ne fut possible. La discussion, qui se prolongea bien après le départ de la cour, ne dépassa pas les limites du marchandage : on accepta seulement que le Languedoc versât dans l'immédiat non pas cinq millions de livres, mais deux millions cinq cent mille et qu'en contrepartie il fût dispensé jusqu'aux prochains états de tous logements, quartiers d'hiver et passages de troupes.

En Guyenne, Bordeaux avait accordé, sans trop se faire prier, une contribution de trente mille écus (soit quatre-vingt-dix mille livres). Mazarin en témoigna sa satisfaction au président de la cour des aides de cette ville, qui n'était autre que Guilleragues : encore un lettré, mais beaucoup plus talentueux que M. Bazin de Bezons, puisqu'il nous a laissé ce chef-d'œuvre que sont les *Lettres portugaises.*

« Je ne doute pas, lui écrivait donc Mazarin, que la facilité avec laquelle on a obtenu de la ville de Bordeaux les trente mille écus que le roi leur a fait demander ne se doive principalement attribuer à la présence et aux soins de M. le prince de Conty et que Sa Majesté n'en soit fort satisfaite. Je suis aussi persuadé que vous n'avez rien oublié pour signaler votre zèle en ce rencontre et que vous n'agirez pas inutilement pour disposer les autres villes de Guyenne où vous avez quelque habitude à suivre cet exemple. En mon particulier je saurai bien faire valoir le service que vous rendrez en cela et vous témoignerai toujours que je suis [32]... »

Et pourtant, malgré tous les millions tirés de la France industrieuse, qui, lors même qu'elle se disait épuisée, trouvait encore de quoi payer, on ne vivait que d'emprunts et de *combinazione.* Le 12 mai 1660, Mazarin écrivait à Fouquet : « Il y a plus d'un mois que nous n'avons pas un sol. » C'est que la cessation des hostilités n'avait pas réduit les dépenses ; elle en avait même créé de nouvelles. Outre les frais du mariage et du voyage de la cour, il y avait des dédommagements à payer à tel ou tel souverain ou seigneur que les clauses du traité obligeaient à restituer certains territoires ; il y avait surtout les troupes, qui ne pouvaient plus vivre en (ou comme en) pays conquis : il fallait donc maintenant pourvoir avec quelque régularité à leur subsistance. Si le Languedoc craignait tellement de les héberger ou seulement de les voir passer, on imagine ce qu'il en était dans les régions du Nord et de l'Est où se trouvaient massées beaucoup plus de troupes et depuis beaucoup plus longtemps. Les porte-parole de ces provinces-là accablaient Mazarin de plaintes et de récriminations quant aux « désordres et violences extraordinaires » commis par la soldatesque. Le cardinal répercutait ces plaintes sur les maréchaux concernés, qui n'en pouvaient mais. Car le nombre de ces soldats oisifs et impayés s'accroissait de jour en jour par le retour des hommes de Condé et l'évacuation de certaines places.

Il fallait d'urgence « réformer », c'est-à-dire licencier des régiments ; mais Turenne, comme tout commandant en chef, était hostile à la réduction des effectifs, d'autant plus que les incidents de frontière n'avaient pas cessé, et qu'en Allemagne l'Empereur, au mépris du traité de Münster, commettait des actes d'hostilité contre certains de nos alliés. Mieux valait donc, disait Turenne, rogner sur les allocations qu'on accordait (ou plutôt qu'on *accorderait*!) aux soldats, en les calculant au plus juste. Ils ne pourront pas subsister sur ce pied-là, répondait Mazarin, et donc ils recommenceront à « tirer leur subsistance des lieux où ils sont logés » (ce qui était un euphémisme pour « piller »). Conséquence : « Les provinces du royaume où on les envoyerait, au lieu de jouir des fruits de la paix et d'en recevoir quelque soulagement, seraient plus chargées que pendant la guerre. » Au reste, il n'y avait pas tellement de provinces où l'on pût envoyer les troupes : la généralité de Paris devait évidemment être épargnée, et la plupart des autres, à l'instar du Languedoc, payaient pour se dispenser d'un tel fléau. Mazarin n'avait jamais eu scrupule à se dédire, quand les circonstances l'exigeaient, mais, s'agissant d'un point aussi sensible, c'eût été tout de même un peu gros, et risqué, que d'accepter les contributions sans respecter, au moins momentanément, la condition qui en était la contrepartie.

On se fera une idée du montant des soldes en retard en songeant que, sur les sommes tirées du Languedoc, les deux millions de livres immédiatement affectées au paiement des seules troupes d'Italie et de Catalogne couvraient à peine l'arriéré qu'on devait à celles-ci. Or, il n'était pas moins urgent de payer les gardes de Sa Majesté. N'en voyait-on pas, dans Paris, qui déshonoraient leur uniforme en pratiquant pour survivre les plus vils métiers, par exemple en se louant à des marchands de vin et gargotiers pour transporter ou escorter les barriques ? D'autres allaient jusqu'à saccager les maisons d'honnêtes bourgeois. Et ce n'était pas M. Testu, le chevalier du guet, qui y pouvait quelque chose : il n'avait pas de quoi assurer la sécurité de la capitale, ne recevant plus rien pour sa compagnie de sergents et n'étant plus payé lui-même.

Six mille hommes des gardes suisses et françaises accompagnaient Louis XIV dans son voyage, et la solde (on disait : la montre) de ceux-ci constituait la priorité des priorités pour des raisons évidentes : on ne pouvait prendre le risque qu'ils désertassent, alors qu'ils devaient à la fois aider au rétablissement de l'ordre et incarner la puissance royale dans les provinces traversées ; de plus, comme l'écrivait Mazarin à Fouquet, vivre à la suite d'une cour est onéreux pour des soldats, « d'autant qu'on les contraint avec sévérité à une exacte discipline », c'est-à-dire, encore une fois, à ne pas piller. Mais, en mars, certaines compagnies de gardes n'étant pas encore payées, Mazarin ne recule plus devant le mot : tout va être mis au pillage, gémit-il à l'adresse de Fouquet ! A Bordeaux on avait dû consigner les gardes dans leurs quartiers pour sauver les vignobles !

Les suisses, fidèles à leur réputation, revendiquaient plus haut que tous les autres. Bien qu'on eût trouvé moyen de leur verser une partie de leur dû, ils refusaient absolument de restituer les pierreries de la couronne, qu'ils détenaient en gage, tant qu'on ne leur aurait pas payé l'intégralité de leurs soldes. Que faire ? Leurs Majestés insistaient pour qu'on dégageât ces pierreries. « Il semble que c'est une chose à faire, ou jamais, dans l'occasion du mariage, écrivait Mazarin à Fouquet, parce qu'il sera fort honteux quand l'on dira qu'on envoie les pierreries de la couronne [à *Saint-Jean-de-Luz*] et qu'on verra qu'il n'y aura presque rien. [...] Je suis fâché de ne vous pouvoir entretenir que de dépenses. »

Quelle perte de face, en effet, si l'on n'avait pu produire devant les Espagnols, pour les cérémonies du mariage, les joyaux de la couronne !... En avril, on parvint à récupérer les pendants d'oreilles en diamants d'Anne d'Autriche (estimés à cent vingt mille livres). Pour plus de sûreté, les suisses les avaient expédiés dans leur pays, et ce fut notre ambassadeur auprès des Cantons qui réussit à remettre la main dessus, par des moyens ténébreux à propos desquels il recommandait un secret absolu. Mais on devait encore quatre cent mille livres aux gardes suisses. Anne consentit à leur laisser un autre de ses bijoux — sa belle croix de perles et de diamants (également estimée à cent vingt mille livres), pourvu qu'on dégageât ce qui devait être remis à sa belle-fille. Les difficultés n'étaient pas terminées pour autant. Le sieur Molondin, colonel d'un des régiments suisses, prié de faire déposer à Paris, entre les mains de Fouquet, les pierreries destinées à l'infante, s'excusa d'en être empêché : il les avait si bien cachées qu'il devait se rendre en personne dans la capitale pour les retrouver. Et l'on était déjà au 23 avril ! Et la cour d'Espagne approchait de la frontière !

Il fallait aussi envoyer de l'argent au sieur d'Artagnan, lieutenant du roi à Bayonne. C'était l'oncle de celui que nous connaissons ; il avait été chargé de surveiller les travaux à effectuer à Saint-Jean-de-Luz pour les logements de Leurs Majestés, de même que sur l'île des Faisans pour la rencontre avec la cour d'Espagne ; et, pour l'instant, il ne pouvait payer les entrepreneurs que de bonnes paroles. (La correspondance de Mazarin avec ce d'Artagnan et les sieurs La Mire et Casabielhe, qui l'assistaient, est bien amusante : qu'on « tienne la main », répétait-il sur tous les tons, à ce que les Espagnols ne tentent pas de nous surclasser ; hors de question, là encore, de perdre la face en les laissant, sous quelque prétexte que ce fût, décorer leur moitié d'île plus richement que la nôtre[33].)

Par ailleurs, comme les joyaux de la couronne qu'on remettrait à Marie-Thérèse resteraient la propriété de la couronne (c'était l'usage), il fallait encore préparer pour elle une corbeille de noces contenant d'autres bijoux, que Louis XIV lui ferait porter quand elle serait parvenue à Fontarabie. Dès janvier, Mazarin avait demandé à Colbert d'envoyer à Aix un « amas » de bracelets, montres et autres « galanteries », parmi lesquelles le roi et sa mère feraient un choix. Mais Lescot, l'orfèvre et acheteur de la cour, rechignait fort : on lui devait déjà quarante-six mille livres (« J'ai peine à le croire », disait Mazarin) ; or ces « bagatelles », toutes bagatelles qu'elles fussent, ne pouvaient être acquises qu'au comptant chez ses confrères. Trouvez un moyen, disait le cardinal à Colbert, promettez « quelque petit gain aux orfèvres qui ont de ces choses-là » ; « au pis-aller » *(sic!)* payez-les, mais sans puiser dans d'autre fonds que celui qu'on a mis en réserve pour le mariage.

Tâche difficile, car on avait déjà beaucoup puisé : des assiettes, plats et couverts en or et en vermeil pour les réceptions et banquets ; des épées ciselées, des horloges et montres « sonnantes » enrichies de diamants, une Bible polyglotte en dix volumes dorés sur tranches et reliés en maroquin du Levant, etc., pour les cadeaux destinés à la cour d'Espagne. Les habits du roi, ses boutons d'émeraude et de diamant coûteraient quatre-vingt-dix mille livres ; ses dentelles, cent vingt mille livres. Quant aux carrosses, voilà que tous ceux qu'on avait prévus et déjà expédiés ne suffisaient pas. Mazarin s'avisait *in extremis* qu'il lui en fallait un d'apparat pour aller rendre visite au roi d'Espagne à Fontarabie; Louis XIV en voulait un autre pour les filles d'honneur de sa future épouse, et il souhaitait que celle-ci disposât, outre le carrosse « de campagne tout chamarré de grands passements d'argent », d'une calèche tendue de velours cramoisi et ornée de broderies extérieures et intérieures pour son entrée à Paris. Un « riche brocart » ne suffirait-il pas ? demandait Colbert. Ce serait d'autant plus souhaitable que tous les brodeurs de la capitale étaient déjà surchargés de travail. Mais non, la calèche brodée était indispensable ! Bien, Colbert tâcherait qu'elle fût achevée avant la fin de juin. Mais, pour les draps de Marie-Thérèse, on pourrait peut-être se dispenser d'y mettre du point de Venise ou d'Angleterre, car cela reviendrait à cinq mille livres par paire.

En revanche, on ne pouvait guère économiser sur la qualité des médailles commémoratives : elles seraient en or et en argent; mais pour les deux mille trois cents autres pièces, dites « de largesse », que Louis XIV jetterait à son bon peuple (en attendant mieux), on pourrait en faire une bonne quantité en cuivre. Sur le revers de ces pièces-là, on graverait un beau ciel d'où tomberait une pluie d'or avec la devise *« Non laetior alter. »* Mais quel emblème et quelle devise choisir pour les médailles à l'effigie du roi ? Entre les diverses propositions que Colbert lui transmit, Mazarin en retint une qui plut beaucoup à Louis XIV : il s'agissait tout simplement d'un soleil, avec les mots *« Fecundis ignibus ardit. »* (Le *« Nec pluribus impar »* sera choisi deux ans plus tard par le roi lui-même.)

Restait à trouver les emblèmes et devises pour les médailles à l'effigie du ministre, et celui-ci avait déjà réfléchi à la question. « Il me semble, écrivait-il, que la pensée pourrait être que, si dans l'agitation et la tempête, avec tant de vents contraires, j'ai navigué en sorte que, malgré tous les obstacles, j'ai pris port avec tant de gloire et d'avantages pour la France, quelles actions on doit attendre de moi dans le calme et lorsque tous les Français y concourront[34] ! »

Colbert approuva chaudement et proposa une ancre, un rocher battu par les vagues, symboles qui conviendraient mieux qu'aucun autre à la force d'âme et à l'impavidité de Son Éminence. Quant aux bienfaisants résultats qu'obtiendrait, grâce à la paix revenue, le grand « Julius », on les illustrerait par « un chaos dissipé par les vents », avec la devise *« Hinc ordo et copia rerum. »*

Ainsi le zélé Colbert, à son habitude, se multipliait-il, veillant à tout, tâchant à satisfaire les exigences contradictoires de la cour et des fournisseurs, arrachant aux plus « obstinés » de ceux-ci quelque délai de paiement, expédiant semaine après semaine des charrettes pleines à Saint-Jean-de-Luz, écrivant un peu partout pour retrouver la caisse « marquée 63 » qui s'était inexplicablement égarée, avec les baudriers, rubans, gants qu'elle contenait. D'autres caisses, remplies d'oranges du Portugal, avaient erré entre Toulouse et Aix-en-Provence avant de parvenir à destination, si bien qu'il avait fallu jeter à la rivière les fruits avariés, et c'est encore Colbert que Son Éminence, fort mécontente de ce gaspillage, chargeait de réprimander les transporteurs. L'infatigable serviteur devait aussi faire des remontrances à Lescot, qui avait si mal empaqueté des chaînes d'or qu'elles étaient arrivées « toutes rompues et noires comme du charbon ». Quant aux miniatures envoyées par le même, et qui représentaient les principaux personnages de la cour, « elles n'étaient pas connaissables, à moins qu'on en écrivît les noms. Pour moi, ajoutait Mazarin, je suis peint si ridiculement que ne se peut dire davantage, et, si les autres doivent être de même, il est mieux de ne les avoir pas ». Le portrait de la reine par Mignard ne méritait pas plus d'éloges : franchement, il était « mal fait et nullement ressemblant[35] ».

Ainsi le cardinal passait-il ses humeurs sur son dévoué factotum qui, avant de partir lui-même pour la frontière avec les derniers ballots, devait encore trouver le temps de courir du Louvre à Vincennes et de Vincennes à Saint-Germain-en-Laye pour s'assurer que les travaux entrepris seraient achevés à l'arrivée du couple royal. Mais le meilleur, ou le pire, c'est qu'au milieu de tout cela il trouvait aussi le temps, ce prévoyant Colbert, de mettre la dernière main aux copieux rapports qui perdraient Fouquet (et quelques autres), tout en protestant qu'il était incapable de dire ou d'écrire quoi que ce fût dans l'intention de nuire : seul l'animait le bien du service de Son Éminence ; et jamais non plus il n'avait profité et ne profiterait de ses fonctions pour « parvenir à aucune fin indirecte » ni « rendre office » à qui que ce fût[36].

Voilà pourquoi, sans doute, ce parangon de désintéressement rappelait obliquement, mais à tout propos, ses propres mérites ; voilà pourquoi il plaçait ses propres parents à tous les postes de confiance qui se présentaient. La Sorbonne, qui voulait honorer le cardinal, avait décidé de l'élire comme proviseur ; cela se ferait « d'une voix et sans aucune contradiction », puisque le même Colbert y veillait. Mais il était hors de question que Son Éminence pût exercer la fonction ; il faudrait donc qu'elle déléguât ses pouvoirs à un grand vicaire choisi parmi les docteurs de la maison. Mazarin hésitait : était-ce bien la procédure à suivre ? Colbert eut recours à la référence suprême : « feu M. le Cardinal », c'est-à-dire Richelieu, en avait usé ainsi, lorsqu'il était lui-même devenu proviseur de la Sorbonne. Mazarin donna son accord, et alors, instantanément, mais toujours « humblement », Colbert mit en avant son frère Nicolas, non pas certes parce qu'il était son frère, mais parce qu'aucun docteur de Sorbonne ne pourrait être plus compétent et dévoué que celui-là. Et toutes ces lettres se terminaient par la formule suivante : « Je suis toujours, avec le respect et la dévotion que je dois, monseigneur, de Votre Éminence, le très humble, très obéissant, très obligé et très fidèle serviteur. » Ce n'est pas toujours très joli, les débuts d'un grand homme...

On notera que, malgré les efforts de Colbert, une voix manqua pour que l'élection de Mazarin à la Sorbonne fût acquise à l'unanimité. Le cardinal ne manqua pas de demander instantanément qu'on lui fît savoir le nom du mauvais esprit qui s'était permis de s'abstenir.

Les difficultés financières de la cour de France n'étaient rien, comparées à celles de la cour d'Espagne. Quand Philippe IV partit de Madrid le 15 avril, il n'avait pas eu trop des cinq mois écoulés depuis la signature de la paix pour se mettre en état d'affronter sans humiliation la somptuosité française dont l'ambassade du maréchal de Gramont avait donné une première image. La cour de Madrid se trouvait confrontée à une difficulté supplémentaire, qui nous était épargnée : comment, dans une Espagne où l'on travaillait si peu et si mal, trouver assez d'artisans capables de fabriquer le nécessaire et le superflu ? Au pays des lames de Tolède, c'est d'Italie qu'il fallait faire venir les épées d'apparat. Le duc de Medina de las Torres dut également commander à des artisans napolitains les livrées de ses domestiques (cinq pour chacun d'entre eux) ; on ne sait d'où provenaient les cent couvertures brodées destinées à ses mulets, mais on sait qu'elles étaient évaluées à deux mille livres pièce. Certes, elles ne servaient pas qu'aux mulets, mais à la décoration des balcons et des appartements ; de plus, comme Mazarin lui-même le disait à Colbert, « pour paraître superbement », rien n'égale les belles couvertures de mulets et de chevaux, car c'est cela qui frappe d'abord l'œil du public. Il est tout de même surprenant que le duc de Medina de las Torres ait eu besoin de cent couvertures de mulets, alors que le roi de France n'en avait que trente-six. C'est que l'Espagne voulait montrer à ses vainqueurs qu'elle était encore « superbe », dût-elle y consumer ses ultimes ressources. Philippe IV, tout en donnant des consignes d'économie, avait bien dû suspendre les lois somptuaires, et l'orgueil castillan s'engouffrait dans cette brèche. Don Luis de Haro, à lui seul, emmenait une maison de deux cents personnes. Il est vrai qu'en récompense des services rendus il ajoutait maintenant à tous ses titres ceux de duc de Montoro, de grand chancelier des Indes et de grand d'Espagne de première classe. (Il y avait trois classes de grandesse ; seuls les grands de la première classe avaient droit de se couvrir avant de commencer à parler au roi, les autres ne le pouvaient que pendant ou après.) Le premier ministre d'Espagne avait reçu encore un autre honneur : celui de se faire appeler don Luis de la Paz (de la Paix).

Pour transporter tout ce monde et les bagages, sans parler des provisions de bouche et du fourrage, puisqu'il était impossible en Espagne de se ravitailler en chemin, on avait dû se procurer soixante-dix carrosses, dix-huit litières, soixante-douze chevaux, deux mille ânes, cinq cents mulets de bât, neuf cents mules de selle et trente très longs chariots. Qu'aurait-ce été si Philippe IV n'avait pas demandé à voyager « à la légère » !... Sa fille, la future reine de France, emportait six coffrets de bijoux et gants, et le reste de son trousseau occupait trente-deux grands coffres capitonnés de velours, ce qui n'était pas excessif si l'on songe qu'il avait fallu y caser ces monstrueuses armatures qu'on appelait *gardinfantes* (voir *Les Ménines* de Velázquez ou tout autre portrait de cour de l'époque). Il y avait encore des dizaines de coffres d'argenterie, d'orfèvrerie, de tapisserie et tentures, et les hidalgos n'avaient pas oublié de mettre dans leurs bagages ces *bigoteras* qui leur permettaient de relever fièrement en croc leurs moustaches effilées... Étiré sur trente-deux kilomètres, le convoi n'accomplissait que quelques lieues par jour, quand il n'était pas retardé par des « incidents techniques » dus à l'effroyable état des chemins espagnols : essieux rompus, chariots versés, indisposition des demoiselles d'honneur, que les cahots faisaient vomir. Ces retards s'accroissaient de ceux qu'on prenait aux étapes, où les festivités habituelles (corridas, comédies, feux d'artifice et mascarades) étaient offertes aux princiers voyageurs.

L'abbé Bertaut, circulant à travers l'Espagne, avait constaté, avec étonnement et déplaisir, que les rares paysans qu'on rencontrait dans la campagne ne quittaient leurs charrues que pour s'en prendre grossièrement aux voyageurs. Mais, en voyant passer leur roi, ces pauvres *campesinos* oubliaient l'excès de leur misère et ils ovationnaient de bon cœur le somptueux cortège. Si somptueux qu'il donnait à croire que l'Espagne avait encore des ressources et que donc, la paix aidant, son peuple ne serait plus réduit à la famine. Et puis, Philippe IV avait emporté cinquante mille ducats d'or dont il faisait distribuer une partie en aumônes...

Un autre convoi avait quitté Madrid huit jours avant celui du roi ; il était conduit par don Diego Velázquez en sa double qualité de surintendant des bâtiments royaux et d'*aposentador mayor,* c'est-à-dire d'intendant, ou plus exactement de grand maréchal des logis de la cour. Ces fonctions n'étaient pas qu'honorifiques, et Velázquez, de même qu'il avait réglé les détails du séjour de Gramont à Madrid, supervisait maintenant tout ce qui concernait la décoration et la mise en état des logis prévus, à chaque étape, pour le roi et l'infante. Ce pour quoi il emportait, entre autres trésors, une trentaine de toiles de maîtres, principalement des Raphaëls et des Carraches. Si l'on songe qu'il avait aussi la haute main sur les travaux en cours, côté espagnol, dans le bâtiment de l'île des Faisans, on comprendra que, pour suffire à tout, il ait dû, comme il l'écrit lui-même, voyager de nuit, les journées étant tout entières consacrées à ses tâches. Il est fort possible que cette laborieuse expédition (soixante-douze jours aller et retour) ait hâté sa fin, puisqu'il n'y survécut qu'un mois. Aurait-il donc fallu la lui épargner ? Et doit-on croire, comme certains, qu'il était absurde de détourner, en l'accablant d'honneurs et de fonctions officielles, un tel peintre de la peinture ?... C'est raisonner en termes du XXe siècle, c'est oublier ce qu'était la société espagnole.

La légende veut que Philippe IV, ébloui par *Les Ménines,* ait lui-même tracé sur l'autoportrait du peintre qui figure dans la toile la croix rouge qu'on y voit et qui est celle des chevaliers de Santiago. Ce qui est sûr, c'est que Philippe IV avait *voulu* que son peintre favori obtînt cette distinction ; or il dut intervenir trois fois et faire intervenir le pape pour qu'au bout de dix-huit mois de contestations, l'ordre acceptât de déférer à sa volonté en accordant le prestigieux *habito* à celui qui n'était qu'un artisan. Les « artistes » n'existaient pas encore, et Philippe IV n'avait pas d'autre moyen que les honneurs et les fonctions de cour pour mettre Velázquez au rang que son génie méritait, pas d'autre moyen pour l'imposer à ses grands. Dans la liste des pensionnés du roi, le peintre avait d'abord figuré parmi les barbiers, les bouffons et les nains. Soyons assurés qu'il appréciait de n'y plus figurer et d'avoir parcouru, à force de talent, de volonté et de dévouement monarchique, tout le *cursus honorum.* Quelle revanche que de porter à la ceinture la clé d'or des privilégiés admis à pénétrer dans les appartements royaux ! Cela valait beaucoup plus cher que tous les appointements qu'on aurait dû lui payer et qu'on ne lui payait pas. Quand Velázquez, un peu plus tard, apparut à la suite de Philippe IV dans la salle de conférences de l'île des Faisans, il portait aussi, pendue à une chaîne d'or, la coquille constellée de diamants des chevaliers de Santiago et, au côté, une épée ciselée dans un fourreau d'argent. Ce sombre et grave Andalou, nul n'aurait pu alors le distinguer, ainsi paré, des grands qui l'entouraient. C'est une bien belle histoire que celle de Philippe IV et de Velázquez, et qui rachète bien des faiblesses de celui-là.

Le roi de France, tandis qu'il cheminait à travers le Languedoc, n'avait pas un Velázquez à sa suite, mais il était tout de même, comme son « homologue » espagnol, escorté d'une foule de gentilshommes, secrétaires, soldats, gens de métier, fournisseurs ; et, bien que la campagne française fût infiniment plus riche que celle de la Castille, le confort restait sommaire et les incidents de parcours ne manquaient pas. Cependant tout se passait — comment dire ? — plus « sportivement ». Cela tenait sans doute à la jeunesse et l'allant du roi lui-même, mais ces qualités étaient aussi, par rapport à l'Espagne, celles de la France tout entière. C'est dans la bonne humeur qu'on couchait dans des masures vétustes, qu'on se trempait jusqu'au genou en traversant à gué les rivières — et je ne parle pas seulement des cavaliers : l'eau entrait jusque dans les carrosses, mouillant les jupes des dames. Quand Bertaut retrouva le cortège royal près de Leucate, Louis XIV et la reine, sa mère, venaient de dîner « contre une méchante maison et sans se mettre à couvert ». Jamais Philippe IV n'eût accepté de « piqueniquer » ainsi. Comment l'aurait-il pu d'ailleurs ? Ses grands devaient se mettre à genoux pour le servir, et l'on ne s'agenouille pas aisément parmi le thym et la rosée, quand on a l'épée au côté, le chapeau sur la tête et qu'on tient à la main quelque précieux hanap rempli de vin, quelque assiette plate chargée de mets.

Toujours intrépide, Mademoiselle préférait le trot des chevaux de selle au confort (relatif) des carrosses. Mal lui en prit : elle fit une chute qui lui causa une entorse au pied et une douleur au bras. Pour s'en guérir, elle essaya les boues et les eaux chaudes de Dax, qui la firent « enfler » et « peler », au grand amusement du roi et de la reine. N'importe, la Gascogne était belle et lui plut beaucoup, beaucoup plus que la Provence. Elle était « ravie », nous dit-elle, de revoir des vaches et de comprendre ce qu'on disait, la langue gasconne ayant bien plus de rapport au français que la provençale, et beaucoup de Gascons, d'ailleurs, parlant français.

XII

Les fastes de la noce

Louis XIV, à la différence de Mademoiselle, s'était beaucoup plu en Provence ; mais maintenant il ne regardait plus guère le paysage. Comme sa mère, il semblait impatient. Dès février, Mazarin avait fait savoir à don Luis de Haro que le « galant » n'aurait pas de repos qu'il n'eût obtenu la permission de témoigner ses sentiments à sa fiancée. Quand le pape eut envoyé la dispense de parenté, Louis, en la faisant porter au roi d'Espagne, demanda à obtenir cette permission : Marie-Thérèse n'était-elle pas désormais « un autre lui-même » ? Et cela se terminait par : « Je suis, monsieur mon frère et oncle, bon frère et neveu de Votre Majesté. » Car, si le lien de parenté entre Philippe IV et Louis XIV était bien d'oncle à neveu, les rois, entre eux, se traitaient toujours de frères. (Cromwell, après l'alliance, avait demandé à obtenir ce traitement : pour un usurpateur, c'était beaucoup et l'on en était resté à « mon cousin ».)

La permission de correspondre fut accordée. Par une lettre à Anne d'Autriche. Philippe IV faisait savoir que le « galant » pouvait écrire et que Marie-Thérèse lui répondrait, « dût le rouge lui en monter au visage ».

Le mariage par procuration (c'était l'usage) devait se faire à Burgos. Envoyant pour y assister en son nom l'évêque de Fréjus (Ondedei, un fidèle de Mazarin), Louis XIV lui confia donc sa première lettre, fort joliment tournée, à Marie-Thérèse, qu'il désigne déjà par son futur titre :

« A la reine
En Avignon, le 24 mars 1660

« Ce n'a pas été sans contrainte que j'ai cédé aux raisons qui m'ont empêché d'exprimer jusques ici à Votre Majesté les sentiments de mon cœur. Maintenant que les choses sont en un état qui me donne lieu de vivre avec Elle comme avec un autre moi-même, je suis ravi de commencer à l'assurer par ces lignes que ce bonheur ne pouvait jamais arriver à personne qui le souhaitât plus passionnément, ni qui s'estimât plus heureux de le posséder que moi. Le sieur évêque de Fréjus aura l'honneur de l'entretenir sur ce sujet plus particulièrement, si Elle l'a agréable, mais tout ce qu'il lui dira et tout ce que d'autres lui en ont déjà dit de ma part sera toujours fort au-dessous de ce qui est en effet, ainsi que j'espère dans peu lui confirmer de vive voix, mais non pas sitôt qu'il faudrait pour satisfaire mon impatience.

Signé : L. »

Cette lettre ne fut pas remise à sa destinataire. « Il n'est pas temps encore », déclara Philippe IV à Ondedei. Et le mariage par procuration ne fut pas non plus célébré à Burgos. Les chicaneries continuaient. Au nord, le marquis de Caracena prétendait que certaine région dénommée pays de Lalleu n'était pas incluse dans l'Artois et ne devait donc pas revenir à la France ; au sud-ouest, c'était toujours la même difficulté : *où* fallait-il faire commencer les montagnes des Pyrénées ? Quand Bertaut revint en France par Céret, il trouva les commissaires français et espagnols aux prises sur ce sujet.

Il se peut que Louis XIV fût réellement impatient : sa chasteté forcée devait lui peser, et le maréchal de Gramont avait su faire miroiter les charmes de l'infante. Il est sûr, en tout cas, que celle-ci ne songeait qu'à son beau cousin. Quand l'évêque de Fréjus se vit refuser la permission de lui donner la lettre citée ci-dessus, il chuchota en espagnol : « J'ai à vous dire un secret. » A ce mot de *secreto,* Marie-Thérèse jeta les yeux autour d'elle pour s'assurer que sa *camarera mayor* et ses duègnes ne l'écoutaient pas et fit signe à l'évêque de parler. Ondedei, alors, laissa entrevoir la lettre qu'il tenait dans la main et dit, toujours *mezza voce* : « Le roi, mon maître, croyant être plus heureux qu'il n'est, a écrit cette lettre à Votre Majesté, mais le roi votre père m'a commandé de ne pas vous la présenter. » Marie-Thérèse répondit qu'elle ne pouvait en effet recevoir la lettre sans la permission de son père, mais que celui-ci lui avait dit « que toutes choses s'achèveraient promptement ». Car son impatience n'allait pas jusqu'à la faire sortir de l'incroyable réserve qui lui était imposée.

Oui, incroyable, quand on songe à la vie de son père, et bien dommageable, quand on songe qu'elle allait être jetée dans le lit d'un homme qui aimait les femmes presque autant que son père. Lorsqu'on la pressait de parler de son futur époux, elle disait simplement : « Ce que je dis pour la reine, ma tante, peut aussi s'entendre pour le roi. » Et, quand elle priait quelque messager de transmettre ses compliments à Anne d'Autriche elle ajoutait : « *Y al rey tambien.* » La seule lettre d'elle à Louis XIV dont nous ayons copie est banale et compassée : elle reçoit « avec déférence » les témoignages d'attachement que son futur lui adresse, elle s'efforcera de les mériter, et, en guise de protestation finale, elle se borne à le recommander à Dieu. Il n'y avait vraiment pas de quoi rougir !... Nous savons bien que ces lettres, tant en France qu'en Espagne, étaient mises en forme par des secrétaires : elles n'en donnent pas moins une illustration supplémentaire du contraste qui existait entre la spontanéité française et la solennité espagnole, car enfin les secrétaires de Louis XIV ne craignaient pas, quant à eux, de lui prêter le ton d'un amoureux.

C'est ensuite, en France, que Marie-Thérèse perdit de sa réserve et raconta des choses charmantes. Oui, elle avait toujours rêvé à Louis XIV et elle avait aimé jusqu'à ses portraits (ces portraits envoyés par Anne d'Autriche) qu'elle trouvait des prétextes pour aller regarder et auxquels elle faisait la révérence. Et comme, sur l'un de ces portraits, Louis portait un chapeau orné d'un panache bleu, elle l'appelait « mon cousin à la plume bleue ». C'est qu'il y avait un autre cousin, l'Empereur, dont les portraits ornaient aussi les résidences du roi d'Espagne ; mais celui-là, avec ou sans plume bleue, n'avait jamais plu à Marie-Thérèse. Ce qui ne s'explique pas seulement par le romantisme d'une jeune recluse, qui choisit pour support de ses rêves le plus beau d'entre plusieurs visages : Marie-Thérèse était de mère française, Philippe IV ayant épousé en premières noces une sœur de Louis XIII (cependant que celui-ci épousait l'infante d'alors, notre Anne d'Autriche). Cette Élisabeth de France, bien qu'elle se fût montrée loyale à sa seconde patrie, avait souffert de son exil dans un pays aussi rude et dans une cour aussi triste ; parlant à sa fille, elle n'avait cessé de lui répéter qu'il n'y avait pas de sort plus enviable pour une princesse que de régner sur la France.

La cour arriva le 8 mai à Saint-Jean-de-Luz. On peut voir encore sur le port les jolies demeures qu'y occupèrent Louis XIV et sa mère : la maison Lohobiague, la maison Joanoenia. Monsieur logeait chez le *bayle* (ou juge) Martin de Haraneder, Mazarin à Ciboure, chez le sieur Martin d'Etcheto. Il n'est que juste de faire passer à l'histoire le nom de ces notables, encore que, peut-être, ils n'aient pas été sur le moment suffisamment sensibles à l'honneur dont on les gratifiait. C'est que l'expression « loger chez » est un euphémisme : à Saint-Jean-de-Luz, comme à toutes les étapes du voyage, les propriétaires des maisons réquisitionnées étaient courtoisement mais fermement priés de quitter les lieux. Et l'on pense bien que le roi, la reine, le cardinal et autres ministres ou dignitaires ne pouvaient se contenter d'une maison chacun : il leur fallait des annexes pour installer cuisines et serviteurs. Si l'on ajoute à cela que les plus modestes logements de Saint-Jean-de-Luz étaient pris d'assaut par les gentilshommes et gentes dames accourus de Paris pour la circonstance, on comprendra la mauvaise humeur des notabilités locales exclues de chez elles et errant à la recherche d'un gîte ! Il peut paraître surprenant que Saint-Jean-de-Luz ait réussi à héberger (bien ou mal) tant de monde : c'est qu'elle était en 1660 une cité plus prospère qu'aujourd'hui, enrichie par la pêche à la baleine et forte de quelque douze mille habitants.

Bien entendu, il y avait des compensations à ces désagréments passagers : ceux et celles qui avaient eu l'honneur d'héberger quelque grand personnage pouvaient ensuite s'en prévaloir pour lui demander une faveur, et ils n'y manquaient pas. Témoin, cette lettre adressée plus tard à Colbert, après son élévation au ministère, par une Basquaise chez laquelle il avait logé à Ciboure :

« Monseigneur,

« Ce me serait un déplaisir bien sensible de ne trouver pas assez de force dans la faiblesse de ma fortune pour pouvoir reconnaître dignement les obligations que j'ai à Votre Excellence, si je n'étais assurée qu'une des récompenses dont le Ciel a voulu favoriser votre vertu est de l'avoir accompagnée de cette charité généreuse qui ne se sent jamais satisfaite à moins de faire des biens dont la grandeur ne saurait être récompensée. C'est en ce rang, monseigneur, que je dois mettre les effets que j'en ai reçus en la personne de mon gendre, pour lesquels il ne me reste rien à vous offrir que les vœux et les souhaits d'une pauvre veuve qui sollicitera incessamment ce même Ciel afin qu'il veuille combler Votre Excellence d'autant de félicités qu'elle en a procuré à ma famille, en faveur de laquelle j'ose encore espérer la continuation de votre protection, puisque je suis, avec le respect que je dois à Votre Excellence, monseigneur, sa très humble et très obéissante servante.

Catherine Dissanetche, votre hôtesse[37]. »

Ainsi dorment, dans la poussière des archives, des textes

qui n'ont pas la moindre importance historique et qui pourtant font le bonheur des historiens, parce qu'ils leur jettent au visage, d'un coup, la réalité d'une époque.

Le roi d'Espagne, quant à lui, parvint à Saint-Sébastien le 11 mai ; mais les contestations sur la délimitation des frontières continuaient avec tant d'aigreur que, même si le protocole l'avait permis, aucune rencontre entre les deux cours n'eût été possible. D'aucuns chuchotaient même qu'on allait vers une rupture. Anne d'Autriche distrayait son attente en allant voir, tous les jours, les comédiens espagnols que son frère lui avait envoyés. Ils ne plurent pas à tout le monde ; les bouffonneries chantées et dansées auxquelles ils se livraient entre les actes parurent grossières ; et l'on se choqua d'en voir quelques-uns porter en scène des habits religieux et simuler des mariages et des enterrements : c'était profaner les saints mystères. Les comédiens italiens faisaient de même quand ils arrivèrent en France, observe Mademoiselle, mais « on les en désaccoutuma ». Louis XIII et Richelieu avaient en effet épuré la scène française en interdisant qu'on y représentât « aucunes actions malhonnêtes » et qu'on y prononçât « aucunes paroles lascives » (1641).

Mazarin ne profitait pas de ces divertissements. Il était malade et gardait la chambre. Il n'en continuait pas moins, à son habitude, à s'occuper de tout et trouvait le temps, malgré le souci que lui causaient les ultimes contestations, de régler les graves questions d'étiquette qui déjà s'agitaient. Les évêques se querellaient avec les ducs pour obtenir des places assises dans l'église le jour du mariage, et ils se querellaient entre eux pour obtenir la faveur de tenir les cordons du poêle. Il fallait trois dames pour porter la « queue » de la future reine, et Mademoiselle, la première désignée, ne voulait partager cet honneur qu'avec des princesses du sang. Du sang de France, les princesses étrangères étant « trop inférieures ». On fit donc venir deux de ses demi-sœurs, qu'elle n'aimait guère, mais qui, enfin, étaient comme elle cousines germaines de Louis XIV. La moitié du problème était résolu ; la moitié seulement, car les princesses qui porteraient la queue de la nouvelle reine auraient elles-mêmes des queues, et qui porterait ces queues-là ?

« Dès que l'on avait parlé de porter les queues, M. le duc de Roquelaure s'était offert de porter la mienne. J'avais accepté sa bonne volonté. L'on chercha des ducs pour porter celles de mes sœurs ; et comme pas un ne le voulut faire... », un mini-drame s'ensuivit que Mazarin finit par apaiser en offrant à Mademoiselle son propre neveu, enfin sorti de la relégation de Brisach. L'étonnant, et qui prouve à quel point les esprits avaient évolué, est que l'ancienne frondeuse qu'était Mademoiselle, s'estima tout à fait honorée de cette offre.

Elle n'avait pourtant rien perdu de son orgueil dynastique, auquel la nouvelle, parvenue à Saint-Jean-de-Luz, du prochain mariage de la princesse de Savoie avec le duc de Parme apporta un nouvel aliment. « Tout le monde, écrit Mademoiselle, fut fort étonné qu'après avoir prétendu épouser le roi, elle [*Marguerite de Savoie*] eût voulu épouser un petit souverain d'Italie, malhonnête homme, qui n'avait de passion au monde que celle de bien ferrer un cheval. Il sembla à toute la cour que cet établissement ne répondait point à la manière fière avec laquelle elle avait soutenu la rupture de son mariage avec le roi, et qui lui avait attiré les louanges de tout le monde : ainsi l'on disait qu'elle aurait mieux fait de ne se point marier ou de se mettre dans une religion. Elle ne survécut pas longtemps à cette honte, parce qu'elle mourut peu après son mariage. »

Mourir de honte pour avoir épousé le prince de Parme !... Comment se fait-il que Mademoiselle ne soit pas morte de honte après avoir choisi pour mari beaucoup moins que le prince de Parme, un certain Antonin-Nompar de Caumont, plus connu sous le nom de Lauzun, qu'elle allait sous peu rencontrer dans cette même ville de Saint-Jean-de-Luz, lors du mariage de Louis XIV ? Comment se fait-il qu'elle se soit trouvé tant d'excuses pour justifier un choix que, dans son optique, rien ne justifiait, et surtout pas le caractère de Lauzun, qui allait faire son malheur ? L'amour, l'amour-passion des héroïnes de Racine, avait réduit à néant, non seulement les préjugés, mais le jugement de cette princesse nourrie de Corneille, qui disait à peu près à ses prétendants, comme, dans *Attila,* Honorie à Valamir :

Enfin je veux un roi : regardez si vous l'êtes.

Mais Mademoiselle serait-elle un personnage aussi attachant sans cette faiblesse ? Sous la cuirasse de l'orgueil nobiliaire, sa vraie nature était toute de spontanéité, d'impulsivité, et ces qualités, qui éclatent dans son style, font de ses Mémoires un document irremplaçable.

Pour l'instant, Mademoiselle allait chaque jour, comme le roi et la reine, rendre visite à Mazarin, et c'est dans sa chambre de malade qu'ils accommodèrent tous trois la cassette de noces qui devait être portée à Marie-Thérèse. C'était « un grand coffre de calambouc garni d'or », où l'on mit, non seulement des pierreries (notamment un cœur en diamants) mais aussi « tout ce que l'on peut imaginer » en fait de petits bijoux, bibelots et accessoires précieux : montres, miroirs, boîtes à mouches et à pastilles, étuis à ciseaux, à couteaux, à cure-dents, croix, chapelets, agrafes, miniatures, gants, livres d'heures... Colbert avait donc réussi à séduire les orfèvres, mais au prix de quelle nouvelle saignée dans les réserves ? Et que dut penser Mazarin quand, un peu plus tard, il entendit Anne d'Autriche répondre royalement aux remerciements de sa belle-fille : « Ce n'est rien ! »...

Le 2 juin au matin, dans le palais épiscopal de Saint-

Sébastien, Marie-Thérèse accomplit la première formalité de la renonciation à l'héritage espagnol :

« Madame Marie-Thérèse, infante des Espagnes, et par la grâce de Dieu reine future de France, fille aînée du très-haut, très-excellent et très-puissant prince, don Philippe quatrième, par la grâce de Dieu roi catholique des Espagnes, mon seigneur (que Dieu ait en sa garde et prospère heureusement), et de la très-haute, très-excellente et très-puissante princesse, madame Isabelle[38], ma mère et dame (qui est au ciel), [...] je fais notoire et manifeste [...]. »

Commencé sur ce ton, et comportant, comme nous l'avons indiqué, tout le détail des renonciations, le texte était long. Si long que la lecture qu'en fit le secrétaire du conseil, don Fernando de Contreras, dura une heure et demie et que quelques assistants s'endormirent debout. Et il fallut subir ensuite la lecture d'un autre acte, par lequel l'infante renonçait également à tous les biens « particuliers et domestiques », « sus ou ignorés », qui pourraient lui échoir de la succession de ses père et mère. Tant de précautions pour le résultat qu'on sait !...

Philippe IV et sa fille partirent ensuite pour Fontarabie où ils arrivèrent le même soir au bruit des salves et des mousquetades. L'humble église, transformée par les tapisseries et les tableaux qu'y avait fait accrocher Velázquez, se montra digne d'abriter la cérémonie du mariage par procuration. (Les princesses étrangères n'entraient qu'ainsi mariées dans le pays dont elles devenaient reines, et don Luis de Haro devait, à cette cérémonie, représenter Louis XIV.)

Un certain nombre de Français se rendirent à Fontarabie et se faufilèrent dans l'église pour apercevoir leur future souveraine. Mademoiselle, qui s'y trouvait incognito, fut frappée, comme d'autres avant elle, par la discipline et le « flegme » des courtisans espagnols, et aussi, à cause de la rigueur de l'étiquette, par l'espèce de solitude qui entourait le roi et l'infante. Ils étaient agenouillés sous une courtine à rideaux fermés, sauf du côté de l'autel, qui les séparait du reste de l'assistance. Mme de Motteville, présente elle aussi, écrit : « La cour d'Espagne paraît déserte au prix de cette nombreuse quantité de gens de qualité qui offusquent celle du roi [*de France*] et la remplissent. » Oubliant qu'elle était incognito, Mademoiselle prit sur elle de faire « ranger » les Français de qualité qui se trouvaient dans l'église et, naturellement, y créaient du désordre. (Déjà, à Saint-Sébastien, ceux de nos gentilshommes qui étaient allés regarder dîner le roi d'Espagne avaient failli renverser la table où il était assis !) Au milieu de la messe, on s'aperçut même qu'on avait oublié quelque part l'évêque de Fréjus, dont la présence était pourtant indispensable, puisqu'il apportait la procuration de Louis XIV. On le retrouva et on l'amena, mais de fort méchante humeur.

Consolons-nous de l'étourderie française : les Espagnols avaient d'autres défauts, engendrés par « l'air corrompu de leur pays », comme Mme de Motteville eut l'occasion de le constater dans cette même église de Fontarabie. Ayant adressé quelques mots à des prêtres (elle parlait l'espagnol), ils lui répondirent par des propos d'une galanterie qu'elle jugea tout à fait incompatible avec leur état d'ecclésiastiques.

L'infante était en blanc, le roi d'Espagne en gris brodé d'argent. Il portait au retroussis de son chapeau deux des plus beaux joyaux de la couronne : un diamant en table de vingt-cinq carats et une perle en poire nommée la Pélegrine. L'évêque de Pampelune officiait. Quand il posa la question rituelle à Marie-Thérèse, celle-ci fit une révérence à son père comme pour obtenir son autorisation et ne dit rien ; l'évêque ayant répété sa question, elle prononça un *si* très ému, qu'on entendit à peine. Elle avait les larmes aux yeux, et, chose extraordinaire, son père aussi. Les mariages, pour tout un chacun, sont des instants solennels, mais il n'y avait pas que cela : une princesse qui épousait un souverain étranger se condamnait alors à un exil définitif. Jamais

Anne d'Autriche n'avait revu l'Espagne, jamais Marie-Thérèse ne la reverrait. Certes, elle aimait, et d'un amour qui résisterait à l'épreuve du temps et de l'infidélité, le mari que le destin lui offrait, mais il est dur, à vingt ans, de dire adieu pour toujours à sa famille, à ses habitudes, à sa patrie.

Le lendemain 4 juin fut plus joyeux. A midi, la nouvelle reine de France reçut des mains du duc de Créquy (suivi de soixante gentilshommes) la cassette si bien fournie que lui envoyait son époux, et un message du même qui commençait par :

« Recevoir en même temps une lettre de Votre Majesté et la nouvelle de la célébration de notre mariage, et être à la veille de jouir du bonheur de la voir, ce sont assurément des sujets de joie indicibles pour moi [...]. »

A deux heures, Marie-Thérèse s'embarquait avec son père pour rencontrer sur l'île des Faisans celle qui n'était plus désormais que la reine mère. Les détails du bref trajet sur la Bidassoa avaient été si minutieusement préparés qu'on aurait pu croire qu'il s'agissait de franchir un océan et non pas un simple bras de rivière. Encore que les embarcations ne se fussent guère prêtées à affronter des tempêtes : c'étaient de véritables monuments. Longues de trente pas, entièrement dorées, rames comprises, elles étaient ornées de peintures représentant des scènes mythologiques et des emblèmes. La galiote qui transportait Marie-Thérèse et son père avait à la poupe les armes d'Espagne sculptées dans le bois, à la proue un lion marin surmonté d'un cupidon qui, d'une main, se tenait à la crinière de l'animal, de l'autre brandissait une couronne de palmes. Presque entièrement vitré, l'habitacle (qui oserait parler de « carré » ?...) comportait un plancher en marqueterie de bois des Indes, des rideaux de brocart « à fond d'argent relevé de fleurs d'or », deux fauteuils et deux bancs garnis de même tissu. (Les fauteuils étaient naturellement pour le roi et Marie-Thérèse, les bancs pour ceux des grands qui les accompagnaient.) Si l'on ajoute que la seconde embarcation n'était pas moins somptueuse (brocart rouge à fond d'or et d'argent, autre cupidon sculpté, mais portant trident) et qu'il y avait pour les manœuvrer toutes deux soixante-huit matelots vêtus de tabis incarnat, on tombera d'accord avec le narrateur anonyme qui nous a décrit ces fastes : cette traversée de huit minutes représentait bien « une prodigieuse dépense » !

Philippe IV devait écrire plus tard à la religieuse d'Agreda qu'il s'était trouvé « bien récompensé de toutes les incommodités de son voyage » lorsqu'il avait revu sa sœur après quarante-quatre années de séparation. Pourtant l'entrevue parut sans chaleur : Philippe embrassa sa sœur, c'est-à-dire qu'il la prit dans ses bras, mais il ne la « baisa » point, écartant son visage lorsque Anne fit mine d'y poser les lèvres. L'étiquette de la cour de Madrid était plus forte que l'affection fraternelle.

On disposa deux fauteuils sur lesquels Philippe IV et sa sœur s'assirent en même temps ; le jeune Monsieur eut droit à un siège pliant et Marie-Thérèse prit place sur un carreau que lui apporta sa *camara mayor.* On parla, naturellement, de l'affreuse guerre qui avait trop longtemps séparé et désolé les deux royaumes, et Philippe IV, qui ne se reconnaissait jamais, en aucun domaine, de responsabilités, eut ce mot typique : « Hélas, madame, c'est le diable qui l'a faite ! » Anne, au contraire, eut une très belle phrase, qui l'explique tout entière : « J'espère que Votre Majesté me pardonnera d'avoir été aussi bonne Française : je le devais au roi, mon fils, et à la France. » A ceci, Philippe IV s'anima un peu pour rappeler le souvenir de sa première épouse qui, elle aussi, s'était dévouée à sa patrie d'adoption et dont le nom était encore « en vénération » aux Espagnols. C'était vrai. Élisabeth de France n'avait pas eu, comme Anne d'Autriche, à assumer personnellement la cruelle responsabilité d'une guerre contre son pays natal, mais elle avait supporté les conséquences de cette situation avec une dignité sans failles ; elle avait aussi, quand son mari, sur ses incitations, quittait Madrid pour tenter de ramener dans le devoir quelque province rebelle, exercé des régences temporaires avec beaucoup de fermeté. En réalité, elle avait été l'homme de ce ménage. Dévouement d'autant plus méritoire qu'elle n'ignorait rien des faiblesses de ce faible mari, qui faisaient d'elle la reine la plus trompée d'Europe. Si l'on songe aux autres enfants de Henri IV — Louis XIII, austère et consciencieux, Henriette de France, reine d'Angleterre, si courageuse dans l'adversité — on peut dire que le sang des Bourbons de la deuxième génération n'avait pas menti. L'autre sœur, Chrétienne de France, duchesse de Savoie, avait pour défaut de trop aimer les hommes (comme son père, les femmes) mais, sur le plan politique, elle non plus ne se montra pas indigne du trône où le destin l'avait placée.

Il n'est pas inutile de réhabiliter de temps en temps les « personnages », ces mal aimés de la nouvelle histoire. On finirait par oublier qu'ils ne sont pas interchangeables et que l'individu, de tout temps, a eu la faculté de forcer le destin. Sans Anne d'Autriche, Louis XIV aurait probablement perdu son trône ; sans Élisabeth de France, l'Espagne eût plus tôt sombré.

La présence de Louis XIV n'était pas prévue à cette première entrevue entre les deux familles de France et d'Espagne. Le roi ne devait rencontrer Philippe IV et Marie-Thérèse qu'en cérémonie, le surlendemain 6 juin, pour jurer la paix. On était seulement convenu qu'il passerait à cheval devant les fenêtres de la salle des conférences pour apercevoir son épouse et se montrer à elle. L'impatience du « galant » modifia quelque peu le programme, car, ayant fait deux ou trois fois le tour du bâtiment, il constata qu'il ne pouvait commodément contempler Marie-Thérèse et le fit savoir par messager à Mazarin. On vit alors celui-ci s'approcher de Philippe IV et d'Anne d'Autriche pour leur dire qu'un inconnu, à la porte, demandait qu'on lui ouvrît. Anne, après avoir d'un regard consulté son frère, donna son autorisation. Don Luis et Mazarin entrouvrirent la porte et

Louis XIV apparut. A l'intention de ceux qui le veulent petit, citons les propos de Mme de Motteville : « Ils [*les ministres*] n'eurent pas grand-peine à trouver les moyens de le montrer à celle qui le regardait avec des yeux tout à fait intéressés [...] parce que sa belle taille le faisait surpasser les deux ministres de toute la tête. » (Mais on peut aussi penser que Louis XIV s'était hissé sur la pointe des pieds pour mieux voir l'infante !) Marie-Thérèse rougit extrêmement, le roi d'Espagne se laissa aller à sourire et dit à sa sœur, toujours en espagnol, qu'il avait un beau gendre (*lindo hierno*). Mais il refusa, malgré l'insistance d'Anne d'Autriche, que sa fille exprimât la moindre appréciation sur celui qui pourtant était désormais officiellement son mari : il n'était pas temps encore. « Et quand le pourra-t-elle ? demanda la reine — Quand elle aura passé cette porte », répondit Philippe IV. C'est alors que le jeune Monsieur eut un trait de malice et de complicité fraternelle assez charmant. Se penchant vers Marie-Thérèse, il lui demanda tout bas : « Que semble-t-il à Votre Majesté de cette porte ? » Sa Majesté osa rire et répondit sans consulter son père : « Elle me paraît très belle et très bonne ! »

Quand Marie-Thérèse et Philippe IV repartirent, Louis XIV, après avoir assisté, de la rive française, à leur embarquement, piqua un galop le long de la Bidassoa pour leur faire escorte ; et, nous dit Mme de Motteville, il aurait bien galopé ainsi jusqu'à Fontarabie sans des marais qui interrompirent sa course. Heureusement, car il avait failli oublier sa dignité ! Il était en effet tête nue : Philippe IV, au contraire, gardait son chapeau vissé sur la tête ; il ne l'ôta qu'une fois bien assuré que c'était le roi de France qui galopait ainsi « en posture d'amant » ; il se pencha même alors à la fenêtre de son bateau pour le saluer, et « fort bas ». N'empêche, il avait eu momentanément l'avantage. La compensation de Louis XIV fut l'enthousiasme qu'il déchaîna parmi les Espagnols. Oubliant leur « flegme », ils se précipitèrent autour de lui dès qu'ils apprirent sa présence et lui témoignèrent une admiration qui ne semblait pas feinte. Par comparaison avec Philippe IV, Louis XIV incarnait la jeunesse triomphante et une nouvelle image de la royauté, assez séduisante, pensa Mme de Motteville — et elle ne fut pas la seule — pour que les Espagnols acceptassent, le cas échéant, ce souverain venu d'ailleurs et qui avait été si longtemps leur ennemi.

Anne d'Autriche aussi, quand elle quitta la salle de la conférence, fut entourée et presque assaillie par ses compatriotes. Un certain comte de Pugnorostro qui avait été, quarante-cinq ans plus tôt, son menin à la cour de Madrid, « pensa lui dévorer la main » à force de la baiser.

Louis XIV, en voyant Marie-Thérèse, avait beaucoup pâli. Était-ce seulement d'émotion ? S'il avait, quant à lui, ébloui sa future épouse, qui ne pouvait se retenir de vanter ses grâces et sa galanterie en retournant vers Fontarabie, la réciproque n'était pas également vraie. Louis confia à son proche entourage que la laideur de l'habillement et de la coiffure de Marie-Thérèse l'avait surpris. Les *gardinfantes,* ces « grandes machines monstrueuses » (Motteville) donnaient aux jupes des Espagnoles l'allure de tonneaux cerclés, et l'effet était d'autant plus disgracieux que ce cerclage ne formait pas un rond parfait autour de la taille, mais accumulait l'ampleur en deux énormes bosses sur les hanches. Il y avait, de plus, une telle disproportion entre cette ampleur et l'étroitesse du corsage, plaqué au buste, que les femmes ainsi vêtues n'avaient plus, à la lettre, figure humaine ; elles semblaient composées de deux morceaux distincts, même pas articulés mais posés l'un sur l'autre : tronc de naine sur soubassement de géante. La coiffure était « en large », elle aussi, et on eût dit, qu'à force de l'être, elle tentait d'établir une sorte d'affreuse symétrie avec les jupes. Aplatis sur le front, les cheveux, de chaque côté du visage, allaient s'évasant en masses triangulaires jusqu'à la limite du possible, à l'aide de crêpelures, postiches, ornements divers et armatures invisibles. L'ensemble évoquait la forme d'un chandelier à sept branches, qu'on eût posé à l'envers sur la tête des femmes et ensuite garni de cheveux. De cette construction hiératique aucune brise n'aurait pu déranger l'ordonnance. Mais qui aurait eu l'idée d'exposer ces idoles à la brise ?...

Quand on contemple Marie-Thérèse ainsi parée et coiffée, on comprend mieux qu'elle n'ait jamais su s'adapter au roi de plein air qu'elle avait épousé. Le premier étonnement de Louis XIV, c'est celui que nous ressentons encore devant les portraits de cour que nous a laissés Velázquez qui, à la différence d'un Mignard ou d'un Le Brun, n'a jamais trahi la réalité qu'il avait sous les yeux. L'artifice n'était pas dans son pinceau, mais dans une mode insensée qui, à l'image de la cour d'Espagne, poussait à l'absurde la raideur et l'apparat. On se dit aussi que la réclusion des femmes espagnoles commençait à leur habillement : pas question d'extraire son corps de ce carcan ni même de lui imprimer quelque élan !

Louis XIV surmonta son désappointement. Il fallait attendre, il le comprenait, que Paris eût fait son œuvre sur Marie-Thérèse ; une fois transformée en femme, le mannequin qu'on lui avait montré aurait assez de beauté pour être aimé, il en convint, au grand soulagement de sa mère. Il fit plus et, toujours galant, envoya dès le lendemain son premier écuyer témoigner à Marie-Thérèse qu'il était « tout à fait touché de l'avoir vue si belle et qu'il mourait d'impatience de le lui dire en personne », comme il est écrit dans un des nombreux opuscules relatant « la pompe et la magnificence faites au mariage du roi et de l'infante d'Espagne ». Cette dernière, à son habitude, reçut le compliment avec beaucoup de « modestie », mais aussi « beaucoup de plaisir et de civilité ».

Marie-Thérèse joue si peu de rôle dans cette histoire que nous n'aurons guère l'occasion de reparler d'elle. Aussi faut-il dire ici qu'elle n'était pas sans qualités. Tous ceux qui l'approchèrent en ces premiers moments, y compris la Grande Mademoiselle, si critique, lui trouvèrent en effet beaucoup de civilité, c'est-à-dire de parfaites manières de cour, de la grâce, de la noblesse et même un certain bonheur d'expression. Si elle avait moins aimé son mari, si son mari l'avait moins trompée, peut-être aurait-elle été, sinon une grande reine, du moins une reine digne de son roi et d'une cour qui allait être pendant cinquante ans la plus brillante d'Europe. Après tout, Anne d'Autriche était sortie du même moule, et bien plus jeune que Marie-Thérèse. Mais la chance d'Anne d'Autriche avait été de ne pas aimer son époux, ce qui la laissa disponible pour d'autres intérêts.

Le dimanche 6 juin était le jour de la rencontre des deux rois. Coup d'œil unique sur l'île des Faisans et sur les deux rives de la Bidassoa. Côté français, douze cents hommes, les uns — gendarmes et chevau-légers — en casaques écarlates avec écharpes et plumes blanches ; les autres — mousquetaires, gardes suisses et françaises — en casaques bleues avec galons d'or et d'argent. Troupe d'élite, qui avait l'honneur d'être commandée par le roi, les mousquetaires poussaient la coquetterie militaire à l'extrême : ils ne montaient que des chevaux gris à la longue queue balayant le sol et ils différenciaient les quatre brigades qui composaient leur compagnie par la couleur de leurs panaches. D'Artagnan, le nôtre, était sous-lieutenant des mousquetaires faisant fonction de capitaine, car le capitaine en titre, Philippe Mancini, ne montrait pas plus d'ardeur pour la vie militaire que pour les études et, d'une façon générale, pour tout ce qui n'était pas son plaisir.

Le roi d'Espagne n'avait pu aligner que cinq cents hommes, plus très jeunes, et dont les couleurs à dominantes rouge et jaune, parurent moins belles que notre écarlate et notre bleu. Mais enfin, l'ensemble de ces troupes constituait une figuration plus que digne de ce grand spectacle dont les « entrées » successives et minutées des ministres, des altesses, des majestés, chacun accompagné de sa suite, constituaient les « clous ». On n'aurait su dire, écrit

Mathieu Montreuil, qui, des hommes, des chevaux ou des carrosses portait le plus d'aigrettes, de glands dorés et de broderies : « Cela sentait *Le Grand Cyrus* à pleine bouche. » Mazarin, qui ne lisait guère de romans, eut un autre mot, plus réaliste. Quelqu'un lui faisant observer que les Français présents devaient bien porter sur eux pour deux millions de broderies, « cela ne fait qu'un million pour les marchands », répondit-il. Presque tout, en effet, avait été acheté à crédit et les acheteurs n'étaient pas plus solvables que la cour elle-même. On peut naturellement se demander si les Français, comme les Espagnols, devaient ainsi se ruiner ou engager leurs biens (un moulin pour un collet, une garenne pour un pourpoint) à de seules fins d'ostentation. Vaine question. L'historien ne peut que constater. C'était ainsi. Quand bien même la rivalité franco-espagnole n'eût pas poussé les deux cours à surenchérir, la magnificence serait restée l'expression obligée de la puissance. Mazarin avait même dit à Colbert qu'il ne fallait pas craindre de surévaluer, à l'intention du public, les frais entraînés par le mariage ; ce n'était pas, pour une fois, à seule fin de soutirer des sommes supplémentaires aux Français, mais pour soutenir « la dignité du roi[40] ». On ne concevait au XVIIe siècle d'autre État que l'État-spectacle (ce qui ne signifie pas, bien entendu, que l'État ne fût que spectacle). Et c'est aussi pourquoi nous ne devons pas juger selon nos normes de l'enrichissement de Mazarin. Il fit une plus grosse fortune que d'autres, certes, mais aucun ministre alors n'était pauvre et l'on eût jugé incongru qu'ils le fussent, leur éclat étant un reflet de celui de leurs maîtres. Le ministre du Roi-Soleil se devait d'éblouir ; or, pour éblouir, il faut bien trouver de l'argent par tous les moyens, y compris ces pots-de-vin que réprouve la morale républicaine (sans en être tout à fait exempte...).

Quelques contemporains, pourtant, trouvèrent à redire au faste déployé en la circonstance ; non pas, comme ce pourrait être le cas aujourd'hui, qu'ils se choquassent d'une telle ponction sur les deniers publics, alors que le peuple manquait de pain ; simplement parce que le raffinement ou, comme on disait, la délicatesse de leur esprit (celle des très grands seigneurs qu'ils étaient) les inclinait à penser que le bon goût exige la discrétion. L'honnête homme ne se pique de rien, pas même d'élégance. Avant la noce, les atours de Louis XIV avaient été exposés au couvent des Récollets de Saint-Jean-de-Luz. Le roi, s'y rendant un jour, demanda au duc de Roquelaure ce qu'il pensait de tout cela. Roquelaure était un Gascon qui avait son franc-parler. « Parbleu, sire, dit-il, il me semble que Monnerot se marie ! » Monnerot était, comme La Bazinière, dont nous avons parlé, un de ces traitants qui aimaient à étaler leur luxe de parvenus et dotaient leurs filles plus richement que quiconque. Sur un autre ton que Roquelaure, La Rochefoucauld, le plus discret peut-être de tous les grands seigneurs, écrivait à Mme de Sablé : « On ne parle que de la magnificence des habits de notre cour ; il me semble que c'est mauvais signe pour ceux qui les portent et qu'ils devraient souhaiter qu'on parlât d'eux aussi. »

Une fois arrivés sur l'île des Faisans, Louis XIV et Philippe IV entrèrent en même temps, par des portes opposées, dans la salle de la conférence, entièrement tendue de tapisseries, plafond compris. Louis XIV arborait à son chapeau un cordon de diamants, mais, dit Mademoiselle, « il en était moins paré que de sa bonne mine naturelle ». Anne d'Autriche portait son voile de veuve, deux rangs de perles au cou, sa croix et ses pendants d'oreilles en diamants (enfin tirés des coffres-forts helvétiques !). Les deux rois s'avancèrent à pas comptés jusqu'à la ligne marquant la frontière. Louis XIV fit mine de plier le genou. Philippe IV l'en empêcha en le prenant dans ses bras, déclara qu'il vivait le jour le plus heureux de sa vie, puis, désignant Marie-Thérèse : « La seule personne, après Votre Majesté, qui aurait pu me porter à faire ce voyage est cet enfant de mon cœur que je vous ai amené pour vous la donner comme épouse. Et je m'assure que Votre Majesté la tiendra dans l'estime qu'elle mérite, pas seulement en sa qualité de reine de France et de ma fille, mais aussi en considération de la bonne volonté avec laquelle je vous la donne. » Anne d'Autriche pleurait. Mais Louis fut égal à l'occasion : « Mon père, dit-il, seules les faveurs que je reçois des mains généreuses et puissantes de Votre Majesté pouvaient me forcer à me confesser non seulement indigne d'être le fils d'un si puissant monarque, mais aussi votre humble vassal. » Ce qui flatta beaucoup la vanité des Espagnols. Louis exprima aussi des regrets pour les fatigues qu'avait causées ce long voyage à Philippe IV, et celui-ci répondit : « Je serais venu à pied, s'il l'avait fallu. »

Mademoiselle avait été très déçue d'apprendre que le roi d'Espagne ne la baiserait point. Du moins espérait-elle une révérence. Mais Philippe IV « ne branla pas de sa place, et à peine fit-il un mouvement de pied qui aurait pu signifier qu'il avait envie de faire la révérence ». Le mouvement de pied était plus ou moins accentué selon la qualité des présentés.

Les deux rois jurèrent la paix à genoux, mais non pas sur le même crucifix et le même Évangile : chacun avait les siens, exactement mesurés aux autres. Puis ils s'embrassèrent. Parmi les maréchaux de France il y avait, naturellement, Turenne. Philippe IV le regarda à plusieurs reprises et dit à sa sœur : « Cet homme m'a donné de méchantes nuits. » « L'on peut juger, commente Mademoiselle, si M. de Turenne s'en sentit désobligé. » Mazarin ne fut pas moins flatté des compliments remarqués que lui décerna le roi d'Espagne, disant notamment : « La chrétienté vous doit la paix. »

Pendant ce temps, les personnages de second plan, qui n'avaient pas accès au saint des saints, se répandaient dans les autres pièces du bâtiment, s'offraient des boissons et se congratulaient. Les Espagnols se virent contraints de reconnaître que, pour la somptuosité de la parure, les Français l'emportaient sur eux et à vrai dire sur tout le monde ; quelques-uns, ne voulant pas donner une joie complète à leurs anciens adversaires, observèrent que la chose s'expliquait aisément : la cour de France devait manifester sa liesse à recevoir et posséder un tel trésor que Marie-Thérèse, alors que la cour d'Espagne était comme en deuil de la perdre ; d'autres se contentèrent de dire : « Si, avec vos ajustements, vous aviez *nos* pierreries, vous paraîtriez des divinités sur terre. » Ce qui était tout de même assez galant.

Mais de galanterie on faisait assaut. Mazarin offrant une épée à un dignitaire espagnol, celui-ci, sans un mot, dégrafait la sienne et la jetait dans la Bidassoa... où plongeaient instantanément deux soldats de l'une et l'autre nation pour se la disputer ! Quant aux filles d'honneur d'Anne d'Autriche, elles découvraient les charmes du *galanteo* espagnol et, le soir, à leurs balcons, recevaient des compliments où il entrait « plus de six soleils, vingt étoiles et trente roses », comme dit drôlement Mathieu Montreuil.

Le lendemain 7 juin, Anne d'Autriche et ses fils retournèrent sur l'île pour prendre livraison de Marie-Thérèse. Celle-ci avait les yeux rouges et se jeta trois fois en pleurant aux pieds de son père ; elle pleurait encore quand on l'installa dans son carrosse, où Louis XIV ne pouvait aisément la consoler, étant contraint de la laisser seule « sur le devant » à cause du volume de son *gardinfante.*

Le roi avait déjà déclaré qu'il consommerait le soir même son mariage. Sa mère s'y opposa, sous prétexte que la dernière cérémonie ecclésiastique en territoire français n'était pas accomplie. Ce que crurent les panégyristes, tel Colletet, qui attribue ce délai à la seule piété du roi ! La vérité était autre. Anne d'Autriche voulait prendre le temps de faire habiller et coiffer Marie-Thérèse à la française. Elle était consciente de la déception qu'avait éprouvée son fils et elle tenait trop à la réussite de ce mariage si longtemps désiré pour ne pas mettre toutes les chances du bon côté. Sa propre expérience lui avait appris de quelle conséquence pouvait être un fiasco conjugal, puisque son mari Louis XIII ne l'avait plus approchée pendant quatre ans après la première nuit. Il est vrai que Louis XIII était alors un adolescent de quatorze ans, et vierge, ce qui n'était pas le cas de Louis XIV.

Tant de monde suivait et ovationnait le cortège des nouveaux époux qu'il ne parvint à Saint-Jean-de-Luz que sur les dix heures du soir, à la clarté des torches et des feux de joie. Tous les hommes, sauf le roi, avaient été exclus de ce qu'on appelle encore la maison de l'infante (et qui était en fait la maison d'Anne d'Autriche). C'est celle-ci qui l'avait ainsi voulu, pour ménager la pudeur de sa belle-fille et donner quelque intimité à cette première soirée. Louis XIV proposa à sa femme de lui faire apporter à souper dans sa chambre. Elle refusa, soupa avec lui et la reine. Elle était « quasi en chemise », et Louis put ainsi constater avec plaisir que le *gardinfante* n'avait dissimulé aucune difformité. Il reconduisit Marie-Thérèse jusqu'à sa chambre, lui baisa la main, lui dit qu'il était tard et qu'il la laissait dormir.

Le lendemain, la consommation fut encore différée, Marie-Thérèse ayant demandé un jour de répit pour se consoler du chagrin qu'elle ressentait de la séparation d'avec son père. Elle resta chez sa belle-mère, dîna (c'est-à-dire déjeuna) avec elle et, avec elle, alla voir les comédiens espagnols. Elle écrivit une longue lettre à son père et, avant de la cacheter, la fit porter à son mari. S'il l'avait lue, ce qu'il refusa, il aurait appris qu'il était déjà fort aimé. Nous le savons par les confidences de Philippe IV à la carmélite d'Agreda, à laquelle il écrivait aussi que Louis XIV lui était apparu comme « un beau garçon, plein de bonnes qualités ». Il changerait sous peu d'opinion, du moins quant aux bonnes qualités.

Le lendemain 9 juin eut lieu la dernière cérémonie du mariage « en propre personne » dans l'église de Saint-Jean-de-Luz, où l'on se rendit à pied, comme une noce de village. Mais jamais noce de village n'avait été, ne serait ainsi parée...

Le service dura deux heures dans une église bondée et par une chaleur étouffante. Si l'on songe que Marie-Thérèse outre le manteau royal de velours violet doublé d'hermine, portait sur la tête la lourde couronne fermée (or et diamants), on ne s'étonnera pas que, malgré le parasol au moyen duquel on l'avait, à l'aller comme au retour, protégée du soleil, elle fût épuisée en regagnant sa demeure. On la déshabilla, on la coucha et elle ne réapparut qu'à la fin de l'après-midi. Dans cet intervalle « les Grâces n'étaient pas demeurées oisives », comme écrit *La Gazette* : la nouvelle reine de France était enfin habillée et coiffée à la française. Elle y gagnait beaucoup et recueillit une bonne part des ovations qui montaient vers le balcon d'où son mari jetait aux badauds les « pièces de largesse » gravées par les soins de Colbert. Cela fait, le trio royal se rendit au logis de Louis XIV et y soupa. Dès le souper fini, le roi demanda à se coucher. « Il est trop tôt », dit Marie-Thérèse. Mais, cette fois, l'esquive n'était plus possible : on vint annoncer que le roi était déjà déshabillé.

Le lendemain matin, Louis parut des plus gais et fort épris. Ce qui ne l'empêcha pas de demander à sa tendre épousée de renvoyer sa maison espagnole (qui comptait quelque quarante personnes). Louis XIII avait attendu plus longtemps pour renvoyer la suite d'Anne d'Autriche et pourtant la chose ne s'était pas passée sans aigreur. Marie-Thérèse fut plus docile. « Je n'ai point d'autre volonté que la vôtre, dit-elle à son mari, j'ai quitté le roi mon père, que j'aimais tendrement, mon pays et tout ce qui m'avait été offert pour me donner entièrement à vous ; je l'ai fait de bon cœur, mais aussi je vous supplie de m'accorder, en récompense de cette grâce, que je puisse être toujours avec vous et que jamais vous ne me proposiez de me quitter, puisque ce serait pour moi le plus grand déplaisir que je pourrais recevoir. »

Louis XIV donna aussitôt les ordres nécessaires pour que, pendant tout le voyage de retour jusqu'à Paris, il ne fît qu'un lit et qu'une table avec la reine, quelque exiguës que pussent être les résidences où ils feraient étape. Mais il ne revint pas sur le renvoi de la suite espagnole. Marie-Thérèse ne garda qu'un confesseur, un médecin, un chirurgien et quelques subalternes dont la fidèle Molina qui la consolerait à Versailles des infidélités de Louis XIV en lui confectionnant du chocolat à l'espagnole.

Toutes ces « maisons » étrangères qui suivaient les princesses dans leurs nouveaux royaumes étaient autant de nids d'intrigues et d'espionnage, et leur renvoi était en quelque sorte traditionnel. Louis XIV ne faisait preuve d'originalité qu'en agissant aussi promptement, et cette promptitude est révélatrice : elle prouve que le roi, maintenant, l'emportait en lui sur l'amoureux (puisque Louis était alors sincèrement amoureux de sa femme). Fini le temps où il faisait étourdiment confidence à Marie Mancini des secrets d'État. Un peu plus tard, après avoir pris le pouvoir, il dira à ses ministres, dont Colbert, qui en fut si frappé qu'il en prit note :

« Vous êtes tous mes amis, ceux de mon royaume que j'affectionne le plus et en qui j'ai le plus confiance. Je suis jeune et les femmes ont ordinairement bien du pouvoir sur ceux de mon âge. Je vous ordonne à tous que, si vous remarquez qu'une femme, quelle qu'elle puisse être, prenne empire sur moi et me gouverne le moins du monde, vous ayez à m'en avertir. Je ne veux que vingt-quatre heures pour m'en débarrasser et vous donner contentement là-dessus. »

Il est vrai que Louis XIV, s'il trompa assidûment son épouse, ne laissa plus jamais, jusqu'à la Maintenon, une femme le « gouverner ». C'est pourquoi il faut croire

Mme de Motteville, quand elle nous dit que le roi, au lendemain de ses noces, remercia sa mère de lui avoir « ôté du cœur » Marie Mancini. Il comprenait sans doute que celle-ci n'aurait jamais eu pour lui la « complaisance » que lui témoignait Marie-Thérèse ; qu'elle ne lui aurait pas d'elle-même montré les lettres qu'elle écrivait et qu'elle n'aurait pas accepté sans murmures qu'on renvoyât son entourage pour lui en imposer un autre. Louis était donc sincère quand il écrivait à Philippe IV, quelques jours après le mariage :

« Monsieur mon frère, oncle et beau-père,

« Je ne puis demeurer davantage sans renouveler à Votre Majesté les assurances de mon amitié, qui augmente tous les jours dans la possession du précieux gage qu'Elle m'a laissé de la sienne. Votre Majesté agréera aussi que j'entre un peu dans le domestique avec Elle pour lui communiquer ma joie et ma satisfaction, ne se pouvant rien ajouter, ni pour l'honneur ni pour l'esprit, ni généralement pour toutes les qualités personnelles aux douceurs de la compagnie qu'Elle a bien voulu me donner. »

Verba volant...

XIII

Le triomphe de Mazarin

Peu d'hommes d'État furent jamais encensés comme Mazarin le fut pour avoir fait la paix des Pyrénées. Tout ce qui maniait la plume y alla de son ode, de sa ballade ou de son sonnet. Il est vrai que le cardinal pensionnait beaucoup d'auteurs, jusques et y compris Mlle de Scudéry, laquelle en cette occasion ne se montra pas ingrate, remplissant plusieurs feuillets de sa prose louangeuse[41]. Mais la littérature de circonstance produit peu de chefs-d'œuvre : dans le concert qui s'élevait, la platitude le disputait à l'hyperbole. L'un vantait « l'éminente personne de Jules qui, depuis si longtemps, conduit avec tant de bonheur la barque agitée de ce puissant État ». L'autre découvrait que le nom même de Mazarin était prédestiné, puisque son anagramme donnait : *Irin amas* (tu aimes la paix). Un troisième se demandait si, dans le panthéon des gloires du royaume, Jules, désormais, ne l'emporterait pas sur Armand (Richelieu). Grande question, fort débattue, qui donna lieu à de nombreuses réponses :

Vous nous dites que Jule, en calmant notre orage
Et nous mettant au port au milieu du naufrage
A plus fait, de beaucoup, que n'a pas fait Armand,
Et que jamais mortel ne fit rien de si grand.
Trêve de parallèle : il nous rend ridicules :

Croyez-moi, n'en faisons jamais.
Si Jule a fait la paix, le grand Armand fit Jule,
Et quiconque a fait Jule a fait plus que la paix.

Non, disait un autre,

Vous n'avez pas raison, Armand n'a pas fait Jule :
Sitôt qu'il le connut, le menant à la cour,
Il fit voir son mérite et le mit en son jour
Et le bonheur d'Armand fut de connaître Jule.
Armand put bien couvrir de gens d'armes la terre,
Il n'y put pas planter l'olive de la paix ;
Tant que Jule a voulu, il a fait bonne guerre,
Et quand il a voulu, il a donné la paix.

On s'attachait à retracer les brillants débuts du pacificateur, alors qu'il n'était qu'un jeune diplomate au service du pape, et, pillant honteusement Corneille, on écrivait :

Ses premiers coups d'essai furent des coups de maître

Ou bien on s'avouait vaincu et réduit au silence par tant de mérites :

Nous n'avons plus de mots, nous n'avons plus de rimes

On franchissait enfin les bornes du ridicule en disant à Jules, à propos d'une baleine que les pêcheurs de Saint-Jean-de-Luz avaient capturée à peu près au moment où se signait la paix :

La mer jette à vos pieds ce qu'elle a de plus grand :
Vous lui donnez la paix ; elle, à vous, sa baleine.

Bref, on ne voyait plus qu'une grandeur possible pour Jules : le trône de Saint-Pierre.

Rome t'a commencé, Rome t'achèvera.

En conséquence, on suppliait la France de « se bien garder de laisser aller » ce ministre dont, dix ans plus tôt, on n'avait pas eu de mots assez forts pour réclamer le départ.

Ce souvenir saignait encore au cœur de Mazarin. Aussi ne manquait-il pas de décocher quelques flèches, mouchetées mais précises, à ceux qui maniaient l'encensoir après avoir lancé l'anathème. Le parlement de Paris ne s'était pas contenté d'encourager le ministre à prendre sans formalités le titre de duc : il avait demandé permission de lui envoyer une députation pour le féliciter (démarche rarissime de la part du premier corps de l'État). Mazarin répondit avec une feinte humilité au président de Lamoignon que, seuls la valeur de nos armes, l'union des Français, le prestige et la modération du roi avaient été les moteurs de la paix. Mais il ajouta *in fine* :

« Vous me permettrez de vous dire que, si je ne mérite [pas] les acclamations qu'on me fait à présent, je ne méritais pas aussi les reproches et les malédictions qu'on m'a donnés dans un temps où, quoique j'eusse les mêmes sentiments que j'ai à présent pour le bien et le repos de l'État, il m'était impossible de le procurer, parce que ceux qui me devaient aider faisaient tous leurs efforts pour m'en empêcher, de même qu'il est bien difficile qu'un pilote, pour expérimenté qu'il soit, puisse [conduire] son navire au port, quand ceux qui doivent l'assister mettent toutes pièces en œuvre pour lui faire faire naufrage » (4 décembre 1659).

Les parlementaires comprendraient l'allusion, eux qui, pendant la Fronde, ne s'étaient pas satisfaits d'exiler le cardinal, de confisquer ses biens, de mettre sa tête à prix, mais avaient levé des troupes contre leur roi et négocié avec l'ennemi.

Parmi toutes les pièces de vers célébrant la paix et le mariage, la moins mauvaise fut celle d'un débutant. Ce poète de vingt ans avait imaginé un dialogue entre la nymphe de la Seine et l'Amour ; malgré les maniérismes à la mode, quelques vers y retiennent encore le lecteur par une limpidité qui, bientôt, ferait reconnaître entre tous le style de l'auteur.

Chaque jour m'apportait quelques malheurs nouveaux,

soupirait la nymphe. Évoquant les misères de la guerre, elle disait aussi :

Je sais les tragiques effets
De l'impitoyable Bellone,
J'ai vu toute l'Europe en proie à sa fureur
Devenir un séjour de massacre et d'horreur;
J'ai vu ses champs pillés, ses villes dans les chaînes
Et ses fleuves, perdant la couleur de leurs eaux,
[...]
Avec des flots de sang arroser les tombeaux.

Dorénavant, grâce à l'Amour qui amenait Marie-Thérèse dans les bras de Louis, les cieux n'enfanteraient plus d'orages, toutes craintes seraient apaisées, les ris et les jeux refleuriraient partout. Aussi la nymphe acceptait-elle de se soumettre au dieu Amour, malgré le légitime orgueil qu'elle avait toujours éprouvé à régner sur des rivages aussi illustres que ceux de la Seine :

Ils sont des plus grands rois l'agréable séjour,
Ils le sont des plaisirs, ils le sont des amours,
Il n'est rien de si doux que l'air qu'on y respire,
Je reçois les tributs de cent fleuves divers;
Mais de couler sous votre empire
C'est plus que de régner sur l'empire des mers.

L'Amour, dans sa réponse, faisait preuve d'une sage modestie en rappelant à la nymphe qu'il n'aurait pu procurer tant de félicité à la France sans les efforts de

Jules, l'honneur du Tibre, et ton illustre appui

Et il ajoutait :

Déjà tous les mortels jettent les yeux sur lui,
Seul il peut avec moi les sauver du naufrage :
Nymphe, ne doute plus du succès glorieux
D'une paix qui sera l'ouvrage
Du plus grand des héros et du plus grand des dieux.

Charmé, le plus grand des héros fit envoyer cent livres par Colbert au jeune poète. Il s'appelait Jean Racine.

Anne d'Autriche n'était pas négligée. On rappelait, en prose et en vers, avec quelle fermeté elle avait soutenu la fortune de Jules — dans une intention toute pure et toute patriotique, naturellement. Oubliés, là aussi, les motifs trop personnels qu'on avait — et en quels termes orduriers ! — prêtés à la reine pendant la Fronde. Les harengères, corporation redoutée, s'étaient alors distinguées par la virulence de leurs attaques, insultant Anne quand elle se rendait à Notre-Dame et chantant à son propos, aux carrefours, les couplets les plus ignobles. Elles chantaient maintenant ses louanges et ne se distinguaient plus que par l'enthousiasme et les deniers qu'elles prodiguaient pour organiser les réjouissances populaires.

N'y avait-il vraiment aucune discordance dans ce concert d'éloges ? Si, mais les critiques avaient choisi la prudence. Il se trouva pourtant un imprudent pour exprimer ce que pensaient un certain nombre de bons esprits, et, par chance, ce fut un des hommes les plus spirituels du siècle. Voici donc ce qu'écrivait Saint-Évremond au marquis de Créqui :

« Comme le plus grand mérite du chrétien est de pardonner à ses ennemis et que le châtiment de ceux qu'on aime est l'effet de l'amitié la plus tendre, M. le Cardinal a pardonné aux Espagnols pour châtier les Français. En effet, les Espagnols, humiliés par tant de disgrâces, abattus par tant de pertes, devaient attirer sa compassion et sa charité ; et les Français, devenus insolents par les avantages de la guerre, méritaient d'éprouver les rigueurs salutaires de la paix [...].

« Je croirais assez que des considérations politiques ont été mêlées avec une conduite chrétienne dans la douceur et la bonté qu'a eues M. le Cardinal pour les Espagnols [...]. Il a jugé que la France se conserverait mieux, unie comme elle est et ramassée pour ainsi dire en elle-même, que dans une plus vaste étendue ; et ce fut une prudence dont peu de ministres sont capables de songer à couvrir notre frontière, quand la conquête des Pays-Bas était pleinement entre ses mains [...]. Quelle différence, monsieur, d'une sagesse si profonde au dérèglement du cardinal de Richelieu ! »

Puis, revenant au sérieux, Saint-Évremond dit fortement sa conviction : la poursuite de la guerre, en des circonstances aussi favorables qu'elles l'étaient pour nous depuis 1658, n'eût pas seulement mis fin à la prépondérance de l'Espagne : elle eût abattu la monarchie espagnole elle-même. Mazarin n'avait pas su mesurer la faiblesse des ennemis ; il s'était laissé tromper par leur réputation passée, « ne pouvant s'imaginer qu'une nation si redoutable autrefois pût être si proche de sa ruine. L'Espagne, l'Italie, l'Allemagne, les Pays-Bas, qui n'étaient quasi plus que des noms, lui donnaient toujours une grande idée de leur vieille puissance ; il ne considéra pas assez l'état où nous étions, pour considérer trop celui où nos ennemis avaient été ».

C'est aussi que Mazarin, naturellement timoré, était trop sensible aux périls intérieurs, qu'il se grossissait :

« La vertu de Monsieur le Prince, dénué des moyens nécessaires pour agir, l'image du cardinal de Retz, caché misérablement pour la sûreté de sa vie, rappelaient dans son esprit les désordres passés et lui faisaient appréhender des révolutions nouvelles. Il concevait, en trois gentilshommes de Normandie vagabonds, en de pauvres paysans de Sologne désespérés, toute la noblesse soulevée et la révolte de tous les peuples. Tout le monde, à son avis, l'attaquait, parce qu'il se sentait odieux à tout le monde. »

La hâte de Mazarin à traiter procédait aussi d'un intérêt bien compris : il était jaloux des succès de Turenne, il craignait que sa santé déclinante ne l'empêchât désormais de diriger les opérations et donc d'en tirer gloire : « Le souvenir des derniers exploits lui en faisait appréhender de nouveaux, et, pour se délivrer d'inquiétude, il aima mieux finir la guerre par une paix toute de lui que de voir faire conquêtes sur conquêtes où il n'aurait point de part. »

Voilà pour la vanité. Mais il y avait aussi la cupidité du ministre. Certes, la guerre lui rapportait, mais il se voyait quand même contraint de distraire, pour la guerre, un peu de tout l'argent qui lui passait par les mains, et ce genre de sacrifice lui était plus insupportable qu'aucun autre : « Ce qui s'appelle une véritable conquête pour lui, c'est l'acquisition réelle de nouveaux deniers », et « toute paix est bonne quand, par elle, on met à couvert des millions qui se consommaient de nécessité dans la continuation de la guerre ». Sans parler des domaines, charges, bénéfices, que Son Éminence se faisait attribuer dans les provinces conquises...

Du moins, Mazarin, qui était un habile diplomate, aurait-il pu rattraper par la négociation ce qu'il avait fait perdre à la France en interrompant la guerre. Mais, là encore, explique Saint-Évremond, sa vanité l'a aveuglé. « Il a voulu faire voir à toute l'Europe la supériorité de son génie et il n'a point été trompé dans son opinion. Car il s'est toujours rendu maître de l'entendement de don Luis, qui reconnaissait de bonne foi l'ascendant de son esprit et l'avantage de ses lumières ; mais il arrivait par malheur que la volonté trop opiniâtre de celui-ci devenait maîtresse à la fin des résolutions de celui-là. Aussi l'Espagnol emportait grossièrement et sans raison des choses que l'Italien disputait spirituellement et avec justice. » C'est que le « chimérique don Luis », quant à lui, « s'amusait » à cette bagatelle qu'est l'intérêt national. Tandis que le cardinal, à force de faconde, oubliait qu'il avait à soutenir « l'honneur et les droits de la France » et qu'il disposait pour cela des meilleurs atouts. « Il pouvait tout ce qu'il aurait voulu fortement, continue Saint-Évremond ; mais, pour avoir pris le parti de la persuasion et avoir laissé prendre à don Luis celui de l'autorité, les Espagnols ont fait la paix comme s'ils avaient été en notre place, et nous avons reçu leurs conditions comme si nous avions été en la leur. » Faut-il s'étonner, après cela, que, sitôt le traité signé, don Luis ait dit à ses collaborateurs : « Allons, messieurs, allons rendre grâces à Dieu ! Nous étions perdus : l'Espagne est sauvée » ?

Saint-Évremond n'avait pas poussé la témérité jusqu'à publier sa lettre, mais, par malheur pour lui, Créqui, le destinataire, la trouva si bonne qu'il la fit circuler. Or Créqui était un familier de Fouquet. Si bien qu'après l'arrestation de celui-ci, en septembre 1661, le compromettant écrit fut trouvé dans ses papiers. Mazarin était mort, mais Colbert et Le Tellier persuadèrent Louis XIV qu'il ne devait pas souffrir cette atteinte à la mémoire du ministre et qu'au reste un censeur à la plume aussi acérée pourrait bien un jour s'en prendre à la majesté royale elle-même. Pour éviter la Bastille, Saint-Évremond choisit l'exil. Il n'en devait jamais sortir, ce qui ne le fit pourtant pas changer d'avis. Il s'en expliqua dans une lettre au maréchal de Gramont, celui-là même qui était allé à Madrid demander la main de Marie-Thérèse :

« Un jour, on me louera d'être bon français, par ce même écrit qui m'attire des reproches ; et, si M. le Cardinal vivait encore, j'aurais le plaisir de me savoir justifié dans sa conscience *[ce qui reste à prouver...]*. Jaloux de l'honneur du roi et de la gloire de son règne, je voulus laisser une image de l'état où nous étions avant la paix, afin que toutes les nations connussent la supériorité de la nôtre, et, rejetant le mauvais succès de la négociation sur un étranger, ne s'attachassent qu'à considérer les avantages que nous avions eus dans la guerre. »

Chose étrange, ce qu'écrivait Saint-Évremond était à peu près ce que pensait celui qui l'avait exilé pour avoir commis cet écrit : « Au traité des Pyrénées, dit Louis XIV dans ses Mémoires, c'était le cardinal Mazarin qui tâchait de le persuader *[don Luis]* par des raisonnements, auxquels il répondait toujours en deux mots par des ordres précis de son roi et du conseil d'Espagne. » La méthode n'est pas explicitement critiquée, mais elle est immédiatement mise en regard de celle qu'adopta le roi lui-même après la mort de Mazarin, quand il eut à faire des représentations à don Luis à propos d'une querelle de préséance : « Ici, au contraire, c'était lui qui raisonnait, et mon ambassadeur qui tenait ferme sur mes ordres précis, l'obligeant continuellement à descendre à des soumissions très fâcheuses. » Et l'on sent bien pointer l'amertume du souverain quand il rappelle ce mot d'un Espagnol disant que, par le traité des Pyrénées, Mazarin et don Luis avaient tout partagé : « la terre, l'eau et le soleil ». (Le soleil ! A-t-on idée !...)

On ne peut pas ignorer ces critiques. Il est sûr que Mazarin trouva en don Luis de Haro un adversaire beaucoup plus coriace qu'il ne s'était, à tort, imaginé. Il est exact que la conquête entière des Pays-Bas n'était plus qu'une question de semaines, qu'elle était un des buts de la politique française depuis Richelieu, et que Mazarin lui-même avait jadis écrit que notre frontière devait aller jusqu'à l'Escaut pour que Paris fût inexpugnable. En accordant une suspension d'armes aux Espagnols dès le 8 mai 1659, saison où commençaient alors les campagnes, le cardinal leur permit de conserver l'essentiel de ces provinces si convoitées. Et n'oublions pas que, ce qu'ils nous en cédaient, nous l'avions déjà conquis et que de ces conquêtes il faut exclure une pièce maîtresse, Dunkerque, donné à l'Angleterre pour prix de son aide. D'autres concessions, que Saint-Évremond ignorait (l'abandon du Portugal et de cette même Angleterre) étaient sans conséquences pour notre sécurité, mais non pas pour notre honneur, et c'est pourquoi Mazarin avait voulu qu'elles restassent secrètes.

En dépit de tout cela, Saint-Évremond est injuste (et les Espagnols auraient été les premiers à le reconnaître, eux qui, de leur côté, accusaient don Luis de Haro d'avoir trop cédé !). L'aristocrate, l'ancien militaire qu'était Saint-Évremond oublie une chose capitale : les misères du peuple. La suspension d'armes, puis la paix, si elles furent critiquées par quelques généraux, furent accueillies avec enthousiasme par l'opinion. Nous étions en guerre depuis vingt-quatre ans (pour ne parler que de la guerre franco-espagnole) ! Pouvait-on demander aux Français un effort supplémentaire ? Les révoltes nobiliaires ne se réduisaient pas à « trois gentilshommes de Normandie », et moins encore les révoltes populaires à quelques paysans de Sologne : elles éclataient un peu partout, année après année. A poursuivre la guerre, ne risquait-on pas une deuxième Fronde ? Qui sait même si Anne d'Autriche, que M. Vincent ne cessait de sensibiliser aux misères du peuple et qui voyait l'infante en âge d'épouser son fils, eût accepté de laisser passer cette chance ? Or, sans son appui, on ne le dira jamais assez, Mazarin ne pouvait rien. Il ne faut pas oublier du reste que, si Marie-Thérèse n'avait pas épousé Louis XIV, elle aurait épousé l'Empereur, ce qui entraînait pour nous des conséquences incalculables.

Quant à nos alliés, jusqu'où et jusqu'à quand nous auraient-ils soutenus ? La Suède ne pouvait plus rien, ayant jeté toutes ses forces dans une nouvelle guerre où elle affrontait les autres riverains de la Baltique (Brandebourg, Danemark, Pologne et Moscovie). Quant à l'Allemagne, Saint-Évremond a tort de dire qu'elle n'était plus qu'un nom. L'Empereur y comptait encore et ne cessait de s'employer à dissocier ou à gagner nos alliés rhénans. La création de la Ligue du Rhin avait été un coup de maître, mais son maintien nous coûtait des millions et beaucoup de tracas. Entre 1657 et 1659, Robert de Gravel, notre résident en Allemagne, distribua 2 753 314 livres 10 sols (on peut aussi admirer la précision comptable de ce zélé diplomate). A ce prix, les confédérés parvenaient à s'entendre avec nous, mais, hélas ! pas entre eux ; et, même s'ils avaient été capables de présenter un front uni à l'Empereur, auraient-ils osé et voulu faire marcher leurs troupes contre celles qu'il eût envoyées au secours des Espagnols ? Le cas ne s'était pas présenté, puisque la suspension des hostilités avait suivi de près la constitution de la Ligue du Rhin ; mais il se serait immanquablement présenté si la France avait poursuivi sa progression dans les Pays-Bas, ce que l'Empereur n'aurait pas accepté. La Ligue reposait sur un malentendu hypocritement entretenu des deux côtés : pour la France, elle était un coin enfoncé entre les deux monarchies Habsbourg et un instrument de pénétration en Allemagne ; pour les princes rhénans, elle était avant tout un instrument d'autodéfense. Ils ne tenaient nullement à se laisser entraîner dans une guerre étrangère et ils ne tenaient pas non plus à voir la France trop puissante : c'eût été tomber de Charybde en Scylla. Si la paix des Pyrénées les avait réjouis, une paix plus avantageuse pour nous les aurait inquiétés. Ils louèrent Mazarin d'avoir renoncé à la conquête entière des Pays-Bas, que le sort des armes semblait nous promettre. C'était bien assez que la France, qui était déjà leur voisine par l'Alsace, le devînt maintenant aussi par la Lorraine !

Quant aux Hollandais, ils avaient cessé depuis dix ans d'être nos alliés et ils n'avaient nulle envie de le redevenir, pour des raisons analogues ; il était moins dangereux de voisiner par les Pays-Bas avec une Espagne affaiblie qu'avec une France victorieuse.

Car il faut quand même rappeler, bien qu'ils figurent dans tous les manuels, quels étaient les territoires et avantages acquis par la France au traité des Pyrénées. On ne saurait juger sur pièces en les réduisant, comme Saint-Évremond, à trois mots dédaigneux : « couvrir notre frontière ». Au sud-ouest, le Roussillon et une partie de la Cerdagne ; au nord, tout l'Artois, à l'exception d'Aire et Saint-Omer ; les places de Gravelines, Bourbourg, Bergue et Saint-Venant en Flandre ; celles de Landrecies et Le Quesnoy en Hainaut ; celles de Thionville, Montmédy, Damvilliers en

Luxembourg (et qui dit « places », dit aussi dépendances et territoires annexes). A tout cela s'ajoutait la « rançon » de Condé, soit Avesnes, plus Mariembourg et Philippeville, postes avancés dans les Pays-Bas. Voilà ce que cédaient les Espagnols ; mais il y avait aussi ce qu'ils obligeaient leurs alliés à nous céder. Nous avons parlé de la Lorraine : elle ne devenait pas entièrement nôtre, mais son malheureux duc se voyait contraint d'abandonner à notre profit le Barrois tout entier, le comté de Clermont-en-Argonne, Stenay, Jametz et Dun, l'enclave de Moyenvic ; on lui imposait le démantèlement de Nancy et le passage, à travers ce qu'il lui restait de territoires, d'une route française d'une lieue et demie de large, qui nous permettrait de relier l'Alsace et les deux avant-postes du Rhin au royaume[42]. Il faut se reporter à une carte pour bien comprendre l'importance stratégique de toutes ces acquisitions, l'intelligence politique qui avait présidé à leur annexion de fait, puis de droit ; ainsi se trouvait complété et protégé tout ce qu'à Münster, en 1648, nous avait déjà obtenu Mazarin, après Richelieu, bien sûr, et avec l'aide des Servien, Avaux, Lionne, dont la persévérance et l'habileté secondèrent grandement celle du ministre.

L'injustice majeure de Saint-Évremond dans sa critique de la paix des Pyrénées, son omission capitale, c'est le célèbre « moyennant ». Oui, Mazarin a renoncé à certains avantages immédiats, mais il ne les a sacrifiés qu'aux avantages futurs que promettait le « moyennant ». Le non-paiement de la dot de Marie-Thérèse nous donnait à terme le droit de revendiquer l'héritage espagnol ou, à tout le moins, la partie de cet héritage indispensable à notre sécurité, à savoir le reste des Pays-Bas et la Franche-Comté, sur lesquels, pour des raisons juridiques trop longues à expliquer ici, Marie-Thérèse avait des droits particuliers.

Il reste, et c'est la vraie question, que, ces territoires, Louis XIV devra les conquérir par la force et que la succession d'Espagne s'avérera un cadeau empoisonné. Il reste que l'installation à Madrid, en 1701, d'un petit-fils de Louis XIV ne fera pas de l'Espagne ni des possessions continentales et d'outre-mer qu'elle détenait encore des pays français (sur le long terme), et qu'elle entraînera une autre guerre, les compétiteurs refusant d'être évincés. Mais nous ne savons pas comment Mazarin aurait réglé ces questions, nous ne savons pas s'il songea jamais sérieusement à mettre un Bourbon sur le trône d'Espagne. Quand bien même il aurait voulu cela, une optique qui n'est plus la nôtre, que nous avons peine à comprendre, l'optique dynastique, le justifierait. C'est par des mariages, autant que par des conquêtes, que la France, depuis Clovis, était devenue la France, et ceci vaut aussi pour tous les autres États monarchiques de l'Ancien Régime.

De toute façon, c'est un vain exercice que de chercher à savoir ce qui se serait produit, si ce qui s'est produit ne s'était pas produit ! Mazarin ne saurait être jugé sur les seules conséquences néfastes que pouvait entraîner le mariage de Louis XIV avec l'infante d'Espagne. L'immortel Lavisse, d'une constante injustice pour le cardinal, écrit que le mariage espagnol ne fut « qu'une affaire qui brille », qu'en se laissant éblouir par cet éclat Mazarin commit une erreur immense. Et il ajoute : « Richelieu, sans doute, ne l'aurait pas commise, étant français naturel. » Même xénophobie que celle de Saint-Évremond, mais moins pardonnable chez ce républicain du XIXe siècle.

Mazarin, élève de Richelieu, a œuvré en Français et il a bien mérité de la France. Mais, c'est vrai, il était étranger et il ne faut pas l'oublier, parce que cette qualité lui a sans doute permis d'être ce que peu d'hommes d'État, alors, savaient être : un « Européen ». Maurice Schumann l'a souligné en des pages pénétrantes, et il a eu raison. Car, par là s'explique la modération (relative) du cardinal dans la négociation de la paix des Pyrénées. Il voyait plus loin et autrement. Les cent vingt-quatre articles du traité ne visaient pas seulement à régler le conflit franco-espagnol (et toutes sortes de conflits annexes) en assurant de bonnes frontières à la France : ils s'efforçaient d'établir, sous notre ascendant et non sous notre domination, un équilibre en Europe. C'est pour cela qu'on parlait de « paix générale », cette paix générale qu'on n'avait pu obtenir à Münster. N'oublions pas que, sitôt conclu le traité des Pyrénées, Mazarin, avec l'appui de l'Espagne, mit fin, par le traité d'Oliva, à ce qu'on appelait la « guerre du Nord » évoquée plus haut.

Cet homme qui était entré dans l'histoire en se jetant à Casal entre deux armées rivales, au cri de *Pace! Pace!*, pouvait se dire en mourant qu'il avait mené à bien son dessein : donner la paix à la chrétienté.

XIV

L'adieu aux personnages

Cette mort, elle survint à Vincennes le 9 mars 1661. On en connaît tous les détails : les entretiens répétés et prolongés du mourant, tant qu'il eut la force de parler, avec Louis XIV ; les larmes d'Anne d'Autriche, qui pourtant n'était pas une « pleureuse » (Mme de Motteville *dixit*) ; l'immense fortune offerte au jeune roi et refusée par celui-ci, comme sans doute Mazarin l'escomptait...

Le lendemain, l'archevêque Harlay de Champvallon, qui présidait l'Assemblée du clergé, demanda innocemment au roi à qui il devrait désormais s'adresser pour les affaires de son ressort : « A moi, monsieur l'archevêque », répondit Louis XIV. Il le répéta en conseil, fort clairement, à ses ministres, et il le répéta encore à l'intention des princes étrangers, faisant écrire à ses alliés rhénans la lettre suivante : « Les observations que feu Monseigneur *[le cardinal]* a fait faire au roi sur les matières qui se délibéreront dans les conseils et l'information exacte que Son Éminence lui donnait de ce qui se passait en l'exécution d'icelles, comme aussi des remèdes qui convenaient aux incidents qui y survenaient, ont été si utiles à Sa Majesté et [...]. Elle en a tellement profité qu'Elle paraît aussi éclairée dans les affaires de l'État que si Elle en avait elle-même exercé le ministère toute sa vie, et que la différence qui se pourra dorénavant rencontrer sera que les choses se feront avec plus d'autorité et moins de retardement et de lenteur que par le passé, le roi les résolvant, les ordonnant et veillant lui-même sur ceux qui seront chargés de les effectuer, que l'inspection et les soins de Sa Majesté tiendront continuellement en respect et en action. »

On dira, qu'après tout, c'était bien là ce que Mazarin avait voulu, ce pour quoi il avait pris en main personnellement l'éducation du monarque ; on pourrait dire aussi que ce ton était nécessaire pour rassurer nos alliés quant à la continuité de la politique française. Certes, mais fallait-il pour autant égratigner un ministre à peine enterré ? Cette insistance sur l'autorité et la diligence avec lesquelles les affaires seraient désormais réglées n'est pas innocente. Louis XIV voulait montrer qu'il ne sortait pas tout armé du cerveau de Mazarin (malgré les qualités d'éducateur politique qu'il lui reconnaissait en quelque sorte officiellement). Si l'on en doutait, il faudrait se reporter à ses Mémoires ; il ne s'est pas contenté d'y critiquer implicitement la paix des Pyrénées : il y a développé ce qu'il ne faisait que suggérer dans la lettre ci-dessus. Pages saisissantes qui nous découvrent les pensées que roulait secrètement dans sa tête le roi adolescent, alors qu'il écoutait avec tant d'apparente docilité (sauf, bien sûr, pour ce qui concernait ses amours !) les leçons de son ministre et parrain. Sans oublier que les Mémoires sont écrits *ad usum delphini* et qu'un père a toujours tendance à se donner en (bon) exemple à son fils, on verra tout de même que Mazarin, s'il avait eu raison de croire à l'intelligence de son élève, s'était bien trompé en craignant son « inapplication ».

J'aurais peut-être dû, commence par expliquer Louis XIV, prendre plus tôt la conduite de mon État ; m'en empêchait « l'état des choses », c'est-à-dire essentiellement les conditions dans lesquelles Mazarin exerçait le pouvoir et s'y était maintenu : « Un ministre rétabli malgré tant de factions, très habile, très adroit, qui m'aimait et que j'aimais, qui m'avait rendu de grands services, mais dont les pensées et les manières étaient naturellement très différentes des miennes ; que je ne pouvais toutefois contredire ni lui ôter la moindre partie de son crédit sans exciter peut-être de nouveau contre lui, par cette image quoique fausse de disgrâce, les mêmes orages qu'on avait eu tant de peine à calmer ; moi-même assez jeune encore, majeur à la vérité de la majorité des rois, que les lois de l'État ont avancée pour éviter de plus grands maux, mais non pas de celle où les simples particuliers commencent à gouverner librement leurs affaires ; qui ne connaissais entièrement que la grandeur du fardeau sans avoir pu jusques alors bien connaître mes propres forces ; préférant sans doute dans le cœur à toutes choses et à la vie même une haute réputation, si je la pouvais acquérir, mais comprenant en même temps que mes premières démarches, ou en jetteraient les fondements, ou m'en feraient perdre pour jamais jusques à l'espérance, et qui me trouvais de cette sorte pressé et retardé presque également dans mon dessein par un seul et même désir de gloire.

« Je ne laissais pas cependant de m'éprouver en secret et sans confident, raisonnant seul et en moi-même sur tous les événements qui se présentaient, plein d'espérance et de joie quand je découvrais quelquefois que mes premières pensées étaient celles où s'arrêtaient à la fin les gens habiles et consommés, et persuadé au fond que je n'avais point été mis et conservé sur le trône avec une aussi grande passion de bien faire sans en devoir trouver les moyens. Enfin, quelques années s'étant écoulées de cette sorte, la paix générale, mon mariage, mon autorité plus affermie et la mort du cardinal Mazarin m'obligèrent à ne pas différer davantage ce que je souhaitais et que je craignais tout ensemble depuis si longtemps. »

On connaît la suite. Et il ne faudrait pas, pour exalter Mazarin, accabler Louis XIV en opposant sa volonté de puissance et, parfois, la brutalité de ses initiatives à l'action tout en souplesse du cardinal. L'histoire du règne n'est pas de notre propos ; disons seulement que Louis XIV fut vraiment, comme sa mère et son ministre l'avaient voulu, sinon le plus grand, du moins un des plus grands rois du monde (malgré « la guerre et les bâtiments », malgré, surtout, la Révocation). Et ce n'est pas un truisme, puisqu'une mode qui, heureusement prend fin, s'est pendant quelque cinquante ans acharnée sur lui.

Louis XIV eut d'abord le mérite d'assumer et de porter jusqu'au bout le « fardeau ». Car il ne suffit pas d'énoncer un programme : il faut s'y tenir ; il ne suffit pas de déclarer qu'on va gouverner par soi-même : il faut le faire et être capable de le faire. Philippe IV aussi, après la mort de don Luis de Haro, avait voulu gouverner sans premier ministre, mais cette volonté n'avait pas dépassé le stade de la velléité. « Je suis assez vieux maintenant pour voir clair dans mes affaires par moi-même », disait-il. Mais l'âge peut donner de l'expérience sans modifier les caractères. Au reste, Philippe IV, à cinquante-neuf ans, n'était pas seulement « assez vieux » : il était trop vieux ; trop malade aussi, incapable à partir de 1663 de seulement tenir une plume. Sur les instances de la religieuse d'Agreda, il prit quelques mesures d'assainissement politique et financier, mais son orgueil (bien pire que celui de son gendre) le fit retomber dans les mêmes erreurs : il s'enlisa dans la guerre avec le Portugal, qu'il ne pouvait supporter de perdre, et l'Espagne continua de rouler sur la pente. Lorsque Philippe IV mourut, le 17 septembre 1665, ses grands qui, eux non plus, n'avaient pas changé, en vinrent aux mains autour de son cercueil pour des questions de préséance.

Le Roi Catholique, avant d'aller rejoindre ses ancêtres à l'Escurial, avait eu la force d'engendrer un héritier, et ce débile Charles II traîna contre toute attente sa misérable vie pendant trente-sept ans. C'est lui qui, de la chasse, écrivait à sa femme : « Madame, il fait grand vent et j'ai tué six loups. » Victor Hugo n'a rien inventé, mais il a tout magnifié.

On savait que Charles II était impuissant et n'aurait pas d'héritier (d'où les partages anticipés par lesquels Louis XIV crut pouvoir régler sa succession avec les autres prétendants). Mais qui aurait pu imaginer que ce faible roi, vacillant lui-même dans une Espagne vacillante, aurait, avant de mourir, le sursaut de sentiment national et d'intelligence politique qui lui fit choisir la seule solution capable de préserver l'indépendance et, peut-être, l'intégrité de ses États ? Il les légua *tous* à un seul et même prince. Qu'il ait choisi un Français (Philippe d'Anjou, petit-fils de Louis XIV) peut surprendre. Mais Charles II avait aussi compris que ses cousins Habsbourg d'Autriche ne pourraient pas défendre durablement l'Espagne, pour les mêmes raisons qui, depuis les traités de Westphalie, les avaient empêchés de la secourir (puissance affaiblie, éloignement géographique). Louis XIV n'accepta pas sans hésitation ce qui pouvait paraître un cadeau du Ciel, mais il l'accepta. Et c'est pourquoi — ironie du sort ! — l'Espagne resta l'Espagne (puissance en moins, bien sûr). Les descendants de Philippe d'Anjou, c'est-à-dire du Roi-Soleil, y règnent encore aujourd'hui.

Anne d'Autriche mourut au Louvre le 20 janvier 1666, d'un cancer du sein. Quelqu'un, devant sa dépouille étendue sur un grand lit de velours bleu à ramages, murmura : « Elle peut être mise au rang de nos plus grandes reines. — Non, rectifia Louis XIV, de nos plus grands rois. » Et, puisqu'il l'avait lui-même exclue du conseil après la mort de Mazarin, on est heureux que, par cette phrase, il lui ait rendu justice. Car il est vrai que, sans elle, il eût probablement perdu son trône, et la France, son indépendance. Dans ses dernières années, Anne ne comptait plus guère, mais elle était tout de même la seule qui pût encore donner à son fils des conseils de modération, tant en politique que dans sa vie privée ; la seule qui pût adoucir les peines de Marie-Thérèse, trompée onze mois après les noces, et qui éprouvait à la cour de France une certaine « sensation de solitude », comme elle s'en plaignait à la religieuse d'Agreda. La pauvre petite reine ne sut jamais s'attacher les grandes dames de la cour (autant de rivales, d'ailleurs). « La force des soupçons de cette princesse était si grande, écrit Mme de Motteville, que, quasi sans y penser, elle se trouvait ennemie de ceux mêmes qu'elle ne haïssait pas, parce qu'elle avait naturellement de l'aversion pour tout ce qui la séparait du roi. »

Après la mort d'Anne d'Autriche, Marie-Thérèse n'eut plus, pour la consoler, que la fidèle Molina (cette femme de chambre espagnole qui confectionnait si bien le chocolat à la cannelle) et aussi... Mme de Venel ! Eh oui, Mme de Venel, que Louis XIV avait placée auprès de son épouse en qualité de sous-gouvernante des enfants de France, plus spécialement chargée des princesses à naître. Louis estimait sans doute que la Venel avait fait ses preuves en défendant victorieusement Marie Mancini contre ses propres entreprises ! Plus tard, Mme de Venel changea de titre et devint dame de la reine ; l'essentiel de sa fonction consista « pendant des années » (dit son biographe) à essuyer les larmes de Marie-Thérèse, à tenter de la persuader que son époux l'aimait encore. Mission impossible : une maîtresse remplaçait l'autre. Cependant Louis XIV ne découcha jamais, la nuit, du lit de sa femme (admirons sa vigueur !) et, bien qu'il refusât ses timides reproches, ne cessa jamais de lui témoigner de l'affection et de la considération. Il vint tous les jours passer de longs moments à son chevet, pendant sa dernière maladie. Une fois qu'il s'était attardé auprès d'elle, lui tenant la main et lui murmurant des mots tendres, Marie-Thérèse, après son départ, dit en pleurant à Mme de Venel : « Le roi, vous m'en aviez assuré souvent, est donc capable de s'attendrir pour moi, mais c'est lorsque je vais cesser d'être ! » Elle s'éteignit le 30 juillet 1683 à Versailles, à l'âge de quarante-quatre ans, n'ayant jamais cessé d'adorer son volage époux. « C'est le premier déplaisir qu'elle m'a causé », dit celui-ci. Veuf, il se trouvait libre de faire son salut sans renoncer à l'amour, en épousant cette Mme Scarron (elle s'appelait déjà Maintenon) qu'avait tant appréciée Marie Mancini.

Et celle-ci ? qu'était-elle devenue ? En 1660, une fois le roi de retour à Paris, il semble qu'elle ait quelque temps espéré le reconquérir. Pour rester à la cour, elle suppliait son oncle le cardinal de ne pas la marier à un étranger. C'est que beaucoup d'étrangers, et des plus titrés, s'étaient mis sur les rangs, pas seulement à cause du glorieux passé sentimental qui auréolait la jeune fille, mais parce qu'elle était la nièce de l'arbitre de l'Europe. Deux Lorraine, un jeune prince et le vieux duc, son oncle, qui voulaient retrouver leur duché, le prétendant au trône d'Angleterre, qui voulait remonter sur son trône, espéraient y parvenir en s'alliant au tout-puissant ministre. Un Colonna, fils du grand connétable de Naples, avait dépêché un émissaire jusqu'à Saint-Jean-de-Luz pour obtenir la main de Marie. Ce prétendant lui déplaisait plus qu'aucun autre parce qu'il la ramènerait nécessairement en Italie. Mazarin le choisit pourtant (ou peut-être pour cela). Louis XIV laissa s'accomplir le mariage, qui fut célébré au Louvre, le 11 avril 1661, un mois après la mort du cardinal.

Lorenzo Onofrio Colonna semble avoir sincèrement aimé sa femme (qu'il fut tout étonné de trouver vierge). C'était, au physique, une sorte de brute, mais plutôt beau que laid, avec des manières et de la galanterie. Il fit un jour, à Rome, inonder la piazza Navona pour le seul plaisir d'y promener Marie en gondole. Elle aurait pu être, écrit le marquis de Villars, « la femme d'Italie la plus heureuse, si son inquiétude naturelle et peut-être quelque souvenir de

France un peu trop vif pour son repos lui eussent permis d'en jouir ».

Colonna, qui avait une sensualité exigeante, épuisa son épouse, jusqu'au jour où elle lui refusa sa couche. Ces situations n'étaient pas exceptionnelles en un temps où les femmes n'avaient pas d'autre moyen de mettre fin aux relations conjugales, avec ce qu'elles entraînaient de maternités à répétition et d'accidents gynécologiques. Que pouvait faire Colonna, sinon chercher ailleurs son plaisir ?... Marie lui rendit la pareille et, le ménage allant de mal en pis, elle finit par s'enfuir d'Italie. Aucune des sœurs de Marie, ni son frère, si grandement et richement établis par le cardinal, ne furent heureux. Ils étaient, comme elle, affligés d'une « inquiétude naturelle » qui leur interdisait de goûter le repos dans un même pays et auprès d'un même conjoint. Philippe Mancini, devenu duc de Nevers après la mort du cardinal, délaissa ses charges et ses obligations à la cour pour s'en aller vagabonder en Italie et s'y encanailler en liberté, ce qui désola Marie, mais lui donna l'occasion de revoir un frère toujours aimé, et aussi un prétexte pour écrire à Louis XIV. Mais ce n'était plus que des lettres officielles qu'elle priait Colbert de bien vouloir faire agréer au roi [43]...

Quant à Hortense, mariée à un neveu de Richelieu, qu'on avait rebaptisé duc Mazarin pour la circonstance, et qui était véritablement un peu fou, elle aussi quitta la cour et son foyer pour venir chercher un peu d'affection auprès de Marie, et c'est ensemble que les deux femmes s'enfuirent de Rome en 1668. Folle équipée ! Déguisées en cavaliers, errant le long des côtes italiennes à la recherche d'une embarcation, obtenant enfin la permission de se réfugier en France, nos fugitives abordèrent après mille périls sur les côtes de Provence. Escortées jusqu'à Aix, elles stupéfièrent le lieutenant général par leur accoutrement et leur saleté. Il s'agissait du comte de Grignan. Son épouse, fille de Mme de Sévigné et qui avait l'esprit de sa mère, fit dire aux deux rescapées, en leur envoyant des vêtements, qu'elles voyageaient en vraies héroïnes de roman : avec beaucoup de pierreries et peu de linge.

Les errances de Marie durèrent quarante ans. On la vit en Flandre, en Savoie, à Gênes, en Espagne, où sa longévité lui permit de connaître deux rois successifs : le dernier des Habsbourg et le premier des Bourbons. En France, elle ne fit que de brefs séjours, sa présence n'y étant pas souhaitée. Mais elle ne manqua pas d'apprendre que la cadette de ses sœurs, cette espiègle Marianne qui, enfant, charmait la cour, était compromise dans l'affaire des Poisons et soupçonnée d'avoir voulu tuer son mari, le duc de Bouillon. Encore une insatisfaite... C'est pourtant Marie qui tâta de la prison, sans autre motif que la rancune de Colonna, qui ne voulait plus d'elle qu'une chose : sa fortune. En 1703, elle se trouvait à Paris, chez son frère Nevers à qui la liait toujours la même solidarité. Louis XIV lui fit savoir qu'elle pouvait maintenant se montrer à la cour. Elle avait soixante-trois ans : elle refusa. La mort la prit à Pise en 1715, trois mois avant ce grand roi qu'elle avait tant aimé.

Marie Mancini dort toujours à Pise, après tant d'agitation, sous une dalle où sont gravés ces simples mots :

Maria Mancini Columna
Cinis et Pulvis

Que cette cendre lui soit légère.

Notes

1. Certains mémorialistes ont vu Mazarin grand ; pour la plupart, il était de taille moyenne, voire un peu au-dessous de la moyenne. Si, dans l'état actuel de nos connaissances, on peut fixer ce que les Français appelaient alors taille moyenne (pour un homme) à 1,65 m, il faut admettre que Louis XIV mesurait au minimum 1,75 m (sans les talons !). L'armure en question (au musée de l'Armée) lui avait été offerte en 1668 par la république de Venise ; serait-elle complète qu'il resterait encore à savoir si les orfèvres vénitiens avaient travaillé d'après des mensurations précises (voir : Labatut, p. 110).

2. Voir notamment une lettre très flatteuse à Fuensaldaña, du 18 juin 1659, qui fait allusion à des échanges antérieurs par l'intermédiaire de Pimentel et se termine par : « Je ne puis que je ne me réjouisse avec Votre Excellence de voir ses projets pour ce grand ouvrage de la paix si proche d'être accomplie » (Bibl. nat., Mélanges Colbert 52 B, fol. 96).

3. *Alexandre* avait été représenté dès décembre 1665, mais c'est à l'édition de la pièce que Lionne fait allusion.

4. Lettre au roi du 1er septembre 1659, ms. de Versailles, p. 163.

5. Selon Brienne fils, sitôt Marie-Thérèse arrivée en France, Anne rendit publiquement hommage à Brienne père (à Saint-Jean-de-Luz) pour « la passion avec laquelle il avait toujours souhaité ce mariage, dans la vue de sa satisfaction » ; et elle ajouta que cette satisfaction était « présentement complète » (voir : Duffo, p. 14). Rien de tout cela n'autorise à penser qu'Anne ait douté de la bonne foi du cardinal. On retiendra seulement qu'elle était un peu « en flèche » par rapport à celui-ci, qu'elle ne dissimulait pas son ardent désir de voir l'affaire aboutir et qu'elle prenait même des initiatives à cette fin. Ce qui nous ramène au propos de Guy Patin disant qu'elle s'employa « violemment et généreusement » à faire réussir le mariage espagnol.

6. Pour être précis, disons que Marie et ses sœurs avaient pris la route avant le cardinal, mais les deux cortèges firent peu après leur jonction.

7. Bibl. nat., Mélanges Colbert 52 B, fol. 21-21 v° (réponse de Mazarin à Vallot, en date du 10 juillet).

8. Bibl. nat., Mélanges Colbert 52 B, fol. 104.

9. Mazarin à la reine, 14 juillet 1659 : « Il faut que l'homme *[Vivonne]* qui

vous avait dit de vous vouloir rendre de mauvais offices auprès du Confident eût perdu l'esprit » (ms. de Versailles, p. 14).

10. Il est bien possible que ce soit à ce moment-là que la reine, en l'absence du cardinal, ait recouru aux conseils de Brienne (voir p. 45-46) pour trouver une parade juridique contre l'éventuel mariage de son fils avec Marie. Les textes de Choisy et du jeune Brienne, assez flous chronologiquement, autorisent cette datation. De plus, étant donné l'antipathie entre Mazarin et Brienne, la reine n'aurait sans doute pas consulté ce dernier si le premier avait été à la cour.

11. Nous utilisons aussi dans ce passage une lettre à la reine du 31 août.

12. Voir Bibl. nat., Mélanges Colbert 52 B, fol. 192 (lettre à Vallot du 8 septembre 1659).

13. Bibl. nat., Mélanges Colbert 52 B, fol. 127 v°; ms. Baluze 331, fol. 118, 131, 160 v°.

14. 18 mars 1660, Bibl. nat., Mélanges Colbert 52 C, fol. 97-97 v°.

15. Voir Bibl. nat., ms. Baluze 331, fol. 131-132, 146, 172, 173, 199 et *passim.*

16. Ms. de Versailles, p. 217. D'Allainval (I, p. 149) met un ≠ (sentiments d'Anne d'Autriche) à la place de ⋆ (sentiments de Mazarin).

17. Cette lettre a été publiée dans *Lettres où l'on voit...* (I, p. 370) mais sans les signes. Nous choisissons la version du ms. de Versailles, p. 41. Les autres lettres utilisées dans ce passage sont dans le ms. Bibl. nat., Mélanges Colbert 52 B, fol. 180 v° (21 septembre 1659) et 181 v° (23 septembre).

18. Cette lettre a été publiée par Chéruel et d'Avenel dans *Lettres du cardinal Mazarin,* t. IX, p. 271, mais sans les signes. Elle figure dans le ms. Bibl. nat., Mélanges Colbert 52 B, fol. 165-166 v°.

19. 10 avril 1650, Bibl. nat., Mélanges Colbert 52 C, fol. 136.

20. Au roi, 21 août 1659, ms. de Versailles, p. 148.

21. Bibl. nat., Mélanges Colbert 52 B, fol. 179.

22. Bibl. nat., Mélanges Colbert 52 B, fol. 178.

23. Bibl. nat., ms. fr. 4215 (dépêches de Le Tellier), fol. 83 et 84.

24. Mêmes exclusions pour ceux qui avaient suivi Condé dans sa trahison. Quant à ses biens, le seul qu'on ne voulait pas lui rendre, c'était Chantilly, un morceau de roi et pour lequel, d'ailleurs, le roi s'était pris d'affection. Condé récupéra néanmoins le domaine; il y reçut plus tard la cour, et c'est à cette occasion, on s'en souvient, que Vatel se donna la mort, le poisson ayant manqué à quelques tables.

25. Il est difficile de savoir à laquelle des filles La Bazinière, Mazarin fait allusion dans la lettre citée p. 103 et qui est du 30 août 1659 (*Lettres où l'on voit le secret...,* I, p. 345). C'est un peu plus tard, en effet, que celles qu'on connaît furent accordées, l'une au futur président de Mesme (mars 1660), l'autre au comte d'Avaux (mai 1660). Deux lettres de félicitations de Mazarin à propos de ce dernier mariage sont mentionnées dans *Lettres du cardinal Mazarin,* IX, p. 944. Sur le précédent mariage, voir Dessert, *Argent, pouvoir et société au grand siècle,* p. 132 et 732, n. 89. On notera que les La Bazinière avaient été de ceux qui avaient fait le plus de cadeaux à la Pittora, quand elle passa par Paris

(voir p. 44) dans l'espoir de se « placer » auprès de la future reine de France. Les affaires sont les affaires !

26. Cette démarche du maréchal de Gramont, qui est de 1657, ne peut avoir été faite à l'insu du cardinal ; aucune allusion n'y figure cependant dans la correspondance de celui-ci, et nous ne la connaissons que par les lettres de la religieuse elle-même, qui demanda à Philippe IV et obtint de lui la permission de répondre au maréchal (voir : Bouvier, *Confidences royales,* p. 203).

27. Cité par Jaurgain et Ritter, *La Maison de Gramont,* II, p. 67. La lettre est adressée à Séguier en date du 7 mai 1660. A cette époque, le maréchal craignait en outre d'avoir à recevoir à Bidache le roi et la reine. D'où la sollicitude exprimée par Condé (qui savait ce que coûtaient ces honneurs) en date du 16 mai : « Je vous prie de me mander si vous avez paré la réception de toute la cour chez vous. Je la trouve un peu forte, particulièrement après deux ambassades et la dépense du mariage » *(ibid.).* Mazarin avait écrit à Colbert qu'on ne pouvait accorder *moins* de quarante mille livres à Gramont (Bibl. nat., Mélanges Colbert 52 B, fol. 228) : il se peut donc qu'on lui ait accordé un peu plus. Par ailleurs, quelque temps auparavant, une gratification de douze mille écus avait été promise aux supplications de sa femme (*ibid.,* Mélanges Colbert 52 A, fol. 203 v°). Mais fut-elle versée ? C'est toute la question !

28. Quelque peu humiliés, aujourd'hui encore, par les jugements portés par les Gramont père et fils sur l'inculture des courtisans espagnols, les historiens d'outre-Pyrénées négligent ce petit fait. De même, ils ironisent injustement sur le silence total que les deux voyageurs observent, dans leurs relations, au sujet de Velázquez, qui pourtant leur fit les honneurs du palais dont il était intendant. Ce silence ne prouve rien. Le maréchal avait été suffisamment impressionné par les collections de l'Alcazar, parmi lesquelles *il y avait* des Velázquez, pour demander à les revoir en détail. Et il avait ensuite remercié le peintre de lui avoir servi de guide en lui offrant une montre sertie de diamants (voir : Justi, t. II, p. 300, et *Varia Velazqueña,* II, p. 104). Des toiles espagnoles qu'il rapporta, on retrouve la trace dans l'inventaire de Bidache (voir : Jaurgain et Ritter, p. 637, et J. Robert, « La Bibliothèque d'un grand seigneur en Gascogne », dans *XVIIe siècle,* n° 117, 1957, p. 57-69).

29. 29 septembre 1659, Bibl. nat., Mélanges Colbert 52 B, fol. 180 v°.

30. 24 septembre 1659, *ibid.,* fol. 183.

31. Bibl. nat., Mélanges Colbert 52 C, fol. 1 v°.

32. Bibl. nat., Mélanges Colbert 52 B, fol. 191 v°. Même si Guilleragues ne fut que le traducteur des *Lettres portugaises,* c'est bien lui qui leur donna leur forme admirable. Coïncidence (qui n'en est peut-être pas une), il devint, comme Bazin de Bezons, un ami de Racine.

33. Bibl. nat., Mélanges Colbert 52 C, fol. 60-61 et *passim.*

34. Lettre de Mazarin à Colbert, 11 septembre 1659, Bibl. nat., ms. Baluze 331, fol. 228 v°.

35. Bibl. nat., Mélanges Colbert 52 C, fol. 40 v°, et Baluze 331, vol. 172, 179, 180.

36. 26 novembre 1659, Bibl. nat., ms. Baluze 331, fol. 269.

37. 5 mai 1664, Bibl. nat., Mélanges Colbert 120 *bis,* fol. 583-584.

38. Élisabeth de France avait été prénommée Isabelle en Espagne.

39. Si Marie-Thérèse reconnut facilement son fiancé, bien qu'il fût incognito, c'est pour avoir vu en Espagne plusieurs portraits de lui. Non seulement le Mignard officiel apporté par Gramont à Madrid lors de la demande en mariage, mais aussi des miniatures : le valet de chambre de don Luis de Haro, notamment, un nommé Damian, en avait reçu une, et, avec l'accord de Mazarin, avait même été envoyé à Bordeaux pour voir le roi de près et pouvoir le décrire à la cour de Madrid (*Lettres où l'on voit le secret...*, II, p. 77, 144). L'inventaire de l'Alcazar mentionne quatre portraits de Louis XIV à des âges divers depuis l'enfance, ce qui laisse à penser qu'Anne d'Autriche avait multiplié les envois, dans son désir de faire aboutir ce mariage (sur ces questions, voir les études de Bottineau et des *Varia Velazqueña* citées à la bibliographie).

40. Bibl. nat., ms. Baluze 331, fol. 166 v°.

41. Voir un remerciement de Mazarin dans Bibl. nat., Mélanges Colbert 52 C, fol. 126.

42. L'affaire de Lorraine est longue et complexe. Le duc régnant refusa, bien entendu, ces conditions. Et Mazarin, puis Louis XIV, engagèrent et conclurent avec lui des négociations qui, tout en sauvegardant momentanément et partiellement sa souveraineté, firent définitivement entrer la Lorraine dans l'orbite française.

43. Voir *Lettres, instructions et mémoires de Colbert,* t. VII, p. 346, et Bibl. nat., Mélanges Colbert, 102, fol. 484 et 115, fol. 109-110 et 202. Pour « sauver la face » à Nevers, Colbert avait tenté de lui faire octroyer une autre charge que celle de capitaine des mousquetaires, qu'il ne voulait pas exercer, mais ce projet se heurta à une vive résistance de d'Artagnan, lieutenant des mousquetaires, qui, étant une « créature » du cardinal, ne voulait avoir au-dessus de lui qu'un membre de la famille de son bienfaiteur. On voit que le vrai d'Artagnan nourrissait des sentiments bien différents que ceux que lui prête Alexandre Dumas !

Sources et bibliographie

Sources manuscrites et imprimées

La correspondance de Mazarin constitue la source principale du présent ouvrage. Les lettres inédites du (ou au) cardinal auxquelles nous avons fait appel, pour compléter toutes celles qui ont été publiées d'après les recueils des Affaires étrangères, de la Bibliothèque nationale et de la bibliothèque Mazarine, sont contenues dans les manuscrits *Mélanges Colbert* 52 B et 52 C, 120 bis, *Baluze* 331 et *ms fr.* 4215 de la Bibliothèque nationale. A la bibliothèque municipale de Versailles se trouve un recueil intitulé « Lettres et mémoires de Mr. le cardinal Mazarin à Mrs Le Tellier et de Lionne, contenant le secret de la négociation de la paix des pirennées dans les conférences tenues à S. Jean de Luz entre led. Sgr. Cardinal et dom Luis Daro en 1659. Il y a au commencement plusieurs lettres du mesme très particulières et curieuses escriptes au Roy et à la Reyne pendant son voyage. » Ce manuscrit (copie d'époque), provenant de la donation Lebaudy, n'avait pas été utilisé jusqu'ici et contient, même pour les lettres connues, des variantes intéressantes. Il n'est pas encore coté et nous l'appellerons simplement en note : ms. de Versailles. D'une façon générale, signalons ici que nous ne donnons en notes que les références aux textes inédits.

Les lettres publiées du cardinal, que nous avons citées ou utilisées, se retrouveront aisément grâce à leurs dates dans les recueils suivants : Chéruel (A.) et d'Avenel (G.), *Lettres du cardinal Mazarin pendant son ministère,* Paris, 9 vol., 1872-1906 (voir particulièrement le t. IX); d'Allainval, *Lettres du cardinal Mazarin où l'on voit le secret de la Négociation de la paix des Pirenées,* Amsterdam, 2 vol., 1745 (désigné en abrégé par *Lettres où l'on voit...*). Édition un peu défectueuse, mais complètement indispensable, puisque ces lettres n'ont pas été reprises dans le recueil précédent.

Le *Mémoire abrégé sur la vie de Magdelaine de Gaillard Lonjumeau de Ventabren de Venel,* suivi d'un *Abrégé de la vie de Jean de Gaillard Lonjumeau de Ventabren, prince et évêque d'Apt,* bibl. Méjanes d'Aix-en-Provence, ms. 1181 (anciennement 376 R 271) fournit d'utiles et pittoresques précisions sur l'affaire Mancini et les intrigues de cour à ce sujet (photocopie à l'Institut de recherche et d'histoire des textes).

Pour le règne de Louis XIV dans la période envisagée, les sources utilisées se retrouveront dans : *Arrêts des Conseils du Roi. Règne de Louis XIV. Inventaire analytique,* t. I *(20 mai 1643-8 mars 1661),* publiés par M. Le Pesant, 1976 ; Colbert, *Lettres, instructions et mémoires,* publiés par P. Clément, 10 vol., 1861-1872 (voir particulièrement, t. I *(1650-1661)* et VII *(Lettres privées, Supplément, Appendice)*; G. Depping, *Correspondance administrative sous le règne de Louis XIV,* t. I, 1851 ; *Mémoriaux du Conseil de 1661,* publiés par J. de Boislisle, 3 vol., 1905-1907. Parmi les Mémoires, d'abord, bien sûr, la belle prose du roi lui-même, dont Pellisson fut le « nègre » (*Mémoires,* présentés et annotés par J. Longnon, 1978) ; on consultera aussi ceux du jeune Brienne (éd. Bonnefon, 3 vol., 1916-1919), de l'abbé de Choisy (éd. G. Mongrédien, 1965), de Daniel de Cosnac (éd. J. de Cosnac, 1852), de Charles Perrault (*Mémoires contenant beaucoup de particularités intéressantes sur le ministère de M. Colbert,* 1759), et surtout de Mme de Motteville (éd. Riaux, 4 vol., 1855) et de Mlle de Montpensier (éd. A. Chéruel, 4 vol., 1858-1859), sans oublier l'inépuisable Saint-Simon, qui parle aussi bien de ce qu'il n'a pas connu que de ce qu'il a connu !

Les documents relatifs aux négociations franco-espagnoles et à la succession d'Espagne ont été publiés et analysés par A. Legrelle, *La Diplomatie française et la succession d'Espagne,* 4 vol., 1888-1892 ; F. Mignet, *Négociations relatives à la succession d'Espagne sous Louis XIV,* 1re série, t. I, 1835 ; A. Morel-Fatio, *Recueil des instructions données aux ambassadeurs,* t. XI, *Espagne,* vol. 1 *(1649-1700),* 1894 ; J. Valfrey, *Hugues de Lionne, ses ambassades en Espagne et en Allemagne, la paix des Pyrénées, d'après sa correspondance,* 1881.

Le détail de ces grandes affaires et des voyages de Mazarin et de la cour doit être cherché chez les témoins et gazetiers, tels Gualdo Priorato (*Histoire de la paix conclue sur la frontière de France et d'Espagne...,* trad. H. Courtin, 1654), Vittorio Siri (*Il Mercurio...,* 1644-1682, 15 t. en 17 vol., et *Memorie recondite,* 1679, 8 vol.) ; du jeune Brienne, les *Mémoires* mentionnés ci-dessus seront complétés par la *Relation de ce qui s'est passé au mariage du roi* (publiée par F. Duffo dans *Après le traité des Pyrénées. Mariage de Louis XIV avec l'infante d'Espagne,* 1935) ; voir aussi les lettres du marquis et de l'abbé de Coislin à leur grand-père Séguier (publiées par R. Kerviler dans *Le Chancelier Pierre*

Séguier, 1975, p. 664-669 ; Colletet, *Journaux historiques contenant tout ce qui s'est passé de remarquable dans le voyage du Roi et de Son Éminence...,* 1659 ; Salomon de Virelade (Lettres publiées par Kerviler dans *Revue de Gascogne,* t. XVII, 1876, p. 197-209, 299-314, 332-346, 481-493), et divers opuscules, tel le *Journal contenant la relation véritable et fidèle du voyage du Roy et de Son Éminence,* J.-B. Loyson, 1659.

Le *Catálogo de la exposicion conmemorativa de la Paz de los Pireneos,* Fuenterrabia, 1959 (par M. Denieul et G. Nieto Gallo), donnera une idée du décor des négociations. A consulter également pour les cérémonies du mariage la *Lettre de Mathieu de Montreuil... contenant une relation de ce qui s'est passé au mariage du roi* (éd. F. Danjou, *Archives curieuses de l'histoire de France,* 2e série, t. VIII, 1839) ; *Lettre d'un François exilé à un de ses amis contenant tout ce que s'est fait et passé au mariage du Roy...* (signé D.L.), s.l.n.d. ; *La pompe et magnificence faite au mariage du Roy... Ensemble des entretiens qui ont été faits entre les deux Roys et les deux Reynes...* (Tolose, par les imprimeurs ordinaires du Roy, 1660.)

Les deux *Lettres du roi,* adressées au maréchal de l'Hôpital, gouverneur de Paris (1659) et à Séguier (1660), à l'occasion de son départ « pour la conclusion de la paix », de même que *Le Triomphe de Son Éminence dans la conclusion de la paix* (chez S. Cramoisy, 1660), reflètent le point de vue gouvernemental. On y opposera celui de Saint-Évremond (*Œuvres,* publiées par R. de Planhol, 1927). N. Lescalopier a recueilli les *Vers sur les Éminentissimes Jule et Armand au sujet de la paix* (Évreux, 1660) ; on en trouvera d'autres dans une *Ode à la paix* publiée chez Ch. de Sercy, la même année, et dans Racine.

Sur l'ambassade du maréchal de Gramont et la découverte stupéfiée de l'Espagne par les Français, voir d'abord la passionnante et parfois irrésistible relation de voyage du jeune Gramont, dans les *Mémoires* publiés sous le nom de son père (éd. Michaud et Poujoulat, 3e série, t. VII, 1839, p. 224-332), ceux de F. Bertaut (*Journal du voyage d'Espagne,* publiés par Cassan dans *Revue hispanique,* t. XLVII, 1919, p. 1-319 ; voir aussi l'édition de 1669, Paris, L. Billaine, où le texte de Bertaut est complété par des journaux de ses compagnons de voyage) ; A. de Brunel, *Voyage d'Espagne,* publié par C. Claverie dans *Revue hispanique,* n° 77, février 1914, p. 119-375) ; Retz, *Œuvres,* éd. établie par M.T. Hipp et M. Pernot, Paris, La Pléiade, 1984 ; *La véritable relation du voyage et de la réception de monsieur le mareschal de Gramont à Madrid,* Aix, Impr. Charles David, s.d. (1659). Sur les Gramont eux-mêmes, dans l'optique qui nous intéresse, documents intéressants dans J. de Jaurgain et R. Ritter, *La Maison de Gramont 1040-1967,* Tarbes,

2 vol., 1968, et J. Robert, « La bibliothèque d'un grand seigneur en Gascogne au XVIIe siècle », *XVIIe Siècle,* no 117, 1977, p. 57-69.

Orientation bibliographique

Les grandes synthèses de F. Braudel (*Civilisation matérielle, économie et capitalisme, XVe-XVIIIe siècles,* 3 t., 1979) et de P. Chaunu (*La Civilisation de l'Europe classique,* 1970) replacent les événements évoqués dans la longue durée chère aux historiens modernes, qui accordent la primauté aux phénomènes économiques et démographiques. S'agissant de l'histoire proprement événementielle et toujours indispensable, H. Hauser (*La Prépondérance espagnole [1559-1660],* 1948) reste l'ouvrage de base pour l'Europe, et, pour la France, A. Chéruel (*Histoire de France sous le ministère de Mazarin [1651-1661],* 3 vol. 1882). On trouvera une mise à jour et une abondante bibliographie sur les questions de politique étrangère dans *XVIIe Siècle,* no 123, 1979 (« Louis XIV et l'Europe »). J'ai évoqué la politique allemande de Mazarin, puis de Louis XIV, dans *Trente ans de diplomatie française en Allemagne. Louis XIV et l'Électeur de Mayence (1648-1678),* 1956, à partir de documents inédits dont quelques-uns ont trouvé place dans cet ouvrage. A voir aussi, pour les questions allemandes et financières, notre *Banquier du roi. Barthélemy Hervart,* 1951.

Les personnages principaux ont suscité d'innombrables volumes dont il ne faut retenir que les plus sérieux. Concernant Louis XIV, tous les éléments d'information sont maintenant rassemblés dans J.-P. Labatut, *Louis XIV, roi de gloire,* 1984, ce qui n'exclut pas la lecture de Vallot, d'Aquin, Fagon, *Journal de la santé du roy,* éd. J.A. Le Roi, 1862. Pour la formation du monarque par Mazarin, nous avons approfondi le sillon tracé dès 1898 par G. Lacour-Gayet dans *L'Éducation politique de Louis XIV.* Sur Mazarin lui-même, voir les travaux de G. Dethan (*Mazarin, un homme de paix à l'âge baroque, 1602-1661,* 1981) et de M. Laurain-Portemer, notamment les notices et tables chronologiques par elle dressées dans l'indispensable catalogue de l'exposition du tricentenaire (*Mazarin homme d'État et collectionneur, 1602-1661,* Bibliothèque nationale, Paris, 1961). Sur l'action diplomatique du cardinal et ses résultats, voir, entre autres, M. Schumann, « Mazarin européen » dans *Mazarin,* ouvrage collectif sous la direction de G. Mongrédien, 1959, p. 152-199.

Pour Anne d'Autriche, ses rapports avec Mazarin et Louis XIV, je ne peux que renvoyer à mon *Anne d'Autriche, mère de Louis XIV,* 1978, et à mon étude complémentaire : « *Les signes cryptiques dans la correspon-*

dance d'Anne d'Autriche avec Mazarin. Contribution à l'emblématique du XVIIe siècle », 1982 (extr. *Bibliothèque de l'École des Chartes,* t. 140).

Sur Marie Mancini et sa liaison avec le roi, les plus sérieuses études, malgré quelques erreurs chronologiques, sont celles de C. Perey (*Le Roman du grand roi,* 1894) et de R. de Chantelauze (*Louis XIV et Marie Mancini,* 1880); elles s'appuient sur des documents qui étaient alors inédits. Il en existe d'autres dans la famille d'Havrincourt qui, malheureusement, n'a pas répondu à ma demande de consultation. La lecture des ouvrages ci-dessus doit être complétée (avec prudence) par celles des *Mémoires* de Marie elle-même (*Mémoires d'Hortense et de Marie Mancini,* éd. présentée et annotée par G. Doscot, 1965) et des souvenirs manuscrits de Mme de Venel indiqués aux sources.

Sur Condé, l'ouvrage de base reste celui du duc d'Aumale : *Histoire des princes de Condé,* t. VI et VII, 1895. Tous les mémoires cités plus haut évoquent les aventures et le retour en grâce du transfuge, ce qui n'exclut pas la lecture de certains autres textes d'époque, tel P. Coste, *Histoire de Louis de Bourbon, IIe du nom...* (éd. Danjou, Archives curieuses de l'histoire de France, 2e série, t. VIII, 1839) et un opuscule anonyme intitulé *Restablissement de Monsieur le Prince de Condé en ses gouvernemens... Avec le présence [sic] envoyez par D. Louis d'Aro, à Monsieur le Cardinal...,* 1659.

L'Espagne du Siècle d'or n'a pas moins fasciné les historiens que les voyageurs du temps de Louis XIV. Parmi de nombreuses études, nous avons particulièrement fait appel, pour l'histoire politique, à N. Hume, *The Court of Philip IV. Spain in decadence,* Londres, 1907 ; J. Deleito y Pinuela, *El Declinar de la monarquia espanola,* Madrid, 1947, et *El Rey se divierte,* Madrid, 1955 ; J. H. Eliott, *Imperial Spain, 1469-1716,* Londres, 1963 ; R. Bouvier, *Philippe IV et Marie d'Agreda, confidences royales,* 1939 ; pour l'histoire économique et sociale, à B. Benassar, *Recherches sur les grandes épidémies dans le nord de l'Espagne, à la fin du XVIe siècle,* 1969 ; J. Nadal et E. Giralt, *La Population catalane de 1553 à 1717. L'immigration française et les autres facteurs de son développement,* 1960 ; A. Dominguez Ortiz, *La Sociedad espanola en el siglo XVII,* Madrid, 1963 ; A. Sicroff, *Les Controverses des statuts de « pureté de sang » en Espagne du XVe au XVIIe siècle,* 1960 ; N. Desfourneaux, *La Vie quotidienne en Espagne au Siècle d'or,* 1964 ; A. Guttierez, *La France et les Français dans la littérature espagnole. Un aspect de la xénophobie en Espagne (1598-1665),* 1977 ; P.-W. Bomli, *La Femme dans l'Espagne du Siècle d'or,* 1950 ; P. Chaunu, *Structures sociales et représentations littéraires : la société en Castille au tournant du Siècle d'or* (extr. *Rev. d'Hist. écon. et sociale,* vol. 45, 1967).

Sur Velázquez, deux ouvrages magistraux, celui de J. Lopez Rey

(*Velázquez, artiste et créateur. Avec un catalogue raisonné,* trad. de l'anglais par E. Servan-Schreiber, 1981) qui retrace et illustre superbement l'œuvre du peintre ; celui de Justi (*Diego Velazquez und sein Jahrhundert,* Bonn, 2 vol., 1888), qui étudie l'homme, sa carrière, et par réflexion, la cour d'Espagne. Sur les mêmes questions on consultera l'indispensable étude de J. Bottineau (« L'Alcazar de Madrid et l'inventaire de 1686, Aspects de la cour d'Espagne au XVIIe siècle », dans *Bulletin hispanique,* t. LVIII, 1956, p. 419-452 ; t. LX, 1958, p. 30-61, 145-179, 199-326, 450-483). Les *Varia Velazqueña* (*homenaje à Velazquez en el 3 centenario de su muerte, 1660-1960.* Edicion dirigida y anotada por A. Gallego y Burin, 1960, 2 vol.) contiennent une autre étude du même, une mise au point décisive de J. Baticle sur la connaissance de Velázquez en France grâce, notamment, aux échanges de portraits de cour à cour, déjà signalés par Justi, et donnent tous les documents connus sur la carrière du peintre. Autres études utiles, notamment par Baticle et J. Thuillier dans *Velázquez, son temps, son influence,* Actes du colloque tenu à la Casa de Velázquez, les 7, 9 et 10 décembre 1960, Paris, 1963.

Repères chronologiques

	FRANCE	EUROPE	VIE INTELLECTUELLE ET ARTISTIQUE
1635	Déclaration de guerre à l'Espagne.		Philippe de Champaigne : *Portrait de Richelieu.*
1636	Invasion des troupes espagnoles en Picardie. Soulèvements paysans dans le Midi.		
1637		Peste à Malaga.	Corneille : *Le Cid.* Descartes : *Discours de la méthode.*
1638	Naissance de Louis XIV. Saint Vincent de Paul fonde les Enfants trouvés.	Révolte du Portugal.	Galilée : *Discorsi.* Naissance de Malebranche.
1639	Mainmise française sur l'Alsace. Mazarin passe au service de la France. Soulèvement des Nu-Pieds dans l'Ouest.	Naissance de Marie-Thérèse.	Naissance de Racine.
1640	Refonte générale de la monnaie.	Soulèvements de la Catalogne et du Portugal. Début de la révolution anglaise.	Jansénius : l'*Augustinus.* Mort de Rubens.

	FRANCE	EUROPE	VIE INTELLECTUELLE ET ARTISTIQUE
1641	Occupation de Metz, Stenay et Dun-sur-Meuse.	Tentative de soulèvement en Andalousie.	Le Nain : *Vénus dans la forge de Vulcain.* Mort de Van Dyck.
1642	Mazarin cardinal. Mort de Richelieu.	Guerre civile en Angleterre.	Rembrandt : *La Ronde de nuit.* Mort de Galilée.
1643	Mazarin parrain de Louis XIV. Mort de Louis XIII. Anne d'Autriche régente. Mazarin premier ministre. Soulèvements dans le Midi.	Don Luis de Haro succède en Espagne à Olivarès.	Corneille : *Polyeucte.* A. Arnauld : *De la fréquente communion.* Naissance de Newton.
1644	Édit du Toisé. Accroissement de la fiscalité.	Ouverture du congrès de Münster. Accession de Christine de Suède au pouvoir.	Torricelli : le baromètre.
1645	Soulèvement en Languedoc.	Renouvellement de l'alliance franco-danoise	Naissance de La Bruyère.
1646	Mazarin surintendant de l'éducation de Louis XIV.	Les troupes franco-suédoises ravagent la Bavière.	Murillo à Séville. Naissance de Leibniz.
1647		1647-1652. Deuxième grande épidémie de peste en Espagne. Soulèvement du royaume de Naples.	Velázquez : les *Lances.* Vaugelas : *Remarques sur la langue française.* 1647-1648. Expériences de Pascal sur le vide.
1648	La Fronde (jusqu'en 1653).	La Hollande conclut une paix séparée avec l'Espagne. Traités de Westphalie. Conspiration en Espagne. Première grande crise économique mondiale	Philippe de Champaigne : *La Mère Angélique.*
1649	Fuite de la cour à Saint-Germain-en-Laye (jusqu'au 18 août).	Exécution de Charles Ier d'Angleterre. Cromwell au pouvoir.	Mort de Tirso de Molina. Zurbarán à Madrid.

REPÈRES CHRONOLOGIQUES

	FRANCE	EUROPE	VIE INTELLECTUELLE ET ARTISTIQUE
1651	Bannissement de Mazarin (6 février-24 décembre). Condé passe à la rébellion. Majorité de Louis XIV.	Conquête du Roussillon.	Naissance de Fénelon. Mort de Descartes en Suède.
1652	Combat du faubourg Saint-Antoine. Deuxième éloignement de Mazarin. Condé passe aux Espagnols. Arrestation du cardinal de Retz.	Guerre anglo-hollandaise.	Velázquez grand maréchal du palais à Madrid. Mort de Georges de La Tour.
1653	Retour définitif de Mazarin. Première campagne militaire de Louis XIV. Arrivée de Marie Mancini en France. Fouquet surintendant des finances.		Lulli à la tête des vingt-quatre violons du Roi. Velázquez : *La Reine Marie-Anne. L'Infante Marie-Thérèse.*
1654	Sacre de Louis XIV. Évasion (vers l'Espagne) du cardinal de Retz.	Abdication de Christine de Suède. Début de la guerre maritime anglo-espagnole.	Le Vau achève la Cour Carrée du Louvre (1654-1660). Calcul des probabilités (Pascal, Fermat).
1655	Traité de commerce franco-anglais.	Déclaration de guerre de l'Espagne à l'Angleterre.	
1656	Négociations secrètes d'Hugues de Lionne à Madrid.	Banque de Suède.	Pascal : la première *Provinciale.* Velázquez : *Les Ménines.* Mort de Ribera. Naissance de Halley.
1657	Traité d'alliance franco-anglais. Séjour de Louis XIV et Mazarin à Metz.	Mort de l'empereur Ferdinand.	Le Vau commence Vaux-le-Vicomte. 1657-1664. Place et colonnade Saint-Pierre à Rome par le Bernin.

	FRANCE	EUROPE	VIE INTELLECTUELLE ET ARTISTIQUE
1658	Renouvellement de l'alliance franco-anglaise. Victoire des Dunes. Dunkerque donné aux Anglais. Maladie de Louis XIV. Voyage de Lyon. Arrivée de Pimentel. Amour du roi pour Marie Mancini.	Élection de l'empereur Léopold. Ligue du Rhin. Mort de Cromwell. Son fils lui succède.	Les Gobelins manufacture royale. Mort de William Harvey.
1659	Négociations secrètes franco-espagnoles à Paris. Visite à la cour de don Juan d'Autriche. Départ de Mazarin pour l'île des Faisans. Éloignement de Marie Mancini.	Ambassade du maréchal de Gramont à Madrid. Traité des Pyrénées (7 novembre). Abdication de Richard Cromwell.	Molière : *Les Précieuses ridicules.* Bossuet : premiers prêches à Paris. Velázquez est fait chevalier de l'ordre de Santiago.
1660	Séjour de la cour en Provence. Retour de Condé. Mariage de Louis XIV avec Marie-Thérèse (9 juin). Entrée solennelle à Paris.	Traités d'Oliva et de Copenhague (« paix du Nord »). Restauration monarchique en Angleterre.	Mansart : façade du Val-de-Grâce. Les *Provinciales* condamnées au feu. Mort de Velázquez. Vulgarisation du microscope.
1661	Traité avec la Lorraine. Mort de Mazarin. Début du règne personnel de Louis XIV. Mariage de Marie Mancini avec le connétable Colonna. Arrestation de Fouquet.		Rembrandt : le *Syndic des drapiers.* Le Vau commence Versailles. Le Nôtre aménage le parc de Saint-Germain-en-Laye.
1662	Chambre de justice contre les financiers.	Dunkerque revendu à la France par les Anglais.	Mort de Pascal. Mort de Zurbarán.
1663		Invasion turque dans l'Empire.	Molière : *L'École des femmes.*
1664	Grande Enquête de Colbert. Dispersion des religieuses de Port-Royal.		Molière : *Tartuffe.*

REPÈRES CHRONOLOGIQUES

	FRANCE	EUROPE	VIE INTELLECTUELLE ET ARTISTIQUE
1665	Colbert contrôleur général des finances. Grands Jours d'Auvergne.	Naissance de Charles II d'Espagne. Guerre anglo-hollandaise.	Huygens à Paris. *Journal des Savants.* Mort de Poussin (en Italie). La Rochefoucauld : *Maximes.* Racine : *Alexandre.*
1666	Mort d'Anne d'Autriche.	Mort de Philippe IV d'Espagne.	Académie des sciences. Perrault commence la colonnade du Louvre. Mort de François Mansart.
1667	Débuts de l'état civil (par la tenue en double des registres paroissiaux). Guerre de Dévolution.	Démantèlement des Pays-Bas espagnols.	Racine : *Andromaque.*

Liste des illustrations

1. Anne d'Autriche par Van Dyck. (Cliché Giraudon.)
2. Mazarin dans la galerie haute de son palais par Robert Nanteuil. Cabinet des Estampes, Bibliothèque nationale. (Cliché Giraudon.)
3. Marie Mancini. Musée du Petit Palais, Paris. (Cliché Giraudon.)
4. Louis XIV jeune, gravure d'après Mignard. Cabinet des Estampes, Bibliothèque nationale. (Cliché Tallandier.)
5. Marie-Thérèse, reine de France. Cabinet des Estampes, Bibliothèque nationale. (Cliché Jean Dubout.)
6. L'île des Faisans, gravure de Perelle. Cabinet des Estampes, Bibliothèque nationale. (Cliché Jean Dubout.)
7. Philippe IV d'Espagne en costume de chasse par Velázquez. Musée du Prado, Madrid. (Cliché Anderson-Giraudon.)
8. Don Luis de Haro. Cabinet des Estampes, Bibliothèque nationale. (Cliché Tallandier.)
9. La reine Marianne d'Autriche par Velázquez. Musée du Prado, Madrid. (Cliché Giraudon.)
10. Fouquet en 1660. Cabinet des Estampes, Bibliothèque nationale. (Cliché Jean Dubout.)
11. Colbert. Cabinet des Estampes, Bibliothèque nationale. (Cliché Jean Dubout.)
12. Turenne dans les dunes devant Dunkerque. (Cliché Jean-Pierre Vieil.)
13. Condé. Cabinet des Estampes, Bibliothèque nationale. (Cliché Jean Dubout.)
14. Le mariage de Louis XIV et de Marie-Thérèse à Saint-Jean-de-Luz, gravure de B. Jeaurat d'après Lebrun. (Cliché Jean Dubout.)
15. Louis XIV en soleil. Collection Hennin, Cabinet des Estampes, Bibliothèque nationale. (Cliché B.N.)
16. Feux d'artifice sur le canal de Versailles, gravure de Le Pautre. Cabinet des Estampes, Bibliothèque nationale. (Cliché Tallandier.)

17. Obélisque de la place Dauphine (extrait de l'album de l'entrée de Louis XIV et de Marie-Thérèse après le mariage). Musée Carnavalet. (Cliché Lavros-Giraudon.)
18. Entrée de Louis XIV et de Marie-Thérèse en 1660. Cabinet des Estampes, Bibliothèque nationale. (Cliché Tallandier.)

Table

I. L'ENJEU 7
II. L'INTERMÈDE SAVOYARD 14
III. MARIE MANCINI 28
IV. LETTRES D'AMOUR 51
V. L'ÉDUCATION POLITIQUE D'UN MONARQUE 74
VI. LES NÉGOCIATIONS DE L'ÎLE DES FAISANS 88
VII. A LA DÉCOUVERTE DE L'ESPAGNE 108
VIII. LES CHARMES DES SEÑORAS 131
IX. LA DEMANDE EN MARIAGE 144
X. EN PASSANT PAR LA PROVENCE 154
XI. LES MISÈRES DU TRÉSOR 165
XII. LES FASTES DE LA NOCE 182
XIII. LE TRIOMPHE DE MAZARIN 207
XIV. L'ADIEU AUX PERSONNAGES 221

Notes 231
Sources et bibliographie 235
Repères chronologiques 241
Liste des illustrations 247

Du même auteur

Anne d'Autriche, Hachette, 1980.
La Vie quotidienne à l'Élysée au temps de Charles de Gaulle, Hachette, 1974.
La Vie quotidienne des femmes au grand siècle, Hachette, 1984.
L'Amour au XVIIe siècle, Hachette, 1969.
Asie jaune, Asie rouge, Flammarion, 1958.
Trente ans de diplomatie française en Allemagne. Louis XIV et l'Électeur de Mayence (1648-1678). Éditions d'histoire et d'art, Plon, 1956.
Banquier du Roi, Barthélemy Hervart 1606-1676, Ségur, 1951.

En collaboration avec A. Fabre-Luce :

Un amour déchiffré. La Rochefoucauld et Mme de La Fayette, Grasset, 1951.

L'Homme et l'Événement

Collection dirigée par Ivan Cloulas

Des événements qui mettent les hommes face à face avec leur destin et qui scellent en même temps le devenir d'une multitude : tel sont les moments clés de l'histoire qu'illustre la collection l'Homme et l'Événement.
Des récits originaux d'historiens ou d'essayistes évoquent ces instants de risque au cours desquels l'aventure personnelle et la décision d'un individu pèsent sur une évolution collective, à l'échelle d'un peuple ou d'une civilisation.
Antiquité, Moyen Age, Temps modernes et contemporains fournissent tour à tour, pour le plaisir et la réflexion du lecteur, des tableaux vivants où se heurtent de façon dramatique, curieuse ou plaisante, le hasard et la nécessité.

Paru
Régine Pernoud, *Saint Louis et le crépuscule de la féodalité.*
Robert Turcan, *Héliogabale et le sacre du soleil.*
Philippe Masson, *Les naufrageurs du Lusitania et la guerre de l'ombre.*
Ivan Cloulas, *Charles VIII et le mirage italien.*
Claude Dulong, *Le Mariage du Roi-Soleil*

A paraître
Bernard Mahieu, *Innocent III et le pouvoir de Dieu.*

La composition
et l'impression de ce livre ont été effectuées
par l'imprimerie Aubin à Ligugé
pour les Éditions Albin Michel

Achevé d'imprimer en septembre 1986
N° d'édition 9452. N° d'impression L 21971
Dépôt légal, octobre 1986

Imprimé en France